Akan Dosa, Kebenaran, dan Penghakiman

"Dan kalau Ia datang, Ia akan menginsafkan dunia akan dosa, kebenaran dan penghakiman..."

(Yohanes 16:8)

Seri Kekudusan dan Kuasa (Pendahuluan 1)

Akan Dosa, Kebenaran, dan Penghakiman

Seri Kebaktian Kebangunan Rohani Spesial Dua Minggu - 1

Dr. Jaerock Lee

Akan Dosa, Kebenaran, dan Penghakiman
oleh Dr. Jaerock Lee
Diterbitkan oleh Urim Books (Perwakilan: Johnny. H. Kim)
73, Yeouidaebang-ro 22-gil, Dongjak-gu, Seoul, Korea
www.urimbooks.com

Semua hak cipta dilindungi. Buku ini atau bagian dari isinya tidak boleh diproduksi ulang dalam bentuk apa pun, disimpan dalam sistem penarikan, atau disebarkan dalam bentuk apa pun atau secara elektronik, mekanik, fotokopi, rekaman atau lainnya, tanpa meminta ijin sebelumnya dari penerbit.

Kecuali kalau disebut lain, semua Ayat bacaan diambil dari Holy Bible, NEW AMERICAN STANDARD BIBLE, ®, Hak Cipta © 1960, 1962, 1963, 1968, 1971, 1972, 1973, 1975, 1977, 1995 oleh The Lockman Foundation. Digunakan dengan izin.

Hak cipta © 2016 oleh Dr. Jaerock Lee
ISBN: 979-11-263-1177-4 03230
Hak cipta terjemahan © 2013 oleh Dr. Esther K. Chung. Digunakan dengan izin.

Diterbitkan pertama kali pada Desember 2023

Sebelumnya diterbitkan di Korea pada tahun 2011 oleh Urim Books di Seoul, Korea

Disunting oleh Dr. Geumsun Vin
Didesain oleh Tim Desain Urim Books
Untuk informasi lebih lanjut hubungi: urimbook@hotmail.com

Catatan Penulis

Berdoa bahwa pembaca akan menjadi orang benar yang menerima kasih dan berkat Allah yang melimpah...

Saat sang reformis besar, Marthin Luther masih muda, dia mengalami suatu kejadian yang traumatis. Suatu hari, saat dia dan temannya berdiri di bawah pohon untuk menghindari hujan, petir menyambar, dan temannya, yang berada di sebelah dia, tewas. Karena kejadian ini, Luther menjadi biarawan, dan dia takut kepada Allah yang menghakimi dan mengutuk dosa. Meskipun ia menghabiskan banyak waktu di bilik pengakuan dosa, ia tidak bisa menemukan solusi atas masalah dosa. Tidak peduli seberapa banyak ia belajar Alkitab, ia tidak bisa menemukan jawaban atas pertanyaan, "Bagaimana bisa seseorang yang tidak benar menyenangkan Allah yang benar?"

Lalu suatu hari, saat membaca salah satu surat Paulus, ia akhirnya menemukan kedamaian yang begitu sangat dicari olehnya. Dinyatakan dalam Roma 1:17, "Sebab di dalamnya nyata kebenaran Allah, yang bertolak dari iman dan memimpin kepada iman, seperti ada tertulis: "Orang benar akan hidup oleh iman."

Luther dicerahkan "Kebenaran Allah". Meskipun dalam titik ini dia hanya tahu tentang kebenaran Allah yang menghakimi semua orang, kini ia menyadari kebenaran Allah yang secara cuma-cuma memberikan pengampunan dosa kepada semua orang yang percaya dalam Yesus Kristus, dan Dia bahkan menyebut mereka 'orang benar'. Setelah menyadarinya, Luther hidup dengan hasrat abadi untuk kebenaran.

Dalam hal ini, tidak hanya Allah secara cuma-cuma mengakui orang-orang yang percaya dalam Yesus Kristus sebagai 'orang benar'; tetapi Dia juga memberi mereka Roh Kudus sebagai hadiah sehingga mereka dapat mengetahui tentang dosa, kebenaran, dan penghakiman, supaya mereka secara sukarela dapat menaati Allah dan menggenapi kehendak-Nya. Oleh karena itu kita tidak boleh berhenti hanya di titik menerima Yesus Kristus dan disebut sebagai orang benar. Hal ini sangat penting untuk menjadi orang benar dengan membuang dosa dan kejahatan dari dalam diri kita dengan pertolongan Roh Kudus.

Selama 12 tahun terakhir Allah telah membuat gereja kita mengadakan kebaktian kebangunan rohani khusus selama dua minggu setiap tahunnya sehingga semua anggota gereja bisa menerima berkat dari karena menjadi orang benar melalui iman. Dia memimpin kita ke titik di mana kita bisa menerima jawaban atas segala doa yang kita panjatkan kepada-Nya. Dia juga memimpin kita untuk memahami berbagai dimensi rohani, kebaikan, terang, dan kasih, sehingga kita bisa menerima kuasa Allah dalam hidup kita. Dan, setiap tahun yang kita lewati kita melangkah dengan iman kita mengejar kekudusan dan kuasa, Allah memberkati banyak orang dari segala bangsa untuk mengalami kuasa Allah yang dicatat dalam Alkitab dan melampaui ruang dan waktu.

Kami menerbitkan kebangkitan seri khotbah, "Kekudusan dan Kuasa", yang berisi pesan pemeliharaan Allah yang mendalam, sehingga pembaca dapat secara sistematis belajar kekudusan dan kuasa. Pesan kebangkitan dari tiga tahun pertama disajikan sebagai "Pendahuluan." Pesan-pesan itu terkait pergi menuju jalan kebenaran sejati dengan menghapuskan tembok dosa di antara kita dan Allah. Kemudian, pesan dari empat tahun ke depan mengajarkan tentang berusaha mengejar kekudusan dan kuasa, yang berfungsi sebagai "Pesan Inti". Terakhir, pesan dari lima tahun terakhir akan mencakup bagaimana cara untuk mengalami kuasa Allah dengan melakukan Firman. Ini akan disajikan sebagai bagian "Penerapan" dari publikasi ini.

Hari ini, ada banyak orang yang melanjutkan hidup mereka bahkan sama sekali tidak tahu apa itu dosa, apa itu kebenaran, dan apa itu penghakiman. Bahkan mereka yang pergi ke gereja tanpa memiliki jaminan keselamatan, dan mereka menjalani kehidupan sekuler -seperti orang-orang di dunia. Selain itu, mereka tidak menjalani kehidupan Kristen yang benar menurut Allah, tapi menjalani kebenaran seturut pada apa yang mereka pikir benar. Jadi Akan Dosa, Kebenaran, dan Penghakiman adalah buku pertama seri kotbahKekudusan dan Kuasa yang berkaitan dengan bagaimana kita dapat menjalani kehidupan Kristen yang berhasil dengan menerima pengampunan atas dosa-dosa kita dan dengan melakukan kebenaran Allah dalam hidup kita.

Untuk mengonfirmasi ajaran ini dengan bukti kuasa-Nya, di sesi pertama hari pertama KKR kami pada tahun 1993, Allah menjanjikan berkat atas kehamilan bagi puluhan pasangan yang telah menikah selama 5-6 tahun, dan bahkan bagi yang telah menikah selama 10 tahun yang belum memiliki anak. Di akhir KKR tersebut, hampir seluruh pasangan ini mengandung dan mulai membangun keluarga.

Saya ingin mengucapkan terima kasih kepada Geumsun Vin, Direktur Biro Editorial dan stafnya atas kerja keras mereka sehingga buku ini bisa terbit, dan saya berdoa dalam nama Tuhan bahwa banyak orang yang membaca buku ini dapat mengatasi masalah dosa mereka, dengan demikian akan menerima jawaban atas semua doa mereka!

Maret 2009
Jaerock Lee

Pendahuluan

Buku ini berjudul Akan Dosa, Kebenaran, dan Penghakiman, terdiri dari 5 bab yang didedikasikan untuk setiap topik akan dosa, kebenaran, dan penghakiman. Buku ini menjelaskan secara rinci bagaimana seseorang dapat menemukan solusi untuk masalah dosa, bagaimana seseorang dapat menjalani hidup penuh berkat dengan menjadi orang benar, dan bagaimana seseorang dapat menghindari penghakiman yang akan datang dan menikmati berkat-berkat kekal sebagai gantinya.

Bab pertama dosa berjudul "Keselamatan" Bab ini menjelaskan mengapa manusia harus diselamatkan dan arti sesungguhnya serta metode untuk menerima keselamatan. Bab berikutnya, "Bapa, Anak, dan Roh Kudus", membimbing pembaca untuk memahami dengan benar bagaimana kuasa dan otoritas Allah, nama Yesus Kristus, dan bimbingan Roh Kudus yang bekerja bersama-sama sebagai Allah Tritunggal, supaya orang dapat menerima solusi yang jelas akan masalah dosa dan berjalan pada jalan yang benar menuju keselamatan.

Bab berjudul "Perbuatan Daging" menganalisis dan menjelaskan persoalan tembok dosa yang berdiri di antara manusia dan Allah. Bab berikutnya, berjudul "Jadi Hasilkanlah Buah yang sesuai dengan Pertobatan", menjelaskan pentingnya menghasilkan buah yang sesuai dengan pertobatan untuk mencapai keselamatan penuh melalui Yesus Kristus.

Bab terakhir dosa, berjudul, "Jauhilah Yang Jahat dan Lakukanlah Yang Baik", mengajarkan pembaca untuk membuang kejahatan yang dibenci Allah, dan bertindak dengan kebaikan, menurut Firman kebenaran.

Berikutnya, pada bab pertama kebenaran, "Kebenaran Yang Membawa pada Kehidupan", menjelaskan bagaimana kita—semua umat manusia—menerima kehidupan kekal melalui perbuatan kebenaran Yesus Kristus. Dalam bab berjudul, "

Orang Benar Akan Hidup Oleh Iman", menjelaskan pentingnya menyadari bahwa keselamatan hanya bisa diterima melalui iman; dan dengan alasan demikian kita harus memperoleh iman yang sejati.

Bab 8, "Untuk Ketaatan Kristus", menjelaskan seseorang harus menghancurkan pikiran dan teori kedagingan dan hanya menaati Kristus sehingga ia dapat memiliki iman yang benar dan menikmati kehidupan yang sejahtera penuh berkat serta jawaban atas doa-doa. Bab 9, "Dia yang dipuji Tuhan", melihat lebih dekat pada kehidupan beberapa leluhur iman, yang mana mengajarkan pembaca bagaimana seseorang harus bertindak agar menjadi orang yang dipuji oleh Allah. Bab terakhir, kebenaran, berjudul "Berkat". Ini adalah pengamatan akan kehidupan dan iman Abraham -bapa orang beriman dan benih berkat- diikuti dengan beberapa cara praktis di mana orang percaya bisa menikmati kehidupan yang diberkati.

Dalam bab pertama penghakiman, yang berjudul "Dosa karena tidak menaati Allah", menggali konsekuensi yang mengikuti ketika manusia melakukan dosa karena melawan

Allah. Bab berikutnya, "Aku Akan Menghapuskan Manusia dari Muka Bumi", menggambarkan penghakiman Allah yang mengikuti ketika kejahatan manusia mencapai batasnya.

Bab berjudul "Jangan bertentangan dengan kehendak-Nya", memberi tahu para pembaca, bahwa hukuman Allah datang ketika seseorang bertentangan dengan kehendak Allah; bahwa mereka harus menyadari betapa besarnya berkat karena menuruti kehendak Allah dan menaati Allah. Dalam bab berjudul "Demikian Firman TUHAN Semesta Alam", penulis menjelaskan secara rinci bagaimana seseorang dapat menerima kesembuhan dan jawaban doa. Dia juga menjelaskan pentingnya menjadi orang benar yang takut akan Allah.

Dan bab terakhir, "Akan Dosa, Kebenaran, dan Penghakiman", membuka jalan untuk memecahkan masalah dosa; menjadi orang yang benar; bertemu dengan Allah yang hidup; cara untuk menghindari pengadilan terakhir yang akan datang; dan menerima kehidupan dengan berkat-berkat yang kekal.

Buku ini menjelaskan cara-cara khusus di mana kita yang telah menerima Yesus Kristus dan menerima Roh Kudus dapat menerima keselamatan serta hidup kekal, jawaban doa, dan berkat. Aku berdoa dalam nama Tuhan bahwa melalui buku ini, banyak orang akan menjadi laki-laki dan perempuan benar yang menyenangkan Allah !

Maret, 2009
Geumsun Vin
Direktur Biro Editorial

Daftar Isi

Catatan Penulis
Kata Pengantar

Bagian 1 Akan Dosa...

Bab 1 Keselamatan · 3

Allah Pencipta dan manusia
Tembok dosa di antara Allah dan manusia
Arti sejati dari keselamatan
Metode keselamatan
Pemeliharaan keselamatan melalui Yesus Kristus

Bab 2 Bapa, Anak, dan Roh Kudus · 13

Siapakah Allah Bapa?
Allah Bapa - direktur tertinggi pengusahaan manusia
Siapakah Anak, Yesus Kristus?
Yesus Kristus Sang Juru Selamat
Siapakah Roh Kudus, Sang Penghibur?
Pekerjaan Roh Kudus, Sang Penghibur
Allah Trinitas memenuhi pemeliharaan keselamatan

Bab 3 Perbuatan-Perbuatan Daging · 27

Perbuatan daging yang menjauhkan manusia untuk menerima warisan kerajaan Allah
Bukti perbuatan-perbuatan daging

Bab 4 "Jadi Hasilkanlah Buah yang sesuai dengan Pertobatan" · 47

Anda keturunan ular beludak
Menghasilkan buah yang sesuai dengan pertobatan
Jangan anggap Abraham Ayah Engkau
"Setiap pohon yang tidak menghasilkan buah yang baik, pasti ditebang dan dibuang ke dalam api"
Buah yang sesuai dengan pertobatan
Orang-orang yang menghasilkan buah yang sesuai dengan pertobatan

Bab 5 "Jauhilah Yang Jahat dan Lakukanlah Yang Baik" · 63

Bagaimana kejahatan ditampilkan sebagai dosa
Untuk membuang kejahatan dan menjadi orang dengan kebaikan
Generasi jahat dan maksiat yang sangat mengharapkan sebuah tanda
Bentuk-bentuk kejahatan yang harus kita jauhi

Glosarium 1

Bagian 2 Akan Kebenaran...

Bab 6 Kebenaran Yang Memimpin pada Kehidupan · 83

Kebenaran dalam pandangan Allah
Satu perbuatan kebenaran yang menyelamatkan seluruh umat manusia
Permulaan kebenaran adalah percaya dalam Allah
Kebenaran Yesus Kristus yang harus kita ikuti tiru
Cara menjadi orang benar
Berkat-berkat bagi orang benar

Bab 7 Orang Benar Akan Hidup Oleh Iman · 97

Untuk menjadi orang benar yang sejati
Mengapa kita harus menjadi orang benar?
Orang benar akan hidup oleh iman
Bagaimana cara untuk memiliki iman rohani
Cara untuk hidup oleh iman

Bab 8 Untuk Ketaatan Kristus · 109

Pikiran kedagingan yang memusuhi Allah
"Pembenaran diri" - Salah satu pikiran kedagingan utama
Rasul Paulus menghancurkan pikiran kedagingannya.
Kebenaran yang datang dari Allah
Saul tidak menaati Allah dengan pikiran kedagingan
Cara untuk memenuhi kebenaran Allah melalui iman

Bab 9 Dia yang dipuji Tuhan · 123

Dia yang dipuji Tuhan
Untuk diterima oleh Allah
Pakukan hawa nafsu dan keinginanmu di atas kayu salib
Para leluhur yang benar di hadapan Allah

Bab 10 Berkat · 137

Abraham, Bapak Iman
Allah menganggap iman sebagai kebenaran dan memberikan berkat-berkat-Nya.
Allah membuat bejana yang berkualitas melalui ujian-pengujian
Allah mempersiapkan jalan keluar, bahkan selama pengujian.
Allah memberkati bahkan selama masa pengujian
Karakter bejana Abraham

Glosarium 2, 3

Bagian 3 Akan Penghakiman...

Bab 11 Dosa karena tidak menaati Allah · 155

Adam, manusia yang diciptakan dalam rupa Allah
Adam memakan buah terlarang
Akibat dosa Adam karena tidak menaati Allah
Alasan Allah menempatkan pohon tentang pengetahuan yang baik dan jahat
Cara untuk dibebaskan dari kutuk karena dosa.
Akibat dosa ketidaktaatan Saul terhadap Allah
Akibat dosa ketidaktaatan Kain kepada Allah

Bab 12 "Aku Akan Menghapuskan Manusia dari Muka Bumi" · 167

Perbedaan antara orang jahat dengan orang baik
Mengapa penghakiman Allah datang
* Karena kejahatan manusia besar.
* Karena pikiran dari hati yang jahat
* Karena setiap niat hati selalu jahat
Untuk menghindari penghakiman Allah

Bab 13 Jangan Melawan Kehendak-Nya · 179

Penghakiman datang ketika kita melawan kehendak Allah.
Manusia yang melawan kehendak Allah

Bab 14 "Demikian Firman TUHAN Semesta Alam..." · 193

Allah menolak kecongkakan
Kecongkakan Raja Hizkia
Kecongkakan orang percaya
Kecongkakan nabi-nabi palsu
Penghakiman bagi manusia yang bertindak dengan kecongkakan dan kejahatan
Berkat bagi orang benar yang takut akan Allah

Bab 15 Akan Dosa, Kebenaran, dan Penghakiman · 203

Akan dosa
Mengapa Allah menghakimi akan dosa
Akan Kebenaran
Mengapa Dia menghakimi akan kebenaran
Akan penghakiman
Roh Kudus menginsafkan dunia
Buanglah dosa dan jalanilah hidup dalam kebenaran.

Glosarium 4

Akan Dosa

"...akan dosa, karena mereka tetap tidak percaya kepada-Ku;"
(Yohanes 16:9)

Apakah mukamu tidak akan berseri, jika engkau berbuat baik? Tetapi jika engkau tidak berbuat baik, dosa sudah mengintip di depan pintu; ia sangat menggoda engkau, tetapi engkau harus berkuasa atasnya." (Kejadian 4:7)

"'Hanya akuilah kesalahanmu, bahwa engkau telah mendurhaka terhadap TUHAN, Allahmu, telah melampiaskan cinta berahimu kepada orang-orang asing di bawah setiap pohon yang rimbun, dan tidak mendengarkan suara-Ku, demikianlah firman TUHAN." (Yeremia 3:13)

"Aku berkata kepadamu: Sesungguhnya semua dosa dan hujat anak-anak manusia akan diampuni, ya, semua hujat yang mereka ucapkan. Tetapi apabila seorang menghujat Roh Kudus, ia tidak mendapat ampun selama-lamanya, melainkan bersalah karena berbuat dosa kekal." (Markus 3:28-29)

"'Tetapi supaya kamu tahu, bahwa di dunia ini Anak Manusia berkuasa mengampuni dosa" --berkatalah Ia kepada orang lumpuh itu--:"Kepadamu Kukatakan, bangunlah, angkatlah tempat tidurmu dan pulanglah ke rumahmu!'" (Lukas 5:24)

"Kemudian Yesus bertemu dengan dia dalam Bait Allah lalu berkata kepadanya: "Engkau telah sembuh; jangan berbuat dosa lagi, supaya padamu jangan terjadi yang lebih buruk.'" (Yohanes 5:14)

"Apakah kamu tidak tahu, bahwa apabila kamu menyerahkan dirimu kepada seseorang sebagai hamba untuk mentaatinya, kamu adalah hamba orang itu, yang harus kamu taati, baik dalam dosa yang memimpin kamu kepada kematian, maupun dalam ketaatan yang memimpin kamu kepada kebenaran?" (Roma 6:16)

"Anak-anakku, hal-hal ini kutuliskan kepada kamu, supaya kamu jangan berbuat dosa, namun jika seorang berbuat dosa, kita mempunyai seorang pengantara pada Bapa, yaitu Yesus Kristus, yang adil. Dan Ia adalah pendamaian untuk segala dosa kita, dan bukan untuk dosa kita saja, tetapi juga untuk dosa seluruh dunia." (1 Yohanes 2:1-2)

Bab 1

Keselamatan

"Dan keselamatan tidak ada di dalam siapa pun juga selain di dalam Dia, sebab di bawah kolong langit ini tidak ada nama lain yang diberikan kepada manusia yang olehnya kita dapat diselamatkan."
(Kisah Para Rasul 4:12)

Di dunia ini, berdasarkan agama dan kebudayaan, orang menyembah banyak berhala yang berbeda-beda' bahkan ada berhala yang disebut 'allah yang tidak dikenal' (Kisah Para Rasul 17:23). Hari ini, agama yang disebut 'Agama Timbul', agama dibuat dari campuran banyak ajaran agama, yang menarik banyak perhatian, dan banyak orang telah menerima 'pluralisme agama', yang didasarkan pada filosofi bahwa ada keselamatan dalam semua agama. Namun, Alkitab memberi tahu kita bahwa Allah Pencipta adalah Allah yang sejati, dan bahwa Yesus Kristus adalah satu-satunya Juruselamat (Ulangan 4:39; Yohanes 14: 6; Kisah Para Rasul 4:12).

Allah Pencipta dan manusia

Allah pasti Ada. Sama seperti kita ada karena orangtua kita melahirkan kita, umat manusia ada di dunia ini karena Allah menciptakan kita.

Ketika kita melihat sebuah jam tangan kecil, kita melihat bahwa bagian-bagian kecil dalam jam tangan tersebut secara rumit bekerja sama untuk menunjukkan waktu. Tapi tidak ada yang akan melihat jam tangan itu dan berpikir bahwa jam itu secara tak sengaja menunjukkan waktu dengan sendirinya. Bahkan jam tangan yang kecil bisa ada di dunia ini karena seseorang merancang dan membuatnya. Lalu bagaimana alam semesta? Tak bisa dibandingkan dengan jam tangan yang kecil, alam semesta ini begitu kompleks dan begitu luas bahwa pikiran manusia tidak bisa membayangkan semua misteri atau bahkan memahami skalanya. Fakta bahwa tata surya, yang hanya satu bagian kecil dari alam semesta, beroperasi begitu tepat tanpa ada kesalahan sedikit pun, sehingga sangat sulit untuk tidak percaya pada ciptaan Allah.

Tubuh manusia adalah sama. Semua organ, sel, dan banyak elemen lain yang diatur begitu sempurna dan bekerja sama dengan begitu rumit bahwa pengaturan dan fungsi mereka adalah sebuah keajaiban sejati. Namun, dengan semua hal yang manusia telah temukan tubuh manusia, itu hanyalah sebagian kecil dari semua yang belum terkuak. Jadi bagaimana bisa kita mengatakan sesuatu seperti bahwa anatomi manusia terjadi secara tidak sengaja?

Biarkan saya berbagi ilustrasi sederhana bahwa setiap orang dapat dengan mudah mengakuinya. Pada wajah seseorang, ada dua mata, satu hidung, dua lubang hidung, satu mulut, dan dua telinga. Pengaturannya seperti bahwa mata berada di bagian paling atas, hidung di tengah, mulut berada di bawah hidung, dan telinga ditempatkan satu di setiap sisi wajah. Pengaturan ini sama, apakah kita berkulit Hitam, Kaukasia, atau Asia. Hal ini tidak hanya berlaku bagi manusia saja. Ini pun berlaku bagi hewan seperti singa, harimau, gajah, anjing, dll., dan bagi burung seperti elang dan merpati, bahkan juga bagi ikan.

Jika evolusi Darwin benar, hewan, burung, dan manusia, masing-masing pasti berkembang secara berbeda sesuai dengan lingkungan mereka. Tapi mengapa penampilan dan penataan wajah sangat mirip? Ini adalah bukti kuat bahwa satu-satunya Allah Pencipta yang telah merancang dan menciptakan kita semua. Fakta bahwa kita semua diciptakan dalam gambar yang sama menunjukkan bahwa Sang Pencipta bukanlah beberapatapi hanya satu.

Awalnya saya seorang ateis. Saya mendengar orang mengatakan bahwa jika Anda pergi ke gereja Anda dapat menerima keselamatan. Namun, saya bahkan tidak tahu apa itu keselamatan, atau bagaimana cara menerimanya. Lalu suatu hari, perut saya menjadi rusak karena kebiasaan minum saya, dan akhirnya saya harus menghabiskan tujuh tahun terbaring sakit di tempat tidur. Setiap malam, ibu saya menuangkan air ke dalam mangkuk, melihat ke arah Gayung Besar, dan menggosok kedua tangannya, ia berdoa dan berdoa untuk kesembuhan saya. Dia bahkan memberikan uang dalam jumlah besar ke kuil Budha, tapi penyakit saya semakin memburuk dan memburuk. Saya tidak diselamatkan dari situasi putus asa ini dengan Gayung Besar tidak juga diselamatkan oleh Buddha. Tuhanlah yang menyelamatkan saya. Saat ibu saya mendengar bahwa saya sembuh setelah pergi ke gereja, dia membuang semua berhalanya dan pergi ke gereja. Ini karena ia menyadari bahwa hanya Allah-lah Allah yang benar.

Tembok dosa di antara Allah dan manusia

Terlepas dari kenyataan bahwa ada bukti yang jelas sehingga Allah Pencipta, yang menciptakan langit dan bumi, ada, mengapa orang tidak mau percaya kepada-Nya atau mendapati-Nya? Hal ini karena ada tembok dosa yang menghalangi hubungan antara Allah dan manusia. Karena Allah Sang Pencipta adalah benar, dan Dia benar-benar tidak berdosa, jika kita berdosa, kita tidak bisa berkomunikasi dengan-Nya.

Kadang-kadang ada orang yang berpikir, "Aku tidak berdosa." Sama seperti kita tidak bisa melihat noda di baju kita jika kita berdiri di sebuah ruangan gelap, jika kita berdiri di tengah-tengah kegelapan yang adalah ketidakbenaran, kita tidak bisa melihat dosa-dosa kita. Jadi jika kita mengatakan kita percaya pada Allah namun mata rohani kita masih tertutup, maka kita tidak bisa menemukan dosa-dosa kita. Kita hanya keluar masuk gereja, namun sia-sia. Hasilnya? Kita datang ke gereja selama 10, atau bahkan 20 tahun tanpa bertemu Allah dan tanpa menerima jawaban apa pun atas doa-doa kita.

Allah yang penuh kasih ingin bertemu kita, berbicara dengan kita, dan menjawab doa-doa kita. Inilah sebabnya mengapa Allah dengan sungguh-sungguh meminta masing-masing kita, "Runtuhkan tembok dosa antara kau dan Aku sehingga kita bisa dengan bebas berbagi percakapan kasih. Persilakan jalan bagi-Ku untuk menghilangkan rasa sakit dan penderitaanmu yang kini sedang kau alami"

Misalkan seorang anak kecil sedang mencoba memasukkan seutas benang ke dalam jarum. Ini adalah tugas yang sulit bagi seorang anak kecil. Tapi, ini adalah tugas yang relatif mudah bagi orangtua si anak. Tapi tak peduli betapa orangtua ingin menolong anaknya, jika tembok yang sangat besar berdiri di antara keduanya, orangtua itu tidak bisa menolong anaknya. Demikian juga, jika tembok dosa yang sangat besar berdiri di antara kita dan Allah, kita tidak bisa menerima jawaban doa-doa kita. Jadi yang pertama dan terpenting, kita harus mengatasi masalah dosa ini, dan kemudian kita harus menerima solusi utama untuk masalah yang paling penting dari keselamatan.

Arti sejati dari keselamatan

Dalam masyarakat kita, kata 'keselamatan' digunakan dalam berbagai cara. Ketika kita menyelamatkan orang tenggelam atau membantu seseorang pulih dari kegagalan bisnis atau membantu seseorang dalam krisis keluarga, kadang-kadang kita mengatakan bahwa kita 'menyelamatkan' mereka.

Lalu apa yang dinyatakan dalam Alkitab tentang 'diselamatkan'? Menurut Alkitab, keselamatan adalah mengangkat umat manusia dari dosa. Yaitu, keselamatan adalah membawa mereka dalam batas-batas dari tempat di mana Allah ingin mereka berada, di mana mereka dapat menerima solusi untuk masalah dosa dan menikmati sukacita kekal di Surga. Jadi untuk memasukkannya ke dalam istilah rohani yang sederhana, pintu masuk menuju keselamatan adalah Yesus Kristus, dan rumah keselamatan adalah Surga, atau kerajaan Allah.

Dalam Yohanes 14:6, Yesus berkata, "Akulah jalan dan kebenaran dan hidup. Tidak ada seorangpun yang datang kepada Bapa, kalau tidak melalui Aku." Oleh karena itu, keselamatan adalah untuk pergi ke Surga melalui Yesus Kristus.

Banyak orang menginjili dan menekankan pentingnya menerima keselamatan. Jadi mengapa kita membutuhkan keselamatan? Itu karena roh kita kekal. Ketika orang meninggal, jiwa dan roh mereka terpisah dari tubuh mereka, dan orang-orang yang menerima keselamatan pergi ke Surga, dan mereka yang tidak menerima keselamatan pergi ke Neraka. Surga adalah kerajaan Allah di mana ada sukacita kekal, dan Neraka adalah tempat siksaan dan penderitaan yang kekal, yang terdiri dari lautan api dan belerang (Wahyu 21: 8).

Karena Surga dan Neraka adalah tempat yang benar-benar ada, ada orang-orang yang telah melihat Surga dan Neraka melalui penglihatan, dan ada banyak orang yang rohnya benar-benar mengunjungi tempat-tempat tersebut. Jika seseorang berpikir bahwa semua orang-orang ini berbohong, mereka hanyalah orang yang keras kepala. Karena Alkitab dengan jelas menerangkan tentang Surga dan Neraka, kita harus percaya. Alkitab, tidak seperti kitab lain, berisi pesan keselamatan -firman dari Allah Sang Pencipta.

Alkitab mencatat penciptaan manusia, dan bagaimana Allah telah bekerja sejauh ini. Ini secara jelas menerangkan proses lengkap tentang bagaimana manusia telah berdosa, rusak dan takluk pada kematian kekal, dan bagaimana Allah menyelamatkan manusia. Alkitab mencatat peristiwa masa lalu, masa kini, masa depan, dan penghakiman terakhir Allah pada akhir zaman.

Ya, adalah penting bahwa kita hidup damai tanpa masalah apa pun di dunia ini. Namun, dibandingkan dengan Surga, kehidupan yang kita jalani di dunia ini sangat singkat, dan sementara. Sepuluh tahun sepertinya waktu yang lama, tapi ketika kita melihat ke belakang, seakan itu baru kemarin. Sisa waktu kita di bumi adalah sama. Meskipun seseorang dapat hidup dan bekerja keras serta mendapatkan banyak hal, mereka semua akan binasa ketika masa hidup di bumi selesai. Jadi, apa baiknya mereka? Tidak peduli seberapa banyak yang kita miliki dan raih, kita tidak bisa membawanya bersama kita ke dunia yang kekal. Dan bahkan jika kita mendapatkan ketenaran dan kekuasaan, ketika kita mati, semua itu pada akhirnya akan memudar dan menjadi terlupakan.

Metode keselamatan

Kisah Para Rasul 4:12, "Dan keselamatan tidak ada di dalam siapapun juga selain di dalam Dia, sebab di bawah kolong langit ini tidak ada nama lain yang diberikan kepada manusia yang olehnya kita dapat diselamatkan." Alkitab mengatakan bahwa Yesus Kristus satu-satunya Juruselamat yang dapat menyelamatkan kita. Lalu mengapa keselamatan hanya mungkin ada dalam nama Yesus Kristus? Ini karena masalah dosa pasti dituntaskan. Agar dapat lebih memahami ini, mari kembali ke masa Adam dan Hawa, asal mulanya umat manusia.

Setelah menciptakan Adam dan Hawa, Allah memberi Adam kekuasaaan dan kemuliaan untuk memerintah seluruh makhluk ciptaan. Dan untuk sekian lama, mereka hidup dalam Taman Eden yang melimpah hingga suatu hari mereka jatuh ke dalam jebakan ular dan memakan buah pengetahuan yang baik dan jahat. Setelah tidak menaati Allah dengan memakan buah yang Allah larang, dosa masuk ke dalam mereka (Kejadian 3:1-6).

Roma 5:12 menyatakan, "Sebab itu, sama seperti dosa telah masuk ke dalam dunia oleh satu orang, dan oleh dosa itu juga maut, demikianlah maut itu telah menjalar kepada semua orang, karena semua orang telah berbuat dosa." Karena Adam, dosa telah masuk ke dalam dunia dan semua orang telah berbuat dosa. Sehingga sebagai akibatnya, kematian masuk ke semua manusia.

Allah tidak dengan sederhana menyelamatkan orang-orang ini dari dosa tanpa ketentuan apa pun. Roma 5:18-19 berkata, "Sebab itu, sama seperti oleh satu pelanggaran semua orang beroleh penghukuman, demikian pula oleh satu perbuatan kebenaran semua orang beroleh pembenaran untuk hidup. Jadi sama seperti oleh ketidaktaatan satu orang semua orang telah menjadi orang berdosa, demikian pula oleh ketaatan satu orang semua orang menjadi orang benar."

Ini berarti bahwa semua orang menjadi orang berdosa hanya karena dosa satu orang, Adam, melalui ketaatan satu orang, semua orang juga dapat diselamatkan. Allah yang adalah kepala atas seluruh ciptaan, tapi Dia membuat segalanya terjadi dengan teratur (1 Korintus 14:40); oleh karena itu Dia menyiapkan seorang manusia yang memenuhi segala kualifikasi untuk menjadi Juruselamat - dan Dia adalah Yesus Kristus.

Pemeliharaan keselamatan melalui Yesus Kristus

Di antara hukum-hukum rohani, ada sebuah hukum yang menyatakan "upah dosa ialah maut" (Roma 6:23). Pada sisi yang lain, ada juga hukum untuk penebusan seseorang dari dosa ini. Apa yang langsung berkaitan dengan hukum spiritual ini adalah hukum tentang penebusan tanah di Israel. Hukum ini memungkinkan seseorang untuk menjual tanah, tapi tidak secara permanen. Jika seseorang menjual tanahnya karena kesulitan ekonomi, setiap saat, salah satu dari kerabat kayanya selalu bisa menebus tanah itu untuknya. Apabila seseorang itu tidak memiliki kerabat yang kaya untuk menebusnya, dia selalu bisa menebusnya kembali saat dia memperoleh kembali kekayaannya (Imamat 25:23-25).

Penebusan atas dosa bekerja dengan cara yang sama. Jika ada yang memenuhi syarat untuk menebus saudaranya dari dosa, dia bisa menebusnya. Tapi siapa pun itu, bahwa seseorang harus membayar harga dari dosa tersebut.

Tapi ada tertulis dalam 1 Korintus 15:21, " Sebab sama seperti maut datang karena satu orang manusia, demikian juga kebangkitan orang mati datang karena satu orang manusia." Yang bisa menyelamatkan kita dari dosa haruslah seorang manusia. Inilah sebabnya mengapa Yesus datang ke dunia ini dalam daging -dalam bentuk seorang manusia yang menjadi orang berdosa.

Seseorang yang berutang tidak memiliki kemampuan untuk melunasi utang orang lain. Demikian juga, seseorang yang berdosa tidak bisa menebus umat manusia dari dosa. Manusia tidak hanya mewarisi bentuk fisik dan ciri-ciri kepribadian orangtuanya, tetapi juga sifat dosa mereka. Jika kita amati anak kecil dan kita melihat anak lain duduk di pangkuan ibu anak ini, anak itu menjadi gelisah dan mencoba untuk mendorong anak lain itu dari pangkuan ibunya. Meskipun tidak ada yang mengajarinya untuk melakukan itu, rasa cemburu dan iri secara alami timbul dalam dirinya. Beberapa bayi, ketika mereka lapar dan mereka tidak segera diberi makan, mereka mulai menangis tak terkendali. Hal ini karena sifat dosa kemarahan yang mereka warisi dari orangtua mereka. Jenis sifat dosa manusia ini diwarisi dari orangtua mereka melalui usaha hidup mereka yang disebut 'dosa asal'. Semua keturunan Adam lahir dengan dosa asal ini; oleh karena itu tidak satupun dari mereka dapat menebus orang lain dari dosa.

Namun, Yesus dilahirkan melalui pembuahan oleh Roh Kudus,

sehingga Dia tidak mewarisi dosa asal ini dari orangtua manapun. Dan, sementara Dia tumbuh dewasa, Dia menaati semua hukum; karena itu Dia tidak melakukan jenis dosa apa pun. Dalam dunia rohani, tidak memiliki dosa dalam hal ini adalah kuasa.

Yesus menerima hukuman penyaliban dengan sukacita karena Dia memiliki jenis kasih yang tidak menyayangkan bahkan hidup-Nya sendiri untuk menebus umat manusia dari dosa. Dalam rangka untuk menebus manusia dari kutuk Hukum Taurat, Ia mati di kayu salib (Galatia 3:13) dan mencurahkan darah-Nya yang berharga itu yang bersih dari dosa asal atau dosa perbuatan diri sendiri. Ia membayar semua dosa umat manusia.

Untuk menyelamatkan orang-orang berdosa, Allah bahkan tidak menyayangkan nyawa Anak-Nya yang tunggal untuk mati di atas kayu salib. Ini adalah kasih yang sungguh besar yang Ia anugerahkan kepada kita. Dan Yesus membuktikan kasih-Nya bagi kita dengan memberikan hidup-Nya sendiri agar menjadi korban pendamaian antara kita dan Allah. Selain Yesus, tidak ada orang lain yang memiliki jenis kasih ini, atau kuasa untuk menebus kita dari dosa. Ini adalah alasan mengapa hanya melalui Yesus Kristus kita dapat menerima keselamatan.

Bab 2

Bapa, Putra, dan Roh Kudus

> *"Tetapi Penghibur, yaitu Roh Kudus, yang akan diutus oleh Bapa dalam nama-Ku, Dialah yang akan mengajarkan segala sesuatu kepadamu dan akan mengingatkan kamu akan semua yang telah Kukatakan kepadamu."*
> *(Yohanes 14:26)*

Jika kita membaca di kejadian 1:26, dikatakan, "Berfirmanlah Allah: "Baiklah Kita menjadikan manusia menurut gambar dan rupa Kita..."" Di ayat ini, 'Kita' menandakan Allah Tritunggal - Bapa, Putra, dan Roh Kudus. Meskipun masing-masing peran Bapa, Anak, dan Roh Kudus dalam membuat manusia dan memenuhi pemeliharaan keselamatan berbeda, karena Tiga adalah satu sejak awal, Ketiganya disebut Allah Tritunggal atau Allah Trinity.

Ini adalah doktrin yang sangat penting dari iman Kristen, dan karena ini adalah pesan rahasia tentang asal-usul Allah Pencipta, sulit untuk sepenuhnya memahami konsep ini dengan logika dan pengetahuan manusia yang terbatas. Namun, dalam rangka menyelesaikan masalah dosa dan menerima keselamatan yang penuh, kita perlu memiliki pengetahuan yang benar tentang Trinitas Allah Bapa, Allah Anak, dan Allah Roh Kudus. Hanya ketika kita memiliki pemahaman ini, kita dapat menikmati berkat dan otoritas menjadi anak-anak Allah.

Siapakah Allah Bapa?

Di atas segalanya, Allah adalah Pencipta alam semesta. Kejadian Pasal 1 menggambarkan bagaimana Allah menciptakan alam semesta. Dari ketiadaan sama sekali, Allah menciptakan langit dan bumi dalam enam hari dengan Firman-Nya. Kemudian pada hari keenam, Tuhan menciptakan Adam, bapa dari umat manusia. Hanya dengan melihat urutan dan harmoni dari semua dalam penciptaan, kita dapat mengetahui bahwa Allah itu hidup, dan ada satu Allah Pencipta.

Allah maha tahu. Allah adalah sempurna dan Dia mengetahui segala sesuatu. Oleh karena itu, Ia mengizinkan kita mengetahui tentang peristiwa masa depan oleh nubuatan melalui orang-orang yang dekat dengan-Nya(Amos 3:7). Allah juga mahakuasa dan dapat melakukan apa pun. Itulah sebabnya Alkitab mencatat tanda-tanda yang tak terhitung jumlahnya serta keajaiban yang tidak dapat dicapai dengan kuasa dan kemampuan manusia.

------------ Dalam Keluaran Pasal 3 kita menemukan adegan di mana Allah menampakkan diri di depan Musa. Dalam semak yang terbakar Allah memanggil Musa untuk menjadi pemimpin untuk keluar dari Mesir. Saat itu, Allah memberi tahu Musa "AKU ADALAH AKU." Dia menjelaskan salah satu karakteristik-Nya, yang merupakan eksistensi diri-Nya. Ini berarti bahwa tidak ada yang menciptakan, ataupun melahirkan Allah. Dia sudah ada sejak pada mulanya.

Allah juga penulis Alkitab. Tapi, karena Allah Pencipta jauh melebihi manusia, sulit untuk sepenuhnya menjelaskan keberadaan-Nya dari perspektif manusia. Hal ini karena Allah adalah Allah yang tak terbatas; oleh karena itu, dengan wawasan yang terbatas, manusia tidak bisa sepenuhnya tahu segalanya tentang Dia.

Dalam Alkitab, kita dapat melihat bahwa Allah Bapa disebut secara berbeda, tergantung pada situasi. Dalam Keluaran 6:3 dinyatakan, "Aku telah menampakkan diri kepada Abraham, Ishak dan Yakub sebagai Allah Yang Mahakuasa, tetapi dengan nama-Ku, TUHAN, Aku belum menyatakan diri." Dan dalam 15:3, dituliskan, "TUHAN itu pahlawan perang; TUHAN, itulah nama-Nya." Nama 'TUHAN' tidak hanya berarti 'satu yang berdiri sendiri'; tetapi juga berarti satu-satunya dan hanya Tuhan yang sejati yang memerintah seluruh bangsa di dunia, dan segala sesuatu yang ada di dalamnya.

Dan ekspresi 'Allah' digunakan dengan arti bahwa Allah ada bagi setiap ras, negara, atau individu; oleh karena nama ini digunakan untuk menunjukkan -----humanity Allah. Sedangkan nama 'TUHAN' lebih luas, nama yang lebih umum untuk Ketuhanan, 'Allah' adalah ekspresi untuk kemanusiaan Allah yang memiliki persekutuan rohani yang erat, dengan masing-masing individu. "Allah Abraham, Allah Ishak, dan Allah Yakub" adalah contohnya.

Jadi mengapa kita menyebut Allah ini 'Allah Bapa'? Hal ini karena Allah tidak hanya gubernur bagi seluruh alam semesta dan Hakim tertinggi; tapi yang paling penting, Dia adalah direktur tertinggi atas perencanaan dan pelaksanaan pengusahaan manusia. Jika kita percaya pada Allah ini, kita bisa memanggil-Nya 'Bapa', dan mengalami kuasa dan berkat yang luar biasa karena menjadi anak-anak-Nya.

Allah Bapa: direktur tertinggi pengusahaan manusia

Allah Pencipta memulai pengusahaan manusia agar mendapatkan anak-anak sejati yang dengan mereka Allah bisa berbagi hubungan yang sejati, dan penuh kasih. Tapi karena ada awal dan akhir untuk semua yang diciptakan, ada awal dan akhir untuk kehidupan duniawi manusia.

Wahyu 20:11-15 berkata, " Lalu aku melihat suatu takhta putih yang besar dan Dia, yang duduk di atasnya. Dari hadapan-Nya lenyaplah bumi dan langit dan tidak ditemukan lagi tempatnya. Dan aku melihat orang-orang mati, besar dan kecil, berdiri di depan takhta itu. Lalu dibuka semua kitab. Dan dibuka juga sebuah kitab lain, yaitu kitab kehidupan. Dan orang-orang mati dihakimi menurut perbuatan mereka, berdasarkan apa yang ada tertulis di dalam kitab-kitab itu. Maka laut menyerahkan orang-orang mati yang ada di dalamnya, dan maut dan kerajaan maut menyerahkan orang-orang mati yang ada di dalamnya, dan mereka dihakimi masing-masing menurut perbuatannya.Lalu maut dan kerajaan maut itu dilemparkanlah ke dalam lautan api. Itulah kematian yang kedua: lautan api. Dan setiap orang yang tidak ditemukan namanya tertulis di dalam kitab kehidupan itu, ia dilemparkan ke dalam lautan api itu."

Bagian ini adalah penjelasan tentang Penghakiman Tahta Putih. Ketika pengusahaan manusia berakhir di bumi, Tuhan akan kembali di udara untuk membawa semua orang percaya. Kemudian, orang-orang beriman yang masih hidup akan diangkat ke Udara, di mana Tujuh Tahun Pesta Pernikahan akan berlangsung. Sementara Pesta Pernikahan yang terjadi di Udara, akan ada tujuh tahun kesusahan di Bumi. Setelah itu, Tuhan akan kembali ke Bumi dan bertahta selama seribu tahun. Dan setelah seribu tahun, akan ada Penghakiman Tahta Putih. Pada saat ini, anak-anak Allah, yang namanya tercatat dalam kitab kehidupan, akan masuk surga, dan mereka yang namanya tidak tercatat dalam kitab kehidupan akan dihakimi menurut perbuatan mereka dan kemudian masuk ke Neraka.

Ketika kita melihat Alkitab, kita dapat melihat bahwa sejak Allah menciptakan manusia sampai hari ini, Allah mengasihi kita dengan serupa. Bahkan setelah Adam dan Hawa berdosa dan diasingkan dari Taman Eden, Allah membiarkan kita mengetahui kehendak-Nya, pemeliharaan-Nya, dan hal-hal yang akan datang melalui orang-orang benar seperti Nuh, Abraham, Musa, Daud, dan Daniel. Bahkan saat ini, kuasa dan kehadiran Allah masih jelas dalam kehidupan kita. Ia bekerja melalui orang-orang yang benar-benar mengakui-Nya, dan mengasihi-Nya.

Ketika kita melihat di Perjanjian Lama, kita dapat melihat bahwa karena Allah mengasihi kita, Dia mengajarkan kita bagaimana untuk tidak jatuh ke dalam dosa dan bagaimana hidup dalam kebenaran. Dia mengajarkan kita apa itu dosa dan kebenaran agar kita dapat menghindari penghakiman. Dia juga mengajarkan kita bahwa saat kita menyembah-Nya, kita harus menyisihkan perayaan khusus untuk mempersembahkan korban kepada-Nya supaya kita tidak melupakan Allah yang hidup. Kita bisa melihat bahwa Dia memberkati orang-orang yang percaya kepada-Nya, dan bagi mereka yang berbuat dosa, Dia memberi mereka kesempatan untuk berbalik dari dosa mereka -baik melalui hukuman atau cara lainya. Dia juga menggunakan para nabi-Nya untuk menyatakan kehendak-Nya, dan mengajarkan kita untuk hidup dalam kebenaran.

Namun, orang tidak taat, melainkan mereka terus berbuat dosa. Untuk mengatasi masalah ini, Ia mengirim Juruselamat, Yesus Kristus, yang telah Dia disiapkan sejak semula. Dan, Dia-lah yang membuka jalan keselamatan sehingga semua orang bisa diselamatkan melalui iman.

Siapakah Anak, Yesus Kristus?

Seseorang yang telah berbuat dosa tidak bisa menebus dosa orang lain, sehingga orang yang tanpa dosalah yang dibutuhkan. Inilah sebabnya mengapa Allah sendiri harus memakai daging dan datang ke dunia ini-dan ini adalah Yesus. Karena upah dosa adalah maut, Yesus harus menerima kematian di atas kayu salib untuk menebus dosa kita. Hal ini karena tanpa penumpahan darah, tidak ada pengampunan dosa (Imamat 17:11; Ibrani 9:22).

Dalam pemeliharaan Allah, Yesus mati di kayu salib agar membebaskan manusia yang berada di bawah kutuk hukum Taurat. Setelah menebus manusia dari dosa-dosa mereka, Ia bangkit dari antara orang mati pada hari ketiga. Oleh karena itu setiap orang yang percaya kepada Yesus Kristus sebagai Juruselamat mereka diampuni dari dosa-dosa mereka dan menerima keselamatan. Sama seperti Yesus, yang menjadi buah pertama dari kebangkitan, kita juga, akan bangkit dan masuk ke dalam Surga.

Dalam Yohanes 14:6 Yesus berkata, "Akulah jalan dan kebenaran dan hidup. Tidak ada seorangpun yang datang kepada Bapa, kalau tidak melalui Aku." "Yesus adalah jalan karena Dia menjadi jalan bagi umat manusia untuk masuk ke dalam surga di mana Allah Bapa memerintah; Dia adalah kebenaran karena ia adalah Firman Allah yang menjadi manusia, dan datang ke dunia ini; dan, Dia adalah hidup karena hanya melalui Dia manusia menerima keselamatan dan hidup kekal.

Sementara Dia berada di bumi, Yesus menaati hukum Taurat

sepenuhnya. Sesuai dengan hukum Israel, Ia disunat pada hari kedelapan dari kelahiran-Nya. Dia tinggal bersama orangtua-Nya sampai usia 30 dan memenuhi semua kewajiban-Nya. Yesus tak memiliki dosa asal ataupun berbuat dosa. Oleh karena itu ditulis tentang Yesus dalam Petrus 2:22, "...Ia tidak berbuat dosa, dan tipu tidak ada dalam mulut-Nya."

Beberapa waktu kemudian, menurut kehendak Allah, Yesus mulai berpuasa selama 40 hari sebelum disiapkan untuk menggenapi pelayanan-Nya. Dia berkata kepada banyak orang tentang Allah yang hidup dan Injil Kerajaan Surga, dan ia menunjukkan kuasa Allah ke mana pun ia pergi. Dia dengan jelas menunjukkan bahwa Allah adalah Tuhan yang benar, dan bahwa Dia adalah pengawas tertinggi atas kehidupan dan kematian.

Alasan Yesus datang ke dunia ini adalah untuk memberi tahu semua umat manusia tentang Allah Bapa, untuk menghancurkan setan musuh, untuk menyelamatkan kita dari dosa dan membawa kita ke jalan menuju hidup yang kekal. Jadi dalam Yohanes 4:34, Yesus berkata, ""Makanan-Ku ialah melakukan kehendak Dia yang mengutus Aku dan menyelesaikan pekerjaan-Nya."

Yesus Kristus Juruselamat

Yesus Kristus bukan hanya salah satu dari empat filsuf terbesar yang yang pernah dikenal di dunia. Dia adalah Juruselamat yang membuka jalan keselamatan bagi seluruh umat manusia; Karena itu Ia tidak dapat ditempatkan pada tingkat yang sama seperti manusia, yang adalah ciptaan belaka. JIka Anda membaca di Filpi 2:6-11 dikatakan, "yang walaupun dalam rupa Allah, tidak menganggap kesetaraan dengan Allah itu sebagai milik yang harus dipertahankan, melainkan telah mengosongkan diri-Nya sendiri, dan mengambil rupa seorang hamba, dan menjadi sama dengan manusia. Dan dalam keadaan sebagai manusia, Ia telah merendahkan diri-Nya dan taat sampai mati, bahkan sampai mati di kayu salib. Itulah sebabnya Allah sangat meninggikan Dia dan mengaruniakan kepada-Nya nama di atas segala nama, supaya dalam nama Yesus bertekuk lutut segala yang ada di langit dan yang ada di atas bumi dan yang ada di bawah bumi, dan segala lidah mengaku: "Yesus Kristus adalah Tuhan," bagi kemuliaan Allah, Bapa!"

Karena Yesus menaati Allah dan mengorbankan diri-Nya sesuai dengan kehendak Allah, Allah mengangkat Dia ke tempat tertinggi di tangan kanan-Nya, dan menamai-Nya Raja segala raja dan Tuhan segala tuhan.

Siapakah Roh Kudus, Sang Penghibur?

Ketika Yesus berada di dunia ini, Dia harus bekerja dalam keterbatasan waktu dan ruang karena Dia memiliki tubuh manusia. Dia menyebarkan Injil di daerah Yudea, Samaria, dan Galilea, tapi Dia tidak bisa menyebarkan Injil ke daerah yang lebih jauh. Namun, setelah Yesus dibangkitkan dan naik ke Surga, Ia mengirimkan Roh Kudus, Sang Penghibur, yang akan datang atas seluruh umat manusia melampaui keterbatasan waktu dan ruang.

Definisi "Penghibur" adalah: 'nabi yang membela, membujuk, atau membantu yang lain menyadari kesalahannya'; 'konselor yang mendorong dan menguatkan orang lain'

Menjadi kudus dan satu dengan Allah, Roh Kudus mengetahui bahkan hal-hal yang tersembunyi dalam hati Allah (1 Korintus 2:10). Karena orang berdosa tidak dapat melihat Allah, dengan cara yang sama Roh Kudus tidak bisa berdiam dalam orang berdosa. Jadi sebelum Yesus menebus kita dengan mati di kayu salib dan mencurahkan darah-Nya bagi kita, Roh Kudus tidak bisa masuk ke dalam hati kita.

Tapi setelah Yesus mati dan kemudian dibangkitkan, masalah dosa itu diselesaikan dan siapa saja yang membuka hatinya serta menerima Yesus Kristus maka dia bisa menerima Roh Kudus. Ketika seseorang dibenarkan oleh iman, Allah memberi mereka karunia Roh Kudus sehingga Roh Kudus dapat kemudian berdiam di dalam hatinya. Roh Kudus memimpin kita dan membimbing kita, dan melalui Dia, kita dapat berkomunikasi dengan Allah.

Lalu mengapa Tuhan memberikan anak-anak-Nya karunia Roh Kudus? Hal ini karena jika Roh Kudus tidak masuk ke dalam kita dan menghidupkan roh kita -yang mana roh kita sudah mati karena dosa Adam- maka kita tidak bisa masuk ke dalam kebenaran, atau tinggal dalam kebenaran. Ketika kita percaya kepada Yesus Kristus dan menerima Roh Kudus, Roh Kudus masuk ke dalam hati kita dan mengajarkan kita hukum-hukum Allah, yang adalah Kebenaran, sehingga kita dapat hidup sesuai dengan hukum-hukum ini dan tinggal dalam kebenaran.

Karya Roh Kudus, Sang Penghibur

Pekerjaan utama dari Roh Kudus adalah pekerjaan agar kita dilahirkan kembali. Dengan dilahirkan kembali, kita menyadari hukum-hukum Allah dan berusaha menaatinya. Inilah sebabnya mengapa Yesus berkata "Sesungguhnya jika seorang tidak dilahirkan dari air dan Roh, ia tidak dapat masuk ke dalam Kerajaan Allah. Apa yang dilahirkan dari daging, adalah daging, dan apa yang dilahirkan dari Roh, adalah roh." (Yohanes 3:5-6). Jadi jika kita tidak dilahirkan dari air dan roh dan Roh Kudus, kita tidak dapat menerima keselamatan.

Di sini, air merujuk pada air kehidupan - Firman Allah. Kita harus benar-benar dibersihkan dan diubahkan oleh Firman Allah, atau kebenaran Allah. Jadi apa artinya dilahirkan kembali dari Roh Kudus? Ketika kita menerima Yesus Kristus, Tuhan memberikan kita karunia Roh Kudus dan mengakui kita sebagai anak-anak-Nya (Kisah Para Rasul 2:38). Anak-anak Allah yang menerima Roh Kudus mendengarkan Friman kebenaran dan belajar untuk membedakan antara yang baik dan yang jahat. Dan ketika mereka berdoa sepenuh hati, Allah memberi mereka kasih karunia dan kekuatan untuk hidup seturut dengan Firman-Nya. Inilah yang dimaksud dengan dilahirkan kembali dari Roh Kudus. Dan tergantung pada sejauh mana Roh Kudus melahirkan roh untuk setiap individu, dia diubahkan oleh kebenaran. Dan tergantung pada sejauh mana individu diubah oleh kebenaran, sebesar itulah dia dapat menerima iman rohani dari Allah.

Kedua, Roh Kudus menolong kita dalam kelemahan kita dan berdoa untuk kita dengan keluhan-keluhan yang tidak terucapkan, sehingga kita dapat berdoa (Roma 8:26). Dia juga menghancurkan kita untuk membuat kita menjadi bejana yang lebih baik. Dan, sama seperti Yesus berkata "Tetapi Penghibur, yaitu Roh Kudus, yang akan diutus oleh Bapa dalam nama-Ku, Dialah yang akan mengajarkan segala sesuatu kepadamu dan akan mengingatkan kamu akan semua yang telah Kukatakan kepadamu." (Yohanes 14:26), Roh Kebenaran, Ia akan memimpin kamu ke dalam seluruh kebenaran; dan Ia akan memberitakan kepadamu hal-hal yang akan datang (Yohanes 16:13).

Selanjutnya, ketika kita menaati keinginan Roh Kudus, Dia membiarkan kita menghasilkan buah dan menerima karunia rohani. Jadi jika kita menerima Roh Kudus dan bertindak sesuai dengan kebenaran, Dia bekerja di dalam kita sehingga kita bisa menghasilkan buah-buah yaitu kasih, sukacita, damai sejahtera, kesabaran, kemurahan, kebaikan, kesetiaan, kelemahlembutan, dan penguasaan diri (Galatia 5:22-23). Tidak hanya itu, Ia juga memberikan hadiah yang bermanfaat bagi kita dalam kehidupan rohani kita sebagai orang percaya, seperti berkata-kata dengan hikmat, berkata-kata dengan pengetahuan, iman, karunia untuk menyembuhkan, karunia mengadakan mukjizat, untuk nubuat, karunia untuk membedakan bermacam-macam roh, karunia untuk berkata-kata dengan bahasa roh, dan karunia untuk menafsirkan bahasa roh (1 Korintus 12: 7-10).

Selain itu, Roh juga berbicara kepada kita (Kisah Para Rasul 10:19), memberi kita perintah (Kisah Para Rasul 8:29), dan terkadang melarang kita untuk bertindak jika tindakan itu melawan kehendak Allah (Kisah Para Rasul 16: 6).

Allah Tritunggal memenuhi pemeliharaan keselamatan

Jadi Bapa, Anak, dan Roh Kudus pada mulanya adalah satu. Pada mulanya, Allah ini, adalah Terang dengan suara dentingan, memerintah seluruh semesta (Yohanes 1: 1; 1 Yohanes 1: 5). Kemudian, pada titik tertentu, agar mendapatkan anak-anak benar yang dengan mereka Allah bisa membagi kasih-Nya, Ia mulai merencanakan untuk pemeliharaan pengusahaan manusia. Ia membagi satu ruang di mana Ia awalnya tinggal dalam banyak ruang, dan mulai hadir sebagai Allah Tritunggal.

Allah Anak, Yesus Kristus diperanakkan dari Allah (Kis 13:33; Ibrani 5: 5), dan Allah Roh Kudus, juga diperanakkan dari Allah (Yohanes 15:26; Galatia 4:6). Oleh karena itu, Allah Bapa, Allah Anak, dan Allah Roh Kudus - Allah Tritunggal telah memenuhi pemeliharaan keselamatan umat manusia, dan akan terus memenuhi bersama-sama sampai pada hari Penghakiman Tahta Putih.

Ketika Yesus disalib di atas kayu salib, Dia tidak menderita seorang diri. Allah Bapa dan Allah Roh Kudus juga mengalami rasa sakit bersama-sama dengan Dia. Juga, karena Roh Kudus memenuhi pelayanan penghiburan-Nya dan menjadi perantara bagi jiwa-jiwa di bumi, Allah Bapa dan Tuhan bekerja bersama dengan-Nya juga.

Dalam 1 Yohanes 5:7-8, "Sebab ada tiga yang memberi kesaksian (di dalam sorga: Bapa, Firman dan Roh Kudus; dan ketiganya adalah satu." Air secara rohani melambangkan pelayanan dari Firman Allah, dan darah secara rohani melambangkan pelayanan Tuhan dan pencurahan darah-Nya di kayu salib. Dengan bekerja sama dalam pelayanan Mereka, Allah Tritunggal memberikan bukti keselamatan kepada semua orang percaya.

Juga, Matius 28:19 berkata, "Karena itu pergilah, jadikanlah semua bangsa murid-Ku dan baptislah mereka dalam nama Bapa dan Anak dan Roh Kudus." Dan 2 Korintus 13:14 berbunyi, "Kasih karunia Tuhan Yesus Kristus, dan kasih Allah, dan persekutuan Roh Kudus menyertai kamu sekalian." Di sini kita bisa melihat orang-orang dibaptis dan diberkati dalam nama Allah Tritunggal.

Dengan cara ini, karena Allah Bapa, Allah Anak, dan Allah Roh Kudus adalah satu sifat, satu hati, dan satu pikiran sejak mulanya, masing-masing peran Mereka dalam pengusahaan manusia dibedakan dalam cara yang teratur. Allah dengan jelas dibedakan pada periode Perjanjian Lama, di mana Allah Bapa sendiri yang memimpin umat-Nya; periode Perjanjian Baru, di mana Yesus datang ke dunia ini untuk menjadi Juruselamat bagi umat manusia; dan terakhir periode kasih karunia, di mana Roh Kudus, Penghibur, melaksanakan pelayanan-Nya. Allah Tritunggal telah memenuhi kehendak-Nya di setiap masing-masing periode tersebut.

Kisah Para Rasul 2:38 berkata, "Bertobatlah dan hendaklah kamu masing-masing memberi dirimu dibaptis dalam nama Yesus Kristus untuk pengampunan dosamu, maka kamu akan menerima karunia Roh Kudus." Dan juga ada tertulis dalam 2 Korintus 1:22, "Allah juga memateraikan tanda milik-Nya atas kita dan yang memberikan Roh Kudus di dalam hati kita sebagai jaminan," Jika kita menerima Yesus Kristus dan menerima Roh Kudus, kita tidak hanya menerima hak untuk menjadi anak-anak Allah (Yohanes 1:12), tapi juga kita dapat menerima bimbingan dari Roh Kudus untuk membuang dosa dan hidup dalam Terang. Ketika jiwa kita makmur, segala sesuatu akan berhasil, dan kita menerima berkat baik kesehatan rohani maupun jasmani. Dan setelah kita masuk Surga, kita juga menikmati hidup yang kekal!

Jika hanya ada Allah Bapa saja, kita sama sekali tidak bisa menerima keselamatan. Kami membutuhkan Yesus Kristus karena kita hanya bisa masuk ke dalam kerajaan Allah setelah dibersihkan dari dosa-dosa kita. Dan jika kita ingin membuang dosa-dosa kita dan mengejar rupa Allah, kita memerlukan pertolongan dari Roh Kudus. Karena Allah Tritunggal - Bapa, Anak, dan Roh Kudus- menolong kita, kita dapat menerima keselamatan yang lengkap dan memuliakan Allah.

Glosarium

Daging dan perbuatan daging

Istilah 'daging' dari perspektif rohani adalah istilah umum yang mengacu pada ketidakbenaran dalam hati kita yang timbul menjadi suatu perbuatan. Misalnya, kebencian, iri hati, perzinahan, kecongkakan, dan sejenisnya, yang timbul menjadi tindakan tertentu seperti kekerasan, pelecehan, pembunuhan, dll, secara kolektif disebut "daging", dan masing-masing dari dosa-dosa ini, ketika diklasifikasikan secara individual, disebut "perbuatan daging".

Keinginan daging, keinginan mata, keangkuhan hidup

"Keinginan daging" mengacu pada asal mula yang menyebabkan manusia berbuat dosa mengikuti keinginan daging. Kecenderungan ini mencakup kebencian, kesombongan, kemalasan, perzinahan, dll. Saat sifat dosa ini menghadapi lingkungan tertentu yang memprovokasinya, keinginan daging mulai timbul. Misalnya, jika seseorang memiliki sifat dosa 'menilai dan mengutuk' orang lain, ia akan suka mendengar rumor dan suka bergosip.

"Keinginan mata" mengacu pada sifat dosa yang membuat seseorang menginginkan hal-hal kedagingan saat hati diprovokasi oleh indera penglihatan dan pendengaran melalui mata dan telinga. Keinginan mata didorong karena kita melihat dan mendengar hal-hal dari dunia ini. Jika ini tidak dibuang dan jika kita terus menerima dan memasukkannya, keinginan daging dipancing, dan akhirnya kita berbuat dosa.

"keangkuhan hidup" mengacu pada sifat dosa dalam manusia yang membuat manusia ingin menunjukkan dirinya dengan membual dan menyombongkan diri saat mengikuti kesenangan di dunia ini. Jika seseorang memiliki sifat dosa ini, ia akan selalu berusaha mendapatkan hal-hal dari dunia ini untuk menunjukkan dirinya.

Bab 3

Perbuatan Daging

"Perbuatan daging telah nyata, yaitu: percabulan, kecemaran, hawa nafsu, penyembahan berhala, sihir, perseteruan, perselisihan, iri hati, amarah, kepentingan diri sendiri, percideraan, roh pemecah, kedengkian, kemabukan, pesta pora dan sebagainya. Terhadap semuanya itu kuperingatkan kamu--seperti yang telah kubuat dahulu--bahwa barangsiapa melakukan hal-hal yang demikian, ia tidak akan mendapat bagian dalam Kerajaan Allah."
(Galatia 5:19-21, NKJV)

Bahkan orang-orang Kristen sudah lama menjadi orang percaya mungkin belum terbiasa dengan istilah "perbuatan daging" Hal ini dikarenakan dalam banyak alasan gereja tidak mengajarkan tentang dosa secara konkret. Namun, dengan jelas seperti yang tertulis dalam Matius 7:21, "Bukan setiap orang yang berseru kepada-Ku: Tuhan, Tuhan! akan masuk ke dalam Kerajaan Sorga, " Kita harus tahu dengan tepat apa yang menjadi kehendak Allah, dan kita pasti harus memahami tentang dosa yang Allah benci.

Allah tidak hanya menyebut perbuatan "dosa" salah yang tampak, tetapi Dia juga menganggap kebencian, iri hati, dengki, menghakimi dan/atau mengutuk orang lain, tidak berperasaan, hati yang berbohong, dll. sebagai dosa. Menurut Alkitab "Segala sesuatu yang tidak berdasarkan iman (Rom 14:23), tahu harus berbuat baik dan tidak melakukannya (Yakobus 4:17), tidak melakukan perbuatan baik yang aku ingin lakukan, dan malah melakukan perbuatan jahat yang aku tidak ingin lakukan (Roma 7:19-20), perbuatan daging (Galatia 5:19-21), dan hal-hal dari daging (Roma 8:5) semuanya itu disebut "dosa".

Semua jenis dosa ini membentuk tembok yang berdiri di antara kita dan Allah, seperti yang tertulis dalam Yesaya 59:1-3,"Sesungguhnya, tangan TUHAN tidak kurang panjang untuk menyelamatkan, dan pendengaran-Nya tidak kurang tajam untuk mendengar; tetapi yang merupakan pemisah antara kamu dan Allahmu ialah segala kejahatanmu, dan yang membuat Dia menyembunyikan diri terhadap kamu, sehingga Ia tidak mendengar, ialah segala dosamu. Sebab tanganmu cemar oleh darah dan jarimu oleh kejahatan; mulutmu mengucapkan dusta, lidahmu menyebut-nyebut kecurangan."

Jadi apakah tembok dosa spesifik yang berdiri di antara kita dan Allah?

Hal-hal dari daging dan Perbuatan daging

Biasanya, ketika mengacu pada tubuh manusia, kata-kata "tubuh" dan "daging" digunakan secara bergantian. Namun, definisi rohani dari "daging" tersebut berbeda. Galatia 5:24 menyatakan, "Barangsiapa menjadi milik Kristus Yesus, ia telah menyalibkan daging dengan segala hawa nafsu dan keinginannya." Sekarang ini bukan berarti kita telah benar-benar menyalibkan tubuh kita.

Kita perlu tahu makna rohani dari kata "daging" untuk memahami makna dari ayat di atas. Tidak semua penggunaan kata "daging" memiliki makna rohani. Kadang-kadang mereka hanya mengacu pada tubuh manusia. Inilah sebabnya mengapa kita perlu tahu istilah ini secara lebih jelas, supaya kita bisa melihat kapan kata itu digunakan dalam konotasi rohani dan kapan itu digunakan dalam konotasi bukan rohani.

Awalnya, manusia diciptakan dengan roh, jiwa, dan tubuh, dan manusia tidak memiliki dosa. Namun, setelah tidak menaati Firman Allah, manusia menjadi berdosa. Dan, karena upah dosa adalah maut (Roma 6:23), roh, yang merupakan master manusia, menjadi tiada. Dan tubuh manusia menjadi hal yang sia-sia yang mana, dengan berlalunya waktu, akhirnya menjadi jompo, busuk, dan kembali menjadi segenggam debu. Sehingga manusia menyimpan dosa di dalam tubuhnya, dan melalui tindakan-tindakan ia berbuat dosa-dosa ini. Di saat inilah kata "daging" muncul.

"Daging", sebagai istilah rohani, merupakan kombinasi dari sifat dosa dan tubuh manusia-------------------- Jadi, ketika Alkitab mengacu pada "daging", itu menandakan dosa yang belum timbul dalam tindakan, tetapi yang dapat ditimbulkan pada saat tertentu. Hal ini termasuk pikiran berdosa, dan semua jenis dosa lainnya di dalam tubuh kita. Dan semua dosa ini, ketika secara bersama-sama diberikan nama, disebut "hal-hal yang dari daging".

Dengan kata lain, kebencian, kesombongan, kemarahan, menghakimi, menghukum, perzinahan, serakah, dll., secara bersama-sama disebut "daging", dan masing-masing dari dosa-dosa ini secara individual disebut "hal-hal dari daging". Jadi selama hal-hal dari daging ini tetap berada dalam hati seseorang, dalam situasi yang tepat, mereka bisa timbul pada waktu tertentu sebagai perbuatan dosa. Sebagai contoh, jika ada sifat licik dalam hati seseorang, hal itu mungkin tidak begitu jelas dalam keadaan normal, tetapi jika seseorang ditekan ke dalam situasi yang merugikan, atau mendesak, ia mungkin berbohong kepada orang lain melalui kata-kata atau perbuatan dusta.

Dosa yang timbul seperti hal ini juga dari "daging", tapi tiap-tiap dosa yang dilakukan dalam tindakan disebut "perbuatan daging". Jika, misalnya, Anda memiliki keinginan untuk memukul seseorang, 'keinginan sakit' ini dianggap sebagai "hal-hal dari daging". Dan jika Anda benar-benar memukul seseorang, maka ini disebut sebagai "perbuatan daging".

Jika Anda melihat dalam Kejadian 6:3, dikatakan "BerfirmanlahTUHAN, 'Roh-Ku tidak akan selama-lamanya tinggal di dalam manusia, karena manusia itu adalah daging.'" Allah menyatakan bahwa Dia tidak lagi berjuang bersama manusia selamanya, karena manusia telah berubah menjadi daging. Lalu apakah ini berarti bahwa Allah tidak bersama dengan kita? Tidak. Karena kita telah menerima Yesus Kristus, menerima Roh Kudus, dan dilahirkan kembali sebagai anak-anak Allah, kita bukan lagi manusia daging.

Jika kita hidup menurut Firman Allah dan mengikuti bimbingan Roh Kudus, Roh Kudus melahirkan roh, dan kita diubah menjadi manusia roh. Allah, yang adalah roh, berdiam dalam mereka yang berubah setiap hari menjadi manusia roh. Namun, Allah tidak berdiam dalam orang-orang yang mengatakan mereka orang percaya, namun terus berbuat dosa dan melakukan perbuatan daging. Alkitab menunjukkan lagi dan lagi, bagaimana orang yang seperti ini tidak bisa menerima keselamatan (Mazmur 92:7; Matius 7:21; Roma 6:23).

Perbuatan daging yang terus menjauhkan manusia dari mewarisi Kerajaan Allah

Jika, setelah hidup di tengah-tengah dosa, kita menyadari bahwa kita adalah orang berdosa dan menerima Yesus Kristus, kita mencoba untuk tidak melakukan perbuatan daging yang muncul secara terang-terangan sebagai 'dosa'. Ya, Allah tidak senang dengan 'hal-hal dari daging', tapi 'perbuatan daging' yang benar-benar dapat terus menjauhkan kita dari mewarisi Kerajaan Allah. Oleh karena itu, kita harus semakin berusaha untuk tidak pernah melakukan perbuatan daging.

1 Yohanes 3:4 berkata, "Setiap orang yang berbuat dosa, melanggar juga hukum Allah, sebab dosa ialah pelanggaran hukum Allah." Di sini, "Setiap orang yang berbuat dosa" adalah setiap orang yang melakukan perbuatan dosa. Juga, kejahatan adalah pelanggaran hukum; oleh karena itu jika Anda jahat, bahkan jika Anda mengatakan Anda adalah orang percaya, Alkitab memperingatkan bahwa Anda tidak dapat menerima keselamatan.

1 Korintus 6:9-10 menyatakan, "Atau tidak tahukah kamu, bahwa orang-orang yang tidak adil tidak akan mendapat bagian dalam Kerajaan Allah? Janganlah sesat! Orang cabul, penyembah berhala, orang berzinah, banci, orang pemburit, pencuri, orang kikir, pemabuk, pemfitnah dan penipu tidak akan mendapat bagian dalam Kerajaan Allah."

Matius Pasal 13 dengan jelas menerangkan apa yang akan terjadi pada jenis-jenis orang ini pada akhir zaman:"Anak Manusia akan menyuruh malaikat-malaikat-Nya dan mereka akan mengumpulkan segala sesuatu yang menyesatkan dan semua orang yang melakukan kejahatan dari dalam Kerajaan-Nya. Semuanya akan dicampakkan ke dalam dapur api; di sanalah akan terdapat ratapan dan kertakan gigi.(ayat. 41-42). Mengapa ini akan terjadi? Ini karena alih-alih mencoba untuk membuang dosa, orang-orang ini hidup dengan berkompromi pada ketidakbenaran dari dunia ini. Jadi di mata Allah, mereka bukanlah 'gandum', melainkan 'sekam'.

Jadi hal ini sangat penting bahwa kita pertama-tama mencari tahu apa jenis tembok dosa yang telah kita bangun di antara Allah dan kita, dan kita perlu untuk menghancurkan tembok itu. Hanya setelah kita mengatasi masalah dosa ini kita dapat diakui oleh Allah karena memiliki iman, dan kita dapat tumbuh dan dewasa sebagai 'gandum'. Dan ini adalah ketika kita dapat menerima jawaban atas doa-doa kita, dan mengalami kesembuhan dan berkat.

Perbuatan Daging yang jelas

Karena perbuatan daging timbul sebagai perbuatan, kita dapat dengan jelas melihat gambaran buruk dan rusak dari dosa yang dilakukan. Perbuatan daging yang paling jelas adalah pelanggaran susila, kenajisan, dan sensualitas. Ini adalah dosa seksual, dan mereka yang melakukan dosa jenis ini tidak dapat menerima keselamatan. Oleh karena itu, siapa pun yang melakukan dosa-dosa ini harus segera bertobat dan berbalik dari cara hidup ini.

1) Pelanggaran susila, kenajisan, dan sensualitas

Pertama-tama, "pelanggaran susila" di sini mengacu pada percabulan. Ini adalah ketika seorang pria dan wanita yang belum menikah melakukan hubungan fisik satu sama lain. Di masa-masa ini, karena masyarakat kita begitu penuh dengan dosa, melakukan hubungan seksual sebelum menikah telah menjadi sebuah norma. Namun, bahkan jika dua orang itu akan menikah, dan mereka saling mencintai, ini tetap saja dianggap bertindak dalam ketidakbenaran. Namun di masa ini, orang-orang bahkan tidak malu. Mereka bahkan tidak mempertimbangkan tindakan tersebut sebagai suatu dosa. Hal ini karena melalui drama atau film, masyarakat mengubah kisah hubungan yang melanggar hukum dan hubungan yang menyimpang dari kebenaran menjadi suatu 'cerita cinta yang indah'. Karena orang-orang menonton dan terlibat dalam jenis drama dan film ini, rasa kebijaksanaan mereka tentang dosa meredup, dan sedikit demi sedikit, orang-orang menjadi benar-benar tidak peka terhadap dosa.

percabulan tidak bisa diterima bahkan dari sudut pandang etika maupun moral. Jadi berapa banyak lagi hal-hal yang tidak dapat diterima di mata Allah yang kudus? Jika dua orang benar-benar mencintai satu sama lain, pertama-tama mereka harus, melalui lembaga perkawinan, menerima pengakuan dari Allah, dan dari orangtua serta keluarga mereka, dan kemudian meninggalkan orangtuanya serta menjadi satu daging.

Kedua, percabulan adalah ketika seorang pria atau wanita yang sudah menikah tidak menjaga janji suci pernikahan mereka. Yakni, ini adalah ketika seorang suami atau istri terlibat dalam suatu hubungan dengan orang lain selain pasangan mereka yang sah. Namun, selain dari perzinahan yang terjadi dalam hubungan antara orang-orang, ada juga perzinahan rohani yang orang sering lakukan. Ini adalah ketika orang menyebut diri mereka orang percaya, namun mereka menyembah berhala atau berkonsultasi dengan paranormal atau dukun, atau bergantung pada semacam ilmu hitam atau sihir jahat. Ini adalah tindakan menyembah roh-roh jahat dan setan.

Jika Anda melihat Bilangan Pasal 25, saat anak-anak Israel tinggal di Sitim, orang-orang tidak hanya berbuat cabul dengan perempuan Moab; mereka juga menyembah allah orang Moab. Akibatnya, murka Allah terjadi atas mereka, dan 24.000 orang meninggal karena wabah dalam satu hari. Oleh karena itu, jika seseorang mengatakan ia percaya pada Allah, namun bergantung pada berhala dan setan, ini adalah tindakan perzinahan rohani, dan tindakan mengkhianati Allah.

Berikutnya, "kenajisan" adalah saat sifat dosa-------------- Sebagai contoh, ketika hati berzinah telah melampau batas, seorang perampok bisa saja memperkosa seorang ibu dan putrinya pada saat bersamaan. Ketika kecemburuan telah melampau batas, itu juga bisa menjadi 'kenajisan' Misalnya, jika seseorang menjadi cemburu pada orang lain sampai ke titik ia menggambar gambar orang itu dan melemparkan anak panah di gambar itu, atau menusuk gambar itu dengan jarum, tindakan abnormal timbul akibat dari kecemburuan tersebut, dan tindakan ini adalah 'kenajisan'.

Sebelum seseorang percaya pada Allah, ia mungkin memiliki sifat dosa seperti kebencian, kecemburuan, atau perzinahan di dalam dirinya. Karena dosa asal Adam, setiap manusia dilahirkan dengan kejahatan, yang merupakan akar sifat dasar setiap manusia. Ketika sifat dosa ini di dalam manusia melewati batas tertentu dan melampaui batas-batas moral serta etika dan menyebabkan kerusakan serta rasa sakit pada orang lain, kita menyebutnya 'najis'.

'Sensualitas' adalah mencari kesenangan dalam hal-hal sensual, seperti keinginan atau fantasi seksual, dan melakukan segala macam tindakan tidak senonoh saat mengikuti keinginan nafsu ini. 'Sensualitas' berbeda dengan 'perzinahan' dalam kehidupan seseorang sebagian besar kehidupan sehari-harinya dipenuhi pikiran-pikiran, perkataan, dan/atau perbuatan zina. Misalnya, kawin dengan hewan, atau memiliki hubungan homoseksual - seorang wanita melakukan tindakan tidak senonoh dengan wanita lain, atau seorang pria dengan pria lain - atau menggunakan alat seks, dll. semua perbuatan jahat yang disebut 'sensualitas'.

Dalam masyarakat saat ini, orang berkata homoseksual harus dihormati. Namun, ini melawan Allah dan melawan akal sehat. (Roma 1:26-27). Juga, pria-pria yang menganggap diri mereka sebagai perempuan, atau perempuan-perempuan yang menganggap diri mereka sebagai laki-laki, atau transeksual, tidak dapat diterima Allah (Ulangan 22:5). Ini bertentangan dengan perintah penciptaan Allah.

Ketika masyarakat mulai rusak karena dosa, hal pertama yang menjadi kacau adalah moral dan etika masyarakat seks. Secara historis, setiap kali budaya seks suatu masyarakat menjadi rusak, hal itu diikuti dengan hukuman Allah. Sodom dan Gomora serta Pompeii adalah contoh yang sangat baik akan hal ini. Ketika kita melihat bagaimana budaya seksual masyarakat kita menjadi kacau di seluruh dunia - ke titik yang tidak dapat dipulihkan - kita dapat mengetahui bahwa Hari Penghakiman sudah dekat.

2) Penyembahan berhala, ilmu sihir, dan permusuhan

'Berhala' dapat dibagi ke dalam dua kategori utama. Yang pertama adalah menciptakan sebuah patung dari allah yang tidak memiliki bentuk dengan membentuk beberapa bentuk fisik, atau membuat semacam patung dan menjadikannya sebagai obyek pemujaan. Orang ingin hal-hal yang dapat mereka lihat dengan mata mereka, sentuh dengan tangan mereka, dan rasakan dengan daging mereka. Itu sebabnya orang menggunakan kayu, batu, baja, emas, atau perak untuk membuat patung manusia, hewan, burung, atau ikan untuk menyembahnya. Atau mereka memberikan beberapa nama, seperti dewa matahari, bulan, dan bintang-bintang, dan menyembahnya (Ulangan 4:16-19). Ini disebut 'penyembahan berhala'.

Dalam Keluaran Pasal 32, kita melihat bahwa ketika Musa naik ke Gunung Sinai untuk menerima Hukum Taurat dan tidak segera kembali turun, orang Israel membuat anak lembu emas dan menyembahnya. Meskipun mereka melihat banyak tanda-tanda dan mukjizat, mereka masih tidak akan percaya, dan akhirnya, mereka mulai menyembah berhala. Melihat hal ini, murka Allah turun atas mereka, dan Dia mengatakan bahwa Dia akan membinasakan mereka. Pada saat itu, nyawa mereka diselamatkan berkat doa khusuk yang dipanjatkan Musa. Tetapi sebagai hasil dari kejadian ini, mereka yang lebih dari dua puluh tahun meninggalkan Mesir menuju Tanah Perjanjian tidak bisa memasuki tanah Kanaan, dan mereka mati di padang gurun. Dari ini, kita dapat melihat betapa Allah membenci tindakan membuat berhala, berlutut pada mereka, atau menyembah mereka.

Kedua, jika ada sesuatu yang kita cintai lebih dari Allah, maka itu menjadi berhala. Kolose 3:5-6 berbunyi, "Karena itu matikanlah dalam dirimu segala sesuatu yang duniawi, yaitu percabulan, kenajisan, hawa nafsu, nafsu jahat dan juga keserakahan, yang sama dengan penyembahan berhala, semuanya itu mendatangkan murka Allah atas orang-orang durhaka."

Misalnya, jika seseorang memiliki keserakahan dalam hatinya, maka dia mungkin mencintai harta benda lebih dari Allah dan agar mendapatkan lebih banyak uang ia mungkin tidak menguduskan Hari Tuhan. Juga, jika seseorang mencoba untuk memuaskan keserakahan dalam hatinya dengan mencintai orang lain atau hal-hal yang lebih dari Allah -seperti istri, anak-anak, ketenaran, kekuasaan, pengetahuan, hiburan, televisi, olahraga, hobi, atau kencannya- dan tidak suka berdoa dan tidak suka menjalani kehidupan rohani yang sungguh-sungguh, ini adalah tindakan penyembahan berhala.

Hanya karena Allah menyuruh kita untuk tidak menyembah berhala, jika ada orang bertanya, "Jadi apakah Allah hanya ingin kita menyembah Dia dan mengasihi Dia?" dan mereka berpikir bahwa Allah egois, mereka salah mengerti. Allah tidak menyuruh kita agar mengasihi Dia agar Dia menjadi diktator. Dia melakukan ini untuk membimbing kita agar hidup layak menjadi manusia. Jika seseorang mencintai dan memuja hal-hal lain lebih dari Allah, ia tidak dapat memenuhi tugasnya sebagai manusia, dan ia tidak dapat membuang dosa dari hidupnya.

Selanjutnya, kamus mendefinisikan 'sihir' sebagai "praktik atau mantra dari orang yang disangka melakukan kekuatan gaib atau tenung lewat bantuan roh-roh jahat; sihir hitam; guna-guna." Konsultasi dengan dukun, paranormal, dan sejenisnya, semuanya termasuk dalam kategori ini. Sebagian orang mendatangi dukun atau paranormal untuk bertanya tentang anak mereka yang bersiap mengambil ujian masuk perguruan tinggi, atau untuk mengetahui apakah tunangan mereka adalah orang yang tepat. Atau jika beberapa masalah timbul dalam rumah tangga mereka, mereka mencoba untuk mendapatkan jimat atau benda keberuntungan agar bernasib baik. Tapi anak-anak Allah tidak boleh melakukan hal-hal semacam ini, karena dengan melakukan hal-hal ini akan membawa roh jahat ke dalam kehidupan mereka dan kesengsaraan yang lebih besar akan terjadi sebagai akibatnya.

'Tenung' and 'mantra' adalah taktik untuk menipu orang lain, seperti merancang rencana jahat untuk menipu seseorang, atau membuat mereka jatuh ke dalam perangkap. Dari perspektif rohani, 'sihir' adalah tindakan menipu orang lain melalui muslihat licik. Inilah sebabnya mengapa kegelapan menguasai semua bagian yang berbeda dari masyarakat kita saat ini.

'Permusuhan' adalah perasaan kebencian atau permusuhan terhadap seseorang dan berharap akan kehancuran orang tersebut. Jika Anda dengan seksama mempelajari hati orang yang memiliki permusuhan dengan orang lain, Anda dapat melihat bahwa mereka benar-benar menjauhkan diri dan membenci orang tersebut baik karena mereka tidak menyukai orang tersebut karena beberapa alasan, atau karena emosi jahat mereka sendiri. Sekarang ketika emosi jahat tumbuh melampaui batas tertentu, emosi jahat itu dapat meledak menjadi perbuatan yang dapat membahayakan orang lain; seperti membuat fitnah terhadap mereka, bergosip dan mengumpat mereka, serta segala macam perbuatan jahat lainnya.

Dalam Samuel Pasal 16, kita melihat bahwa segera setelah roh dari TUHAN meninggalkan Saul, roh-roh jahat datang mengganggunya. Tapi ketika Daud memainkan kecapinya, Saul kembali disegarkan dan keadaannya menjadi baik, dan roh-roh jahat meninggalkan dia. Juga, Daud membunuh raksasa Filistin, Goliat, dengan umban serta batu dan menyelamatkan bangsa Israel dari krisis, menempatkan nyawanya pada barisan depan untuk setia kepada Saul. Namun, Saul takut tahtanya akan direbut Daud, dan ia menghabiskan bertahun-tahun mengejar Daud demi membunuhnya. Akhirnya, Allah menyangkal Saul. Firman Allah mengajarkan kita untuk bahkan mengasihi musuh-musuh kita. Oleh karena itu kita tidak boleh memiliki permusuhan dengan siapa pun.

3) Perselisihan, cemburu, amarah

'Perselisihan' terjadi ketika seseorang membuat keuntungan pribadi dan kekuasaan mereka sendiri sebagai prioritas di atas orang lain dan berjuang untuk mendapatkannya. Pertentangan biasanya dimulai dengan keserakahan dan menyebabkan konflik yang menyebabkan perselisihan antara para pemimpin nasional, anggota partai politik, anggota keluarga, orang dalam gereja, dan dalam semua hubungan interpersonal lainnya.

Dalam sejarah Korea kita memiliki contoh perselisihan antara para pemimpin nasional. Dae Won Goon, ayah dari kaisar terakhir Dinasti Chosun dan menantu perempuannya Ratu Myong Sung bersengketa kekuasaan politik terhadap satu sama lain dengan masing-masing kubu didukung kekuatan dari luar negeri. Sengketa itu berlangsung selama lebih dari sepuluh tahun. Hal ini menyebabkan kekacauan nasional, yang pada akhirnya menyebabkan pemberontakan dengan pemberontakan militer dan bahkan revolusi para petani. Sebagai akibatnya banyak pemimpin politik tewas, dan Ratu Myong Sung juga tewas di tangan pembunuh bayaran Jepang. Pada akhirnya, karena sengketa di antara para pemimpin nasional kunci tersebut, Korea kehilangan kedaulatannya kepada Jepang.

Perselisihan juga dapat terjadi antara suami dan istri, atau orangtua dan anak. Jika pasangan ingin pasangannya mengindahkan keinginanmereka ini dapat menyebabkan perselisihan dan bahkan menyebabkan perpisahan. Bahkan ada kasus di mana pasangan saling menuntut dan menjadi musuh seumur hidup. Jika ada pertentangan di dalam gereja, pekerjaan Iblis dimulai dan mencegah gereja bertumbuh, dan menahan semua departemen gereja berfungsi dengan benar.

Seperti kita membaca dalam Alkitab, kita sering menemukan adegan di mana ada konflik dan perselisihan. Dalam 2 Samuel

18:7, kita melihat bahwa anak Daud, Absalom, memimpin pemberontakan melawan Daud, dan dua puluh ribu orang tewas, semuanya tewas dalam satu hari. Juga, setelah kematian Salomo, Israel dibagi menjadi kerajaan utara Israel dan kerajaan selatan Yehuda, dan bahkan setelah itu, perselisihan dan perang terus menerus terjadi. Terutama di kerajaan utara Israel, tahta terus-menerus terancam karena perselisihan. Jadi, mengetahui bahwa perselisihan menyebabkan rasa sakit dan kerusakan, saya berharap Anda akan selalu mendahulukan kepentingan orang lain dan berdamai.

Berikutnya, 'cemburu' adalah ketika seseorang menjauhkan diri dari orang lain dan membenci mereka karena ia telah menjadi iri terhadap mereka, berpikir bahwa mereka lebih baik daripada dirinya. Ketika kecemburuan tumbuh, hal itu dapat berkembang menjadi kemarahan yang penuh dengan kejahatan. Ini mungkin menyebabkan perselisihan yang menyebabkan percekcokan.

Jika Anda merujuk pada Alkitab, dua istri Yakub, Lea dan Rahel, saling cemburu, dengan Yakub berada di antara mereka (Kejadian Pasal 30). Raja Saul cemburu pada Daud, yang lebih banyak mendapatkan kasih dari orang-orang daripada kasih yang ia dapatkan (1 Samuel 18:7-8). Kain cemburu pada saudaranya, Habel, dan membunuhnya (Kejadian 4:1-8). Kecemburuan timbul dari kejahatan di dalam hati seseorang yang memancing mereka untuk memenuhi keserakahannya.

Cara termudah untuk mengetahui apakah Anda memiliki kecemburuan adalah dengan melihat apakah Anda pernah merasa tidak nyaman ketika orang lain maju dengan pesat dan kaya. Selain itu, Anda mungkin mulai tidak menyukai orang lain dan ingin mengambil apa yang mereka miliki. Juga, jika Anda pernah membandingkan diri dengan orang lain dan merasa berkecil hati, cemburu merupakan akar dari masalah ini. Ketika orang itu usianya, imannya, pengalaman, dan latar belakang atau lingkungannya sama, sangatlah mudah untuk merasa iri kepada orang tersebut. Sama seperti Allah memerintahkan kita untuk "kasihilah sesamamu seperti dirimu sendiri", jika orang lain dipuji karena mereka lebih baik dari kita dalam sesuatu hal, Allah ingin kita untuk bersukacita dengan mereka. Dia ingin kita untuk bersukacita seolah-olah kita sendiri yang menerima pujian tersebut.

"Amarah' adalah ekspresi kemarahan yang melampaui kemarahan yang hanya ada dalam hati dan mencoba untuk menahannya. Amarah seringkali berakibat menghancurkan. Misalnya, mudah marah setiap kali ada yang tidak setuju dengan pendapat atau pikiran Anda sendiri dan menggunakan kekerasan, bahkan membunuh. Mudah frustrasi dan menyatakan bahwa frustrasi tidak menghalangi keselamatan; Namun, jika Anda memiliki sifat jahat kemarahan, Anda bisa bertindak dengan ledakan amarah. Oleh karena itu, Anda harus mencabut kejahatan ini hingga ke akarnya dan membuangnya jauh-jauh.

Ini adalah kasus Raja Saul, yang telah menjadi cemburu pada Daud dan terus berusaha membunuhnya hanya karena dia menerima pujian dari orang-orang -pujian yang layak ia dapatkan! Ada beberapa bagian di dalam Alkitab di mana Saul menunjukkan amarah. Dia pernah melemparkan tombak kepada Daud (1 Samuel 18:1). Hanya karena kota Nob membantu Daud dalam pelarian Saul menghancurkan kota itu. Itu adalah kota para imam, dan Saul tidak hanya membunuh laki-laki, perempuan, anak-anak dan bayi-bayi; tetapi juga membunuh lembu, keledai, dan domba (1 Samuel 22:19). Jika kita menjadi terlalu marah seperti ini, kita sedang menumpuk dosa yang besar.

4) Percekcokan, pertikaian, perpecahan

'Percekcokan' menyebabkan orang-orang berpisah. Jika sesuatu tidak cocok dengan mereka, mereka membentuk liga atau kelompok. Ini tidak hanya merujuk kepada orang-orang yang dekat, yang memiliki kesamaan, atau yang sering bertemu. Ini adalah kelompok yang merugikan di mana anggotanya bergosip, mengkritik, menghakimi dan mengutuk. Kelompok-kelompok ini dapat terbentuk dalam suatu keluarga, dalam lingkungan, dan bahkan di dalam gereja.

Jika, misalnya, seseorang tidak menyukai pendetanya dan mulai bergosip tentang mereka dengan lingkaran orang-orang yang memiliki pendapat yang sama, maka ini adalah 'jemaat Iblis'. Karena orang-orang ini menghambat pendeta dengan menghakimi dan mengutuki mereka, gereja yang mereka layani tidak bisa mengalami kebangkitan.

'Pertikaian' menciptakan perpecahan dan memisahkan diri dari yang lain saat mengikuti kehendak dan pikirannya sendiri. Misalnya membuat grup dalam suatu gereja. Ini merupakan tindakan yang bertentangan dengan kehendak baik Allah, seperti yang disebabkan oleh pendapat yang kuat bahwa pemikiran seseorang adalah satu-satunya cara berpikir yang benar, dan segala sesuatu harus disesuaikan untuk memenuhi keuntungan sendiri.

Anak Daud, Absalom mengkhianati dan memberontak melawan ayahnya (2 Samuel Pasal 15), karena ia mengikuti keserakahannya. Selama pemberontakan ini, banyak orang Israel, bahkan Ahitofel, penasihat Daud, memihak Absalom dan mengkhianati Daud. Allah meninggalkan orang-orang seperti ini yang terlibat dalam perbuatan daging. Oleh karena itu, Absalom dan semua orang yang berpihak padanya akhirnya dikalahkan dan menghadapi akhir yang menyedihkan.

'Bid'ah' adalah tindakan orang yang menyangkal Tuhan, yang telah menebus mereka, mendatangkan kebinasaan atas diri mereka sendiri (2 Petrus 2: 1). Yesus Kristus mencurahkan darah-Nya untuk menyelamatkan kita, saat kita hidup di tengah-tengah dosa;

oleh karena itu adalah benar bahwa Dia telah membeli kita dengan darah-Nya. Jadi jika kita mengaku percaya pada Allah tapi menolak Trinitas yang Kudus, atau menolak Yesus Kristus yang telah membeli kita dengan darah-Nya, maka itu seperti kita membawa kehancuran pada diri kita sendiri.

Ada kalanya, tanpa mengetahui definisi sebenarnya dari bid'ah, orang menuduh dan mengutuk orang lain sebagai bid'ah hanya karena orang itu sedikit berbeda dari diri mereka. Namun, ini hal yang sangat berbahaya untuk dilakukan, dan dapat jatuh ke dalam kategori menghambat pekerjaan Roh Kudus. Jika seseorang percaya pada Allah Tritunggal -Bapa, Anak, dan Roh Kudus-, dan tidak menyangkal Yesus Kristus, kita tidak bisa mengutuk mereka sebagai bid'ah.

5) Iri hati, pembunuhan, kemabukan, pesta pora

'Iri hati' adalah kecemburuan yang ditampilkan dalam perbuatan. Kecemburuan adalah untuk tidak menyetujui atau tidak menyukai orang lain ketika hal-hal baik terjadi pada mereka, dan iri hati merupakan langkah lebih lanjut di mana penolakan ini membangkitkan seseorang untuk melakukan perbuatan yang membawa kerugian kepada orang lain. Biasanya, iri hati paling sering bisa ditemukan di antara wanita, namun yang pasti dapat juga terjadi di antara laki-laki; dan jika itu berkembang, dapat menyebabkan dosa besar seperti membunuh. Dan bahkan jika tidak berkembang menjadi pembunuhan, itu dapat mengintimidasi atau menyakiti orang lain, atau perbuatan jahat lainnya seperti bersekongkol melawan seseorang atau orang-orang.

Berikutnya, adalah 'kemabukan'. Dalam Alkitab, ada adegan setelah penghakiman dengan air bah, di mana Nuh meminum anggur, menjadi mabuk, dan membuat kesalahan. kemabukan Nuh akhirnya menyebabkan Nuh mengutuk putra keduanya, yang membuat kelemahannya menjadi terkuak. Efesus 5:18 berkata, "Dan janganlah kamu mabuk oleh anggur, karena anggur menimbulkan hawa nafsu, tetapi hendaklah kamu penuh dengan Roh." Ini berarti mabuk adalah sebuah dosa.

Alasan mengapa Alkitab mencatat orang-orang meminum anggur karena Israel memiliki banyak daerah tandus padang gurun, dan air sangatlah langka. Oleh karena itu, minuman alternatif anggur dibuat dari jus anggur murni, dan buah-buahan lainnya yang tinggi konsentrat manisnya yang diperbolehkan (Ulangan 14:26). Namun, orang-orang Israel minum anggur ini untuk menggantikan air; tetapi tidak cukup mabuk jika meminumnya. Tapi di negara kita saat ini, di mana air untuk minum sangat berlimpah, kita benar-benar tidak perlu meminum anggur ataupun minuman keras.

Dalam Alkitab, kita dapat melihat bahwa Allah tidak menghendaki orang percaya minum minuman keras seperti anggur (Imamat 10:9; Roma 14:21). Amsal 31:4-6 berbunyi: "Tidaklah pantas bagi raja, hai Lemuel, tidaklah pantas bagi raja meminum anggur, ataupun bagi para pembesar mengingini minuman keras, jangan sampai karena minum ia melupakan apa yang telah ditetapkan, dan membengkokkan hak orang-orang yang tertindas. Berikanlah minuman keras itu kepada orang yang akan binasa, dan anggur itu kepada yang susah hati."

Anda mungkin berkata, "Bukankah tidak masalah jika minum selama dalam batas yang tidak menyebabkan mabuk?" Tetapi bahkan jika Anda minum sedikit, Anda hanya akan 'sedikit mabuk'. Anda masih tetap mabuk bahkan meski itu 'hanya sedikit'. Ketika Anda mabuk, Anda kehilangan kendali diri, bahkan jika Anda biasanya tenang dan lembut, Anda mungkin menjadi bengis ketika Anda mabuk. Ada orang yang mulai berbicara kasar dan bertindak kasar, atau bahkan membuat keributan. Juga, karena mabuk menyebabkan berkurangnya rasionalitas dan kebijaksanaan, sebagian orang dapat berujung melakukan segala macam dosa yang berbeda-beda. Hal yang sangat umum untuk melihat orang-orang merusak kesehatan mereka dengan kecanduan alkohol, dan orang-orang yang menjadi pecandu alkohol membawa rasa sakit tidak hanya bagi diri mereka sendiri, tetapi juga bagi kehidupan orang yang mereka kasihi. Namun dalam banyak kasus, meskipun orang tahu betapa berbahayanya mabuk itu, begitu mereka memulai, mereka tidak bisa berhenti, dan mereka terus minum dan menghancurkan hidup mereka. Inilah sebabnya mengapa 'kemabukan' termasuk dalam daftar 'perbuatan daging'.

Beberapa hal yang termasuk ke dalam kategori "pesta pora". Jika seseorang begitu keasyikan minum, main game, berjudi, dan sejenisnya, bahwa ia tidak dapat menjaga tanggung jawabnya sebagai kepala rumah tangga, atau merawat anak sebagai orangtua, maka Allah menganggap ini sebagai 'pesta pora'. Juga, tidak bisa mengendalikan diri dan mengejar kesenangan seksual dan menjalani gaya hidup tak bermoral, atau hidup dengan cara apa pun yang Anda inginkan, ini juga merupakan 'pesta pora'.

Masalah lain dalam masyarakat saat ini adalah obsesi manusia atas produk mewah yang dangkal dan nama-nama merek yang menyebabkan mereka terlibat dalam pesta pora. Orang-orang membeli tas, pakaian, sepatu rancangan desainer, dll. yang tidak mampu mereka dapatkan dengan kartu kredit mereka, dan ini menyebabkan utang yang besar. Tidak memiliki cara untuk melunasi utang tersebut, beberapa orang bahkan melakukan kejahatan atau bunuh diri. Ini adalah kasus di mana orang tidak bisa mengendalikan diri atas keserakahan mereka, mengejar pesta pora, dan kemudian harus membayar konsekuensinya.

6) dan lain-lain...

Allah memberi tahu kita bahwa ada banyak perbuatan daging

lain selain dari yang sudah disebutkan di atas. Namun, pikirkanlah, 'Bagaimana saya bisa membuang semua dosa-dosa ini?' kita tidak boleh menyerah sejak dari awal. Bahkan jika Anda memiliki banyak dosa, jika Anda berkomitmen kuat dalam hati Anda dan berusaha keras, Anda pasti bisa menyingkirkan dosa-dosa tersebut. Ketika mencoba untuk tidak melakukan perbuatan daging, jika Anda bekerja keras untuk melakukan perbuatan baik, dan terus-menerus berdoa, Anda akan menerima kasih karunia Allah dan mendapatkan kuasa untuk berubah. Ini mungkin mustahil dengan kuasa manusia; tapi segalanya adalah mungkin dengan kuasa Allah (Markus 10:27).

Apa yang terjadi jika Anda hidup seperti orang-orang dunia di tengah-tengah dosa dan berpesta pora meskipun Anda telah mendengar dan tahu bahwa Anda tidak mendapat bagian dalam Kerajaan Allah jika Anda terus melakukan perbuatan daging? Maka Anda adalah manusia daging, yaitu 'sekam', dan Anda tidak dapat menerima keselamatan. 1 Korintus 15:50 berkata, "Saudara-saudara, inilah yang hendak kukatakan kepadamu, yaitu bahwa daging dan darah tidak mendapat bagian dalam Kerajaan Allah dan bahwa yang binasa tidak mendapat bagian dalam apa yang tidak binasa." Juga, dalam 1 Yohanes 3:8 berkata, "Barangsiapa yang tetap berbuat dosa, berasal dari Iblis, sebab Iblis berbuat dosa dari mulanya."

Kita harus ingat bahwa jika kita melakukan perbuatan daging dan tembok dosa antara Allah dengan kita terus menumpuk, maka kita tidak bisa bertemu dengan Allah, menerima jawaban doa-doa kita, atau mewarisi Kerajaan Allah, yaitu Surga.

Namun, hanya karena Anda menerima Yesus Kristus dan menerima Roh Kudus, bukan berarti Anda bisa membuang semua perbuatan daging sekaligus. Tapi dengan pertolongan Roh Kudus, Anda harus berusaha untuk hidup kudus, dan berdoa dengan api Roh Kudus. Kemudian Anda bisa membuang perbuatan daging satu per satu. Bahkan jika Anda masih memiliki beberapa perbuatan daging yang belum mampu Anda singkirkan, jika Anda berusaha sebaik mungkin, Allah tidak akan menyebut Anda manusia daging, tetapi Dia akan menyebut Anda anak-Nya yang dibenarkan oleh iman dan Dia akan menuntun Anda pada keselamatan.

Tapi ini tidak berarti Anda harus tetap di tingkat yang senantiasa melakukan perbuatan daging. Anda harus berusaha tidak hanya untuk membuang perbuatan daging yang terlihat secara lahiriah, tetapi Anda juga harus berusaha membuang hal-hal yang dari daging yang tidak terlihat dari luar. Di zaman Perjanjian Lama, sulit untuk membuang hal-hal yang dari daging karena Roh Kudus belum turun dan mereka harus melakukannya dengan kekuatan mereka sendiri. Sekarang di zaman Perjanjian Baru, bagaimana pun, kita dapat membuang hal-hal yang dari daging dengan pertolongan Roh Kudus dan dikuduskan.

Hal ini karena Yesus Kristus sudah mengampuni kita dari semua dosa kita dengan mencurahkan darah-Nya di kayu salib dan mengutus Roh Kudus, Sang Penghibur, untuk kita. Oleh karena itu saya berdoa bahwa Anda akan menerima pertolongan Roh Kudus dan membuang segala perbuatan daging serta hal-hal yang dari daging dan diakui sebagai anak Allah yang sejati.

Bab 4

"Jadi Hasilkanlah Buah yang Sesuai dengan Pertobatan"

"Maka datanglah kepadanya penduduk dari Yerusalem, dari seluruh Yudea dan dari seluruh daerah sekitar Yordan. Lalu sambil mengaku dosanya mereka dibaptis oleh Yohanes di sungai Yordan. Tetapi waktu ia melihat banyak orang Farisi dan orang Saduki datang untuk dibaptis, berkatalah ia kepada mereka: "Hai kamu keturunan ular beludak. Siapakah yang mengatakan kepada kamu, bahwa kamu dapat melarikan diri dari murka yang akan datang? Jadi hasilkanlah buah yang sesuai dengan pertobatan. Dan janganlah mengira, bahwa kamu dapat berkata dalam hatimu: Abraham adalah bapa kami! Karena aku berkata kepadamu: Allah dapat menjadikan anak-anak bagi Abraham dari batu-batu ini! Kapak sudah tersedia pada akar pohon dan setiap pohon yang tidak menghasilkan buah yang baik, pasti ditebang dan dibuang ke dalam api.'"
(Matius 3:5-10)

Yohanes Pembaptis adalah seorang nabi yang lahir sebelum Yesus dan yang 'mempersiapkan jalan bagi Tuhan'. Yohanes Pembaptis tahu tujuan hidupnya. Jadi, ketika tiba saatnya, ia dengan giat menyebarkan kabar tentang Yesus, Mesias yang akan datang. Pada masa itu, orang-orang Yahudi sedang menunggu Mesias yang akan menyelamatkan bangsa mereka. Inilah sebabnya mengapa Yohanes Pembaptis berseru di padang gurun Yudea, "Bertobatlah, sebab Kerajaan Sorga sudah dekat!" (Matius 3:2) Dan bagi mereka yang bertobat dari dosa-dosa mereka, ia membaptis mereka dengan air dan menuntun mereka untuk menerima Yesus sebagai Juruselamat mereka.

Matius 3:11-12 berkata, "Aku membaptis kamu dengan air sebagai tanda pertobatan, tetapi Ia yang datang kemudian dari padaku lebih berkuasa dari padaku dan aku tidak layak melepaskan kasut-Nya. Ia akan membaptiskan kamu dengan Roh Kudus dan dengan api. Alat penampi sudah ditangan-Nya. Ia akan membersihkan tempat pengirikan-Nya dan mengumpulkan gandum-Nya ke dalam lumbung, tetapi sekam itu akan dibakar-Nya dalam api yang tidak terpadamkan." Yohanes Pembaptis sebelumnya memberi tahu orang-orang bahwa Yesus, Anak Allah yang datang ke dunia ini, adalah Juruselamat kita dan pada akhirnya akan menjadi Hakim kita.

Ketika Yohanes Pembaptis melihat banyak orang Farisi dan Saduki datang untuk dibaptis, ia memanggil mereka "ular beludak" dan menegur mereka. Dia melakukan ini karena jika mereka tidak menghasilkan buah sesuai dengan pertobatan, mereka tidak bisa menerima keselamatan. Jadi, sekarang mari kita lihat lebih dekat pada teguran Yohanes Pembaptis agar melihat dengan tepat jenis buah-buah apa yang harus kita hasilkan untuk menerima keselamatan.

Kamu keturunan ular beludak

Orang Farisi dan Saduki adalah cabang dari Yudaisme. Orang Farisi memuji diri mereka sebagai orang-orang yang 'terpisah'. Mereka percaya pada kebangkitan orang benar dan penghakiman terhadap orang fasik; mereka berpegang teguh pada Hukum Musa dan tradisi para leluhur. Oleh karena itu status mereka penting dalam masyarakat.

Di sisi lain, orang Saduki adalah imam aristokrat yang kepentingan terutamanya ada di dalam kuil, dan pandangan serta kebiasaan mereka berbeda dengan orang Farisi. Mereka menegakkan situasi politik di bawah pemerintahan Romawi, dan mereka menolak untuk percaya pada kebangkitan, sifat kekal jiwa, malaikat, dan makhluk rohani. Mereka bahkan melihat Kerajaan Allah sebagai hal duniawi.

Dalam Matius 3:7, Yohanes Pembaptis menegur orang Farisi dan Saduki dengan mengatakan, "Hai kamu keturunan ular beludak. Siapakah yang mengatakan kepada kamu, bahwa kamu dapat melarikan diri dari murka yang akan datang?" Menurut Anda mengapa Yohanes Pembaptis menyebut mereka "ular beludak", ketika mereka menganggap diri mereka percaya pada Allah?

Orang Farisi dan Saduki mengaku percaya pada Allah, dan mereka mengajarkan hukum Taurat. Namun, mereka tidak mengakui Anak Allah, Yesus. Inilah sebabnya mengapa Matius 16:1-4 mengatakan, "Kemudian datanglah orang-orang Farisi dan Saduki hendak mencobai Yesus. Mereka meminta supaya Ia memperlihatkan suatu tanda dari sorga kepada mereka. Tetapi jawab Yesus: "Pada petang hari karena langit merah, kamu berkata: Hari akan cerah." dan pada pagi hari, "Karena langit merah dan redup, kamu berkata: Hari buruk." Angkatan yang jahat dan tidak setia ini menuntut suatu tanda. Tetapi kepada mereka tidak akan diberikan tanda selain tanda nabi Yunus." Lalu Yesus meninggalkan mereka dan pergi."

Juga Matius 9:32-34 berbunyi, "Sedang kedua orang buta itu keluar, dibawalah kepada Yesus seorang bisu yang kerasukan setan. Dan setelah setan itu diusir, dapatlah orang bisu itu berkata-kata. Maka heranlah orang banyak, katanya: "Yang demikian belum pernah dilihat orang di Israel." Tetapi orang Farisi berkata:

"Dengan kuasa penghulu setan Ia mengusir setan.'" Orang baik akan bergembira dan memuliakan Allah, karena Yesus mengusir setan. Tapi orang Farisi juga membenci Yesus dan menghakimi serta menghukum-Nya, dengan mengatakan bahwa Ia melakukan pekerjaan iblis.

Dalam Matius Pasal 12, kita menemukan adegan di mana orang mencoba untuk mencari-cari alasan untuk menuduh Yesus, dengan bertanya padanya apakah benar atau salah jika menyembuhkan seseorang pada hari Sabat. Mengetahui niat mereka, Yesus memberi mereka ilustrasi tentang domba yang jatuh ke dalam lubang pada hari Sabat untuk mengajarkan mereka bahwa adalah hal benar untuk melakukan pekerjaan yang baik pada hari Sabat. Dia kemudian menyembuhkan seorang yang tangannya lumpuh. Namun, alih-alih belajar dari kejadian ini, mereka berkonspirasi untuk menyingkirkan Yesus. Karena Yesus melakukan hal-hal yang mereka tidak bisa lakukan, mereka iri terhadap-Nya.

1 Yohanes 3:9-10 mengatakan, "Setiap orang yang lahir dari Allah, tidak berbuat dosa lagi; sebab benih ilahi tetap ada di dalam dia dan ia tidak dapat berbuat dosa, karena ia lahir dari Allah. Inilah tandanya anak-anak Allah dan anak-anak Iblis: setiap orang yang tidak berbuat kebenaran, tidak berasal dari Allah, demikian juga barangsiapa yang tidak mengasihi saudaranya." Ini berarti orang yang berbuat dosa bukanlah berasal dari Allah.

Orang Farisi dan Saduki mengaku percaya pada Allah, namun mereka penuh dengan kejahatan. Mereka berbuat hal-hal yang dari daging, seperti kecemburuan, kebencian, kesombongan, dan menghakimi serta mengutuk. Mereka juga melakukan perbuatan daging lainnya. Mereka hanya mengejar ketaatan dan formalitas Hukum Taurat dan mencari kemuliaan duniawi. Mereka berada dalam pengaruh Setan, si ular tua (Wahyu 12: 9); jadi ketika Yohanes Pembaptis menyebut mereka 'ular beludak', inilah yang dia singgung.

Menghasilkan buah yang sesuai dengan pertobatan

Jika kita adalah anak-anak Allah, kita seharusnya berada dalam terang karena Allah adalah Terang (1 Yohanes 1:5). Jika kita berada dalam kegelapan, yang mana berlawanan dengan terang, kita bukanlah anak-anak Allah. Jika kita tidak berbuat kebenaran, yang adalah Firman Allah, atau jika kita tidak mengasihi saudara kita dalam iman, maka kita tidaklah berasal dari Allah (1 Yohanes 3:10). Orang tersebut tidak dapat menerima jawaban atas doa-doa mereka. Mereka tidak bisa menerima keselamatan, jauh lebih sedikit mengalami pekerjaan Allah.

Yohanes 8:44 berkata, " Iblislah yang menjadi bapamu dan kamu ingin melakukan keinginan-keinginan bapamu. Ia adalah pembunuh manusia sejak semula dan tidak hidup dalam kebenaran, sebab di dalam dia tidak ada kebenaran. Apabila ia berkata dusta, ia berkata atas kehendaknya sendiri, sebab ia adalah pendusta dan bapa segala dusta."

Karena ketidaktaatan Adam, seluruh umat manusia lahir sebagai anak dari setan si musuh, yang adalah penguasa kegelapan. Hanya mereka yang menerima pengampunan dengan percaya dalam Yesus Kristus yang dilahirkan kembali sebagai anak-anak Allah. Namun, jika Anda mengaku percaya kepada Yesus Kristus namun hatimu terus dipenuhi dosa dan kejahatan, maka Anda tidak bisa disebut anak Allah yang benar.

Jika kita ingin menjadi anak-anak Allah dan menerima keselamatan, kita harus segera bertobat dari semua perbuatan daging dan hal-hal yang dari daging dan menghasilkan buah yang sesuai dengan pertobatan dengan bertindak sesuai keinginan Roh Kudus.

Jangan mengira Abraham adalah bapa Anda

Setelah berkata kepada orang Farisi dan Saduki untuk menghasilkan buah yang sesuai dengan pertobatan, Yohanes Pembaptis selanjutnya berkata, "Dan janganlah mengira, bahwa kamu dapat berkata dalam hatimu: Abraham adalah bapa kami! Karena aku berkata kepadamu: Allah dapat menjadikan anak-anak bagi Abraham dari batu-batu ini!'" (Matius 3:9).

Apakah makna rohani di balik ayat ini? Keturunan Abraham harus serupa dengan Abraham. Tapi tidak seperti Abraham, bapa orang beriman dan orang benar, orang Farisi dan Saduki penuh dengan pelanggaran hukum dan kejahatan dalam hati mereka. Walaupun berbuat kejahatan dan menaati iblis, mereka menganggap diri mereka sebagai anak-anak Allah. Inilah sebabnya mengapa Yohanes Pembaptis menegur mereka dengan membandingkan mereka dengan Abraham. Allah melihat kedalaman hati manusia, dan bukan penampilan luar (1 Samuel 16:7).

Roma 9:6-8 berbunyi, "Akan tetapi firman Allah tidak mungkin gagal. Sebab tidak semua orang yang berasal dari Israel adalah orang Israel, dan juga tidak semua yang terhitung keturunan Abraham adalah anak Abraham, tetapi: 'YANG BERASAL DARI ISHAK YANG AKAN DISEBUT KETURUNANMU.' Artinya: bukan anak-anak menurut daging yang merupakan anak-anak Allah, tetapi anak-anak perjanjian yang disebut keturunan yang benar."

Bapa Abraham memiliki banyak anak; Namun, hanya keturunan Ishak-lah yang menjadi keturunan Abraham yang benar -keturunan dari perjanjian. Orang Farisi dan Saduki adalah orang Israel berdasarkan darah, tapi tidak seperti Abraham, mereka tidak memegang Firman Allah. Jadi secara rohani, mereka tidak dapat diakui sebagai anak-anak Abraham yang sejati.

Dengan cara yang sama, hanya karena seseorang menerima

Yesus Kristus dan datang ke gereja bukan berarti mereka otomatis menjadi anak-anak Allah. Anak Allah mengacu pada orang yang menerima keselamatan melalui iman. Selanjutnya, memiliki iman bukan berarti hanya mendengar Firman Allah. Namun menjadi pelaku Firman. Jika, dengan bibir kita mengaku menjadi anak-Nya, namun hati kita penuh dengan kejahatan yang Allah benci, kita tidak bisa menyebut diri kita anak-anak Allah.

Jika Allah ingin anak-anak yang berbuat kejahatan, seperti orang Farisi dan Saduki, Dia akan memilih batu tak bernyawa yang berguling-guling di tanah untuk dijadikan anak-anak-Nya. Tapi itu bukanlah kehendak Allah.

Allah ingin memiliki anak yang benar yang pada mereka Dia bisa berbagi kasih-Nya. Dia ingin anak-anak seperti Abraham, yang mengasihi Allah dan menaati firman-Nya dengan sungguh-sungguh dan yang mengerjakan kasih dan kebaikan sepanjang waktu. Hal ini karena orang-orang yang tidak membuang kejahatan dari hati mereka tidak bisa membawa sukacita sejati bagi Allah. Jika kita hidup seperti orang Farisi dan Saduki, mengikuti kehendak iblis bukannya kehendak Allah, maka Allah tidak perlu benar-benar berusaha untuk menciptakan manusia dan mengusahakannya. Dia juga mungkin mengambil batu dan mengubahnya menjadi keturunan Abraham!

"Setiap pohon yang tidak menghasilkan buah yang baik, pasti ditebang dan dibuang ke dalam api"

Yohanes Pembaptis berkata kepada orang-orang Farisi dan Saduki, "Kapak sudah tersedia pada akar pohon dan setiap pohon yang tidak menghasilkan buah yang baik, pasti ditebang dan dibuang ke dalam api." (Matius 3:10). Apa Yohanes Pembaptis maksud di sini adalah, karena Firman Allah telah dinyatakan, setiap orang akan diadili sesuai dengan perbuatannya. Oleh karena itu setiap pohon yang tidak menghasilkan buah yang baik -seperti orang Farisi dan Saduki- akan dilemparkan ke dalam api Neraka.

Dalam Matius 7:17-21, Yesus berkata, "Demikianlah setiap pohon yang baik menghasilkan buah yang baik, sedang pohon yang tidak baik menghasilkan buah yang tidak baik. Tidak mungkin pohon yang baik itu menghasilkan buah yang tidak baik, ataupun pohon yang tidak baik itu menghasilkan buah yang baik. Dan setiap pohon yang tidak menghasilkan buah yang baik, pasti ditebang dan dibuang ke dalam api. Jadi dari buahnyalah kamu akan mengenal mereka. Bukan setiap orang yang berseru kepada-Ku: Tuhan, Tuhan! akan masuk ke dalam Kerajaan Sorga, melainkan dia yang melakukan kehendak Bapa-Ku yang di sorga."

Yesus juga berkata dalam Yohanes 15:5-6, "Akulah pokok anggur dan kamulah ranting-rantingnya. Barangsiapa tinggal di dalam Aku dan Aku di dalam dia, ia berbuah banyak, sebab di luar Aku kamu tidak dapat berbuat apa-apa. Barangsiapa tidak tinggal di dalam Aku, ia dibuang ke luar seperti ranting dan menjadi kering, kemudian dikumpulkan orang dan dicampakkan ke dalam api lalu dibakar." Ini berarti bahwa anak-anak Allah yang melakukan sesuai kehendak-Nya dan menghasilkan buah yang baik akan masuk Surga, tetapi orang-orang yang tidak melakukan hal ini adalah anak-anak Iblis dan akan dilemparkan ke dalam api Neraka.

Ketika Alkitab berbicara Neraka, sering kali kata 'api' yang digunakan. Wahyu 21:8 berkata, "Tetapi orang-orang penakut, orang-orang yang tidak percaya, orang-orang keji, orang-orang pembunuh, orang-orang sundal, tukang-tukang sihir, penyembah-penyembah berhala dan semua pendusta, mereka akan mendapat bagian mereka di dalam lautan yang menyala-nyala oleh api dan belerang; inilah kematian yang kedua." Kematian pertama adalah ketika kehidupan fisik seseorang berakhir, dan kematian kedua adalah ketika jiwa, atau master dari seseorang, menerima penghakiman dan jatuh ke dalam api kekal Neraka yang tak pernah padam.

Neraka terdiri dari lautan api dan dan sulfur yang menyala-nyala, atau 'belerang'. Orang-orang yang tidak percaya kepada Allah, dan orang-orang yang mengaku percaya kepada-Nya, tetapi melakukan kejahatan dan tidak menghasilkan buah pertobatan tidak ada kaitannya dengan Allah; oleh karena itu mereka akan masuk ke dalam lautan api di Neraka. Sekarang orang-orang yang melakukan sesuatu yang begitu jahat yang tak terpikirkan secara kemanusiaan, atau menentang Allah dengan cara yang serius, atau bertindak sebagai nabi palsu dan menyebabkan banyak orang masuk Neraka akan masuk ke dalam lautan belerang yang menyala-nyala, yang tujuh kali lebih panas dari lautan api (Wahyu 19:20).

Sebagian berpendapat bahwa sekali Anda menerima Roh Kudus dan nama Anda tercatat dalam Kitab Kehidupan, maka Anda akan diselamatkanapa pun alasannya. Namun, itu tidaklah benar. Wahyu 3:1 berbunyi, "Aku tahu segala pekerjaanmu: engkau dikatakan hidup, padahal engkau mati!." Wahyu 3:5 berkata, "Barangsiapa menang, ia akan dikenakan pakaian putih yang demikian; Aku tidak akan menghapus namanya dari kitab kehidupan, melainkan Aku akan mengakui namanya di hadapan Bapa-Ku dan di hadapan para malaikat-Nya." "Engkau memiliki nama sehingga engkau dikatakan hidup" adalah mereka yang menerima Yesus Kristus dan yang nama mereka tercatat dalam Kitab Kehidupan. Namun, bagian ini menunjukkan bahwa bagaimanapun, jika seseorang berdosa dan pergi ke jalan kematian, namanya bisa dihapus dari kitab tersebut.

Dalam Keluaran 32:32-33, kita melihat adegan di mana Allah murka terhadap Israel dan hampir membinasakan mereka karena menyembah berhala. Dimasa itu, Musa menjadi penengah atas nama bangsa Israel dengan memohon kepada Allah untuk mengampuni mereka - bahkan jika itu berarti menghapus namanya sendiri dari Kitab Kehidupan. Dan pada saat itu, Allah berfirman, "Siapa yang berdosa kepada-Ku, nama orang itulah yang akan Kuhapuskan dari dalam kitab-Ku." (Keluaran 32:33). Ini berarti bahkan jika nama Anda tercatat dalam kitab itu, nama Anda bisa dihapus jika Anda berpaling dari Allah.

Sebenarnya ada banyak bagian di dalam Alkitab yang berbicara tentang memisahkan gandum dan sekam di antara orang percaya. Matius 3:12 berkata, "Alat penampi sudah ditangan-Nya. Ia akan membersihkan tempat pengirikan-Nya dan mengumpulkan gandum-Nya ke dalam lumbung, tetapi sekam itu akan dibakar-Nya dalam api yang tidak terpadamkan." Juga dalam Matius 13:49-50 berkata, "Demikianlah juga pada akhir zaman: Malaikat-malaikat akan datang memisahkan orang jahat dari orang benar, lalu mencampakkan orang jahat ke dalam dapur api; di sanalah akan terdapat ratapan dan kertakan gigi."

Di sini, "orang benar" mengacu pada orang percaya, dan "orang jahat dari orang benar" mengacu pada mereka yang mengaku sebagai orang percaya tapi hanyalah sekam, memiliki iman yang mati, yaitu, iman tanpa perbuatan. Orang-orang inilah yang akan dilemparkan ke dalam api Neraka.

Buah yang sesuai dengan pertobatan

Yohanes Pembaptis mendesak orang-orang untuk tidak hanya bertobat, tetapi pada saat yang sama berbuah sesuai dengan pertobatan. Lalu apa saja buah yang sesuai dengan pertobatan? Yaitu buah dari terang, buah-buah Roh Kudus, dan buah-buah kasih, yang merupakan buah kebenaran yang indah.

Kita dapat membaca dalam Galatia 5:22-23, "Tetapi buah

Roh ialah: kasih, sukacita, damai sejahtera, kesabaran, kemurahan, kebaikan, kesetiaan, kelemahlembutan, penguasaan diri. Tidak ada hukum yang menentang hal-hal itu." And Efesus 5:9 berkata, "karena terang hanya berbuahkan kebaikan dan keadilan dan kebenaran..." Di antara semua ini, mari kita lihat sembilan buah-buah Roh Kudus, yang merupakan representasi yang sangat baik dari 'buah-buah baik' ini.

Buah pertama adalah kasih. 1 Korintus Pasal 13 memberi tahu kita apa itu kasih sejati "Kasih itu sabar; kasih itu murah hati; ia tidak cemburu. Ia tidak memegahkan diri dan tidak sombong, ia tidak melakukan yang tidak sopan, dll. " (ayat. 4-5). Dengan kata lain, kasih sejati adalah kasih rohani. Selanjutnya, jenis kasih ini adalah kasih pengorbanan yang mana seseorang bahkan memberikan nyawanya bagi kerajaan Allah dan kebenaran-Nya. Seseorang dapat memperoleh jenis kasih ini sebanyak ia membuang dosa, kejahatan, dan pelanggaran hukum dan dikuduskan.

Buah kedua adalah sukacita. Orang yang memiliki buah sukacita bisa bersukacita bukan hanya ketika hal-hal berjalan dengan baik, tetapi mereka bersukacita dalam segala keadaan dan situasi. Mereka selalu bersukacita di tengah-tengah pengharapan atas Surga. Oleh karena itu mereka tidak khawatir; dan tidak peduli dengan masalah yang menerpa, mereka berdoa dengan iman, dengan demikian mendapatkan jawaban atas doa-doa mereka. Karena mereka percaya bahwa Allah yang Mahakuasa adalah Bapa mereka, mereka dapat bersukacita selalu, tetap berdoa, dan bersyukur dalam segala hal.

Damai sejahtera adalah buah yang ketiga. Seseorang dengan buah ini memiliki hati yang tidak bertentangan dengan orang lain. Karena orang-orang seperti ini tidak memiliki kebencian, kecenderungan untuk bertengkar atau berselisih, mementingkan diri sendiri, atau egois, tapi mereka mendahulukan orang lain, berkorban bagi mereka, melayani mereka, dan memperlakukan mereka dengan kebaikan. Akibatnya, mereka dapat menerima damai sejahtera setiap saat.

Buah keempat adalah kesabaran. Menghasilkan buah ini berarti menjadi sabar dalam kebenaran melalui pemahaman dan pengampunan. Ini tidak berarti "mencari" kesabaran hanya dengan mendinginkan amarah yang mendidih di dalam hati. Ini berarti membuang kejahatan seperti kemarahan dan kegusaran, dan mengisi hati dengan kebaikan dan kebenaran sebagai gantinya. Ini berarti mampu memahami semua jenis orang dan merangkul mereka. Dan, karena orang yang menghasilkan buah ini tidak memiliki emosi negatif, sama sekali tidak perlu kata-kata seperti "mengampuni" dan "bersabar". Buah ini tidak hanya berkaitan dengan hubungan dengan orang-orang, tetapi juga berarti bersabar dengan diri sendiri selagi membuang kejahatan di dalam hatinya dan menunggu dengan sabar sampai doa dan permohonan yang dipanjatkan dijawab Allah.

Buah kelima, kemurahan, harus memahami ketika sesuatu atau seseorang mustahil untuk dipahami. Kemurahan ini juga memaafkan ketika mustahil untuk memaafkan. Jika Anda memiliki pemikiran egois atau jika Anda merasa Anda benar setiap saat, Anda tidak bisa menghasilkan buah-buah kemurahan hati. Hanya ketika Anda mengabaikan diri Anda, merangkul semua hal dengan hati yang besar, dan memperlakukan orang lain dengan kasih, Anda dapat benar-benar memahami dan memaafkan.

Buah keenam adalah kebaikan. Buah ini meniru hati Kristus: hati yang tidak pernah membantah atau berlagak; tidak mematahkan buluh yang terkulai, atau memadamkan sumbu yang pudar nyalanya. Ini adalah hati yang tulus yang mana, setelah membuang segala dosa, selalu berusaha mencari kebaikan dalam Roh Kudus.

Buah ketujuh adalah kesetiaan. Ini berarti setia hingga akhir hayat - ketika harus melawan dosa dan membuang dosa, agar memperoleh kebenaran di dalam hati Anda. Juga berarti menjadi loyal dan setia ketika harus memenuhi kewajiban Anda di gereja, rumah, pekerjaan, atau kewajiban apa pun yang Anda miliki. Itu berarti setia dalam "seluruh isi rumah Allah".

Buah kedelapan adalah kelemah-lembutan. Memiliki buah kelemah-lembutan berarti memiliki hati yang lembut seperti kapas, yang memungkinkan seseorang untuk merangkul semua jenis orang. Jika Anda memperoleh hati yang lemah-lembut, tidak peduli siapa yang datang dan mencoba menyinggung perasaan Anda, Anda tidak akan tersinggung, ataupun sakit hati. Sama seperti ketika seseorang melemparkan sebongkah batu ke sepotong besar kapas, dan kapas itu merangkul batu itu dan melindunginya, jika Anda menghasilkan buah kelemah-lembutan, Anda dapat merangkul dan menjadi naungan bagi banyak orang yang datang kepada Anda yang mencari tempat untuk beristirahat.

Terakhir, jika Anda menghasilkan buah penguasaan diri, Anda dapat menikmati kestabilan dalam semua aspek kehidupan Anda. Dan dalam kehidupan yang tersusun, Anda dapat menghasilkan semua buah-buah kebaikan yang benar dalam waktu yang baik. Oleh karena itu, Anda dapat menikmati kehidupan yang indah dan diberkati.

Karena Allah ingin kita memiliki hati yang indah seperti ini, Dia berkata dalam Matius 5:14," Kamu adalah terang dunia," dan dalam ayat 16, "...Demikianlah hendaknya terangmu bercahaya di depan orang, supaya mereka melihat perbuatanmu yang baik dan memuliakan Bapamu yang di sorga." Jika kita bisa menghasilkan buah-buah Terang yang sejalan dengan pertobatan dengan benar-benar berada dalam Terang, maka semua kebaikan dan keadilan serta kebenaran akan melimpah dalam hidup kita (Efesus 5:9).

Orang-orang yang menghasilkan buah sesuai dengan pertobatan

Ketika kita bertobat dari dosa-dosa kita dan menghasilkan buah yang sesuai dengan pertobatan, maka Allah mengakui ini sebagai iman dan memberkati kita dengan menjawab doa-doa kita. Allah memberikan kasih karunia ketika kita bertobat dari kedalaman hati kita.

Selama masa-masa kesengsaraannya, Ayub menemukan kejahatan di dalam hatinya dan bertobat dalam debu dan abu. Pada saat itu, Tuhan menyembuhkan semua sakit bisul di tubuhnya dan memberkatinya dengan menggandakan kekayaan yang dia miliki sebelumnya. Dia juga memberkatinya dengan anak-anak bahkan lebih indah daripada yang dia miliki sebelumnya (Ayub pasal 42). Ketika Yunus bertobat saat terjebak di dalam perut ikan besar, Allah menyelamatkannya. Orang-orang Niniwe berpuasa dan bertobat setelah menerima peringatan tentang murka Allah atas mereka karena dosa-dosa mereka, dan Allah mengampuni mereka (Yunus Pasal 2-3) Hizkia, raja ke-13 dari kerajaan selatan Yehuda, diberi tahu Allah "Sebab engkau akan mati, dan tidak akan sembuh lagi." Namun, ketika ia berteriak dalam pertobatan, Allah memperpanjang hidupnya 15 tahun lagi (2 Raja-raja Pasal 20).

Dengan cara ini bahwa meskipun seseorang melakukan perbuatan jahat, jika dia bertobat dengan hati yang bersungguh-sungguh, dan benar-benar berpaling dari dosa, Allah menerima pertobatan itu. Allah menyelamatkan umat-Nya, seperti yang ditulis dalam Mazmur 103:12, "Sejauh timur dari barat, demikian dijauhkan-Nya dari pada kita pelanggaran kita."

Dalam 2 Raja-Raja Pasal 4, kita mengenal seorang wanita terkemuka dari Sunem yang setia melayani Nabi Elisa dengan keramah-tamahannya. Meskipun dia tidak meminta, ia menerima seorang anak, yang sudah lama diharapkannya. Dia tidak melayani untuk menerima berkat, tapi dia melayani Elisa karena dia mengasihi dan peduli pada hamba Allah. Allah senang dengan perbuatan baiknya dan memberkatinya dengan kehamilan.

Juga, dalam Kisah Para Rasul pasal 9, kita mengenal Tabitha, seorang murid yang sangat banyak berbuat baik dan memberi sedekah. Ketika dia menjadi sakit dan meninggal, Allah menggunakan Petrus untuk membangkitkannya kembali. Untuk anak-anak yang penuh kasih itu yang menghasilkan buah-buah yang indah, Allah begitu ingin menjawab doa-doa mereka, dan memberi mereka kasih karunia serta berkat-Nya.

Oleh karena itu kita harus dengan jelas mengetahui kehendak Allah, dan menghasilkan buah-buah yang sesuai dengan pertobatan. Maka kita harus meniru hati Tuhan kita dan melakukan kebenaran. Mencerminkan diri Anda pada Firman Allah, jika ada bagian dari hidup Anda yang tidak sesuai dengan Firman Allah, saya berdoa agar Anda akan kembali kepada-Nya, sehingga menghasilkan buah-buah Roh Kudus, buah-buah Terang, dan buah-buah kasih, jadi Anda dapat menerima jawaban atas segala doa-doa Anda.

Glosarium

Perbedaan antara dosa dan kejahatan

"Dosa" adalah setiap perbuatan yang tidak sesuai dengan iman. Hal ini berarti tidak melakukan hal yang benar ketika mengetahui itu adalah hal yang benar untuk dilakukan. Dalam lingkup yang lebih luas, segala sesuatu yang tidak ada hubungannya dengan iman adalah dosa; karena itu dengan tidak percaya kepada Yesus Kristus adalah dosa terbesar.

"Kejahatan" adalah sesuatu yang tidak dapat diterima ketika merenungkan Firman Allah, yaitu, segala sesuatu yang bertentangan dengan kebenaran. Ini adalah sifat dosa yang berada di dalam hati. Dengan demikian, dosa adalah, ekspresi lahiriah tertentu, atau bentuk kejahatan yang terlihat dalam hati seseorang. Kejahatan tidak terlihat secara alami; oleh karena itu dosa dibentuk sebagai akibat dari kejahatan dalam hati seseorang.

Apakah yang dimaksud dengan kebaikan?

Dalam kamus, kebaikan adalah "pernyataan atau jumlah kebaikan, keunggulan moral, kebajikan". Namun, tergantung pada hati nurani masing-masing orang, standar kebaikan bisa berbeda-beda. Oleh karena itu standar mutlak untuk kebaikan harus ditemukan di dalam Firman Allah yang adalah kebaikan itu sendiri. Karena itu, kebaikan adalah kebenaran, yaitu Firman Allah. Hal inilah yang merupakan pikiran dan kehendak-Nya.

Bab 5

"Jauhilah Yang Jahat; dan Lakukanlah Yang Baik."

*"Hendaklah kasih itu jangan pura-pura.
Jauhilah yang jahat dan
lakukanlah yang baik."*
(Roma 12:9)

Dewasa ini kita dapat melihat kejahatan ada dalam hubungan antara orangtua dan anak-anak mereka, antara pasangan, antara saudara-saudara dan antara sesama manusia. Orang-orang saling menuntut atas warisan mereka, dan dalam beberapa kasus, saling menyerahkan hanya demi mengejar keuntungan diri sendiri. Hal ini tidak hanya menyebabkan orang lain untuk mengerutkan dahi pada mereka; tetapi juga membawa penderitaan besar pada diri mereka sendiri. Inilah sebabnya mengapa Allah berfirman, "Jauhkanlah dirimu dari segala jenis kejahatan." (1 Tesalonika 5:22).

Dunia menyebut seseorang 'baik' ketika ia jujur dan bertanggung jawab secara moral. Namun, ada banyak kasus ketika bahkan seseorang yang bermoral dan berhati nurani 'baik' tidaklah begitu baik ketika merefleksikan dirinya terhadap Firman Allah. Selain itu, ada saat-saat di mana mereka benar-benar bertentangan dengan kehendak Allah. Satu kebenaran yang harus kita ingat di sini adalah bahwa Firman Allah -dan hanya Firman-Nya- adalah standar mutlak bagi 'kebaikan'. Oleh karena itu, segala sesuatu dan apa pun yang tidak sepenuhnya sesuai dengan Firman Allah adalah kejahatan.

Lalu bagaimana dosa dan kejahatan ini berbeda? Kedua hal ini tampaknya sama, tetapi keduanya berbeda. Misalnya, jika kita menggunakan pohon sebagai ilustrasi, kejahatan itu seperti akar yang berada di bawah tanah dan tak terlihat, sedangkan dosa adalah seperti bagian yang terlihat dari pohon, yaitu cabang, daun, dan buah. Sama seperti pohon dapat hidup karena memiliki akar, seseorang berdosa karena kejahatan yang ada dalam dirinya. Kejahatan adalah salah satu sifat di dalam hati seseorang, dan itu mencakup semua ciri-ciri dan kondisi yang bertentangan dengan Allah. Ketika kejahatan ini dinyatakan dalam bentuk pemikiran atau perbuatan maka itu disebut "dosa".

Bagaimana kejahatan ditampilkan sebagai dosa

Lukas 6:45 berkata, "Orang yang baik mengeluarkan barang yang baik dari perbendaharaan hatinya yang baik dan orang yang jahat mengeluarkan barang yang jahat dari perbendaharaannya yang jahat. Karena yang diucapkan mulutnya, meluap dari hatinya." Jika 'kebencian' ada di dalam hati, ia datang dalam bentuk 'komentar sinis', 'kata-kata kasar', atau dosa-dosa tertentu lainnya yang seperti ini. Untuk melihat bagaimana kejahatan yang ada di dalam hati muncul dalam bentuk dosa, mari kita lihat lebih dekat Daud dan Yudas Iskariot.

Suatu malam, saat Raja Daud sedang berjalan di sepanjang atap istananya, ia melihat seorang wanita sedang mandi dan ia menjadi tergoda. Dia memanggil wanita itu dan berzinah dengannya. Wanita itu adalah Batsyeba, dan pada saat itu, suaminya, Uria, tidak ada karena sedang pergi perang. Ketika Daud tahu Batsyeba hamil, dia berencana untuk membunuh Uria di medan perang dan mengambil Batsyeba sebagai istrinya.

Tentu saja Daud hanya menunjuk Uria untuk berada di lini depan peperangan -dia tidak benar-benar membunuhnya- dan pada waktu itu, sebagai raja, Daud memiliki setiap kekuasaan dan wewenang untuk memiliki banyak istri sebanyak yang ia inginkan. Namun, dalam hati Daud, jelas ia bermaksud agar Uria terbunuh. Dengan cara ini, jika Anda memiliki kejahatan dalam hati Anda, Anda dapat berbuat dosa setiap saat.

Sebagai konsekuensi dari dosa itu, anak Daud dari Batsyeba meninggal; dan putranya yang lain, Absalom, akhirnya mengkhianati dia dan melakukan pengkhianatan terhadap dirinya. Akibatnya, Daud harus melarikan diri, dan Absalom melakukan tindakan yang menjijikkan dengan meniduri selir ayahnya di depan orang-orangnya di siang hari bolong. Karena kejadian ini, banyak orang di kerajaan itu meninggal, termasuk Absalom. Dosa perzinahan dan pembunuhan membawa kesengsaraan besar bagi Daud dan rakyatnya.

Yudas Iskariot, salah satu murid Yesus, adalah contoh utama dari seorang pengkhianat. Selama 3 tahun yang ia habiskan bersama Yesus, ia melihat semua jenis mukjizat yang hanya bisa terjadi dengan kuasa Allah. Ia mengawasi tas uang di antara para murid, dan ia mengalami kesulitan membuang keserakahan dari hatinya, dan dari waktu ke waktu, ia mengambil uang dari tas itu dan menggunakannya untuk kebutuhannya sendiri. Pada akhirnya, keserakahan menyebabkan dia mengkhianati gurunya, dan kesalahannya sendiri yang menyebabkan dia menggantung dirinya.

Jadi, jika ada kejahatan di dalam hati Anda, Anda tidak pernah tahu dalam bentuk apa atau bentuk kejahatan apa yang akan muncul. Bahkan meski itu bentuk kejahatan yang kecil, jika itu tumbuh, Iblis dapat bekerja melalui kejahatan itu untuk mendorong Anda berbuat dosa yang mana Anda sendiri tidak bisa menghindarinya. Anda mungkin akhirnya mengkhianati orang lain, atau bahkan Allah. Jenis kejahatan ini memberikan rasa sakit dan penderitaan bagi Anda dan orang-orang di sekitar Anda. Ini adalah alasan mengapa Anda harus membenci apa yang jahat dan membuang bahkan bentuk kejahatan terkecil. Jika Anda membenci apa yang jahat, Anda secara alami akan menjauhkan diri dari kejahatan itu, Anda tidak akan berpikir tentang kejahatan itu, dan Anda tidak akan melaksanakannya. Anda hanya akan melakukan perbuatan baik. Inilah alasan mengapa Allah menyuruh kita untuk membenci apa yang jahat.

Alasan mengapa penyakit, pengujian, pencobaan dan kesengsaraan menimpa kita adalah karena kita melakukan perbuatan daging dengan membiarkan kejahatan di dalam hati dimunculkan secara lahiriah sebagai dosa. Jika kita tidak bisa mengendalikan hati kita dan melakukan perbuatan daging, kita tidak berbeda dengan hewan di mata Allah. Jika hal ini terjadi, akan ada murka Allah, dan Dia menyesah kita, supaya kita bisa menjadi manusia lagi, dan tidak seperti hewan.

Untuk membuang kejahatan dan menjadi orang yang melakukan kebaikan

Cobaan dan penderitaan tidak datang hanya karena pikiran ketidakbenaran atau hal-hal yang dari daging yang ada di dalam hati. Tapi pikiran dapat berkembang menjadi perbuatan daging (perbuatan dosa) setiap saat, dan dengan demikian kita harus menyingkirkan hal-hal yang dari daging.

Di atas semua itu, jika seseorang tidak percaya kepada Allah bahkan setelah melihat mukjizat dinyatakan oleh-Nya, itu adalah kejahatan di antara semua yang jahat. Dalam Matius 11:20-24, Yesus mengecam kota di mana sebagian besar mukjizat-Nya dilakukan, karena mereka tidak bertobat. Untuk Khorazim dan Betsaida, Yesus berkata, "Celakalah engkau" dan dia memperingatkan, "Pada hari penghakiman, tanggungan Tirus dan Sidon akan lebih ringan dari pada tanggunganmu." Dan kepada Kapernaum Ia berkata, "Pada hari penghakiman, tanggungan negeri Sodom akan lebih ringan dari pada tanggunganmu."

Tirus and Sidon mengacu kepada dua kota Non Yahudi. Betsaida dan Khorazim adalah kota-kota Israel utara Laut Galiela.

Betsaida juga kota kelahiran dari tiga murid Yesus: Petrus, Andreas, dan Filipus. Di sinilah Yesus mencelikkan mata orang buta, dan kota di mana Dia melakukan mukjizat besar dengan dua ikan dan lima roti Dia memberi makan 5.000 orang. Karena mereka menyaksikan mukjizat yang memberi mereka lebih dari cukup bukti untuk percaya kepada Yesus, mereka harus mengikuti, bertobat, dan membuang kejahatan dari hati mereka sesuai dengan ajaran-Nya. Tapi, mereka tidak melakukan hal ini. Inilah sebabnya mengapa mereka dihukum.

Hal yang sama berlaku bagi kita di masa kini. Jika seseorang menyaksikan tanda-tanda dan mukjizat yang dilakukan oleh hamba Allah dan ia masih tidak percaya pada Allah, malah menghakimi dan mengutuk keadaan atau hamba Allah tersebut, maka orang itu menunjukkan bukti bahwa ada kejahatan di dalam hatinya. Lalu mengapa orang-orang itu tidak bisa percaya? Itu karena mereka harus menaklukkan dan membuang hal-hal yang dari daging, tetapi mereka tidak melakukannya. Sebaliknya mereka melakukan perbuatan daging dan berbuat dosa. Semakin mereka berbuat dosa, semakin tak peka dan keras hati mereka. Hati nurani mereka menjadi tidak peka dan akhirnya menyengat seperti besi panas.

Meskipun Allah menunjukkan mukjizat untuk mereka saksikan, orang-orang seperti ini tidak mampu untuk memperoleh pemahaman dan percaya. Karena tidak ada pemahaman, mereka tidak dapat bertobat, dan karena mereka tidak bertobat, mereka tidak dapat menerima Yesus Kristus. Ini seperti orang yang mencuri. Pada awalnya, orang takut mencuri bahkan untuk satu benda kecil sekalipun; tapi setelah mengulangi perbuatan itu beberapa kali, ia bahkan tidak merasakan sebersit rasa bersalah setelah mencuri benda besar, karena hatinya telah menjadi keras selama proses itu.

Jika kita mengasihi Allah, maka satu-satunya kebenaran yaitu kita menjauhi yang jahat dan melakukan yang baik. Untuk melakukan ini, kita harus terlebih dahulu berhenti melakukan segala perbuatan daging dan kemudian membuang segala hal yang dari daging dari hati kita juga.

Dan ketika kita berada dalam proses membuang dosa dan kejahatan, kita dapat membangun hubungan dengan Allah dan menerima kasih-Nya (1 Yohanes 1:7, 3:9). Wajah kita akan selalu mencerminkan sukacita dan ucapan syukur yang melimpah, kita dapat menerima kesembuhan dari segala jenis penyakit, dan kita dapat menerima solusi untuk masalah yang mungkin kita miliki dalam keluarga, pekerjaan, bisnis kita, dll.

Generasi yang jahat dan tidak setia yang sangat membutuhkan suatu tanda

Dalam Matius 12:38-39, kita melihat beberapa ahli Taurat dan orang Farisi menuntut Yesus untuk menunjukkan kepada mereka suatu tanda. Yesus kemudian berkata kepada mereka bahwa angkatan yang jahat dan tidak setia ini menuntut suatu tanda. Misalnya, ada orang yang mengatakan, "Jika Anda menunjukkan Allah pada saya, saya akan percaya," atau "Jika Anda membangkitkan orang mati maka saya akan percaya." Orang-orang ini tidak mengatakan hal ini dengan hati yang polos yang benar-benar berusaha untuk percaya. Mereka mengatakan ini di luar keraguan.

Jadi kecenderungan untuk tidak percaya pada kebenaran ini, atau keinginan untuk mengucilkan atau meragukan seseorang yang lebih baik dari diri mereka sendiri, atau keinginan untuk menolak apa pun yang tidak setuju dengan pemikiran atau pandangan mereka sendiri, semuanya berasal dari sifat perzinahan secara rohani. Selagi menolak untuk percaya, orang-orang yang menuntut suatu tanda telah bersekongkol dan untuk mencari cacat dalam Yesus -untuk mengharamkan dan mengutuk-Nya.

Semakin membenarkan diri, sombong, dan egois seseorang, semakin maksiat generasi tersebut. Karena peradaban semakin lebih canggih seperti saat ini, semakin banyak orang menuntut untuk melihat tanda-tanda. Namun, ada begitu banyak orang yang melihat tanda-tanda dan masih tidak percaya! Tidak heran generasi jenis ini dicerca karena menjadi generasi yang jahat dan tidak setia! Jika Anda membenci kejahatan, Anda tidak akan melakukan kejahatan. Jika ada kotoran pada tubuh Anda, Anda akan membersihkannya. Dosa dan kejahatan, yang membusukkan jiwa dan menyeretnya ke jalan kematian, bahkan lebih kotor, lebih bau, dan lebih jelek dari kotoran. Kita tidak bisa membandingkan kekotoran dosa itu dengan kotoran.

Lalu jenis kejahatan seperti apa yang harus kita benci? Dalam Matius Pasal 23, Yesus mencerca Ahli Taurat dan orang Farisi dengan berkata, "Celakalah engkau…" Dia menggunakan frase "Celakalah engkau," menandakan bahwa mereka tidak akan menerima keselamatan. Dan kita akan membagi alasannya menjadi tujuh kategori dan mempelajari masing-masing secara lebih rinci.

Bentuk-bentuk kejahatan yang harus kita benci

1. Menutup pintu Surga supaya orang lain tak bisa masuk

Dalam Matius 23:13, Yesus berkata "Celakalah kamu, hai ahli-ahli Taurat dan orang-orang Farisi, hai kamu orang-orang munafik, karena kamu menutup pintu-pintu Kerajaan Sorga di depan orang. Sebab kamu sendiri tidak masuk dan kamu merintangi mereka yang berusaha untuk masuk."

Ahli-ahli Taurat dan orang-orang Farisi tahu dan telah mencatat firman Allah dan bersikap seakan mereka memegang firman Allah. Tapi hati mereka mengeras, dan mereka melakukan pekerjaan Allah secara dangkal-karenanya, mereka dicerca. Meskipun mereka memiliki semua formalitas kekudusan, hati mereka penuh dengan pelanggaran hukum dan kejahatan. Ketika mereka melihat Yesus melakukan mukjizat yang manusia tidak mungkin bisa lakukan, bukannya mengakui Dia dan bersukacita, mereka membuat segala jenis rencana untuk menentang-Nya. Mereka bahkan mempelopori kematian-Nya.

Hal ini juga berlaku untuk orang-orang di masa sekarang. Orang yang mengaku percaya kepada Yesus Kristus, namun tidak hidup dengan teladan Kristus masuk ke dalam kategori ini. Jika Anda membuat seseorang berkata, "Saya tidak ingin percaya pada Yesus karena orang-orang seperti Anda," maka Anda adalah orang yang menutup pintu kerajaan surga bagi orang-orang. Bukan saja Anda tidak masuk ke dalam Surga; tetapi Anda juga menahan orang lain untuk bisa masuk ke dalamnya.

Orang yang mengaku percaya pada Allah, namun juga terus berkompromi dengan dunia adalah mereka yang ditegur Yesus juga. Jika dalam suatu gereja, seorang pelayan di gereja yang memangku jabatan untuk mengajar menunjukkan kebencian terhadap orang lain, menjadi marah, atau tidak taat, bagaimana bisa orang yang baru mengikut Kristus memandang orang ini dan bisa memercayainya, menghormatinya? Mereka akan menjadi kecewa dan bahkan mungkin kehilangan iman mereka. Jika, di antara orang-orang bukan percaya ada istri atau suami yang berusaha untuk menumbuhkan iman mereka, dan orang-orang bukan percaya ini menganiaya mereka atau membuat mereka melakukan kejahatan dan mengambil bagian dalam dosa, mereka juga akan menerima cercaan "Celakalah kamu".

2. Ketika seseorang menjadi penganut agama Yahudi, membuatnya orang neraka yang dua kali lebih jahat dari dirimu sendiri

Dalam Matius 23:15, Yesus berkata, "Celakalah kamu, hai ahli-ahli Taurat dan orang-orang Farisi, hai kamu orang-orang munafik, sebab kamu mengarungi lautan dan menjelajah daratan, untuk mentobatkan satu orang saja menjadi penganut agamamu dan sesudah ia bertobat, kamu menjadikan dia orang neraka, yang dua kali lebih jahat dari pada kamu sendiri."

Ada pepatah lama yang mengatakan anak menantu perempuan yang menerima perlakuan buruk dari ibu mertuanya nantinya akan memberikan perlakuan yang lebih buruk kepada menantu perempuannya. Apa yang seseorang lihat dan alami menjadi tertanam dalam ingatannya, dan secara sadar, ia bertindak sesuai dengan apa yang telah ia alami. Inilah sebabnya apa yang Anda pelajari dan dari siapa Anda mempelajarinya menjadi hal yang sangat penting. Jika Anda belajar Kekristenan dari orang-orang seperti ahli-ahli Taurat dan orang-orang Farisi, maka seperti orang buta yang menuntun orang buta lain, Anda akan bersama-sama terjerumus ke dalam kejahatan.

Sebagai contoh, jika seorang pemimpin selalu menilai dan mengutuk orang lain, bergosip serta berbicara negatif, orang-orang percaya yang belajar darinya juga akan menjadi tercemar oleh tindakannya, dan bersama-sama mereka akan menuju kematian. Dalam masyarakat, anak-anak yang tumbuh dalam rumah yang mana orangtua mereka terus bertengkar dan saling membenci memiliki kesempatan lebih tinggi untuk disesatkan dibandingkan anak-anak yang tumbuh dalam keluarga yang damai.

Oleh karena itu, orangtua, guru, dan pemimpin lainnya perlu menjadi contoh yang lebih baik, lebih dari siapa pun. Jika kata-kata dan tindakan dari jenis-jenis orang yang bukan teladan ini, mereka sungguh dapat membuat orang lain jatuh. Bahkan di gereja, ada kasus di mana seorang hamba atau seorang pemimpin tidak menjadi contoh yang baik, dan mereka akhirnya menghalangi kebangkitan atau pertumbuhan kelompok, departemen, atau organisasi kecil mereka. Kita harus menyadari bahwa jika ini adalah apa yang sedang kita lakukan, kita tidak hanya membuat diri kita sendiri, tetapi orang lain juga, menjadi orang-orang Neraka.

3. Menyampaikan kehendak Allah dengan cara yang salah karena keserakahan dan kepalsuan

Dalam Matius 23:16-22, Yesus berkata, "Celakalah kamu, hai pemimpin-pemimpin buta, yang berkata: Bersumpah demi Bait Suci, sumpah itu tidak sah; tetapi bersumpah demi emas Bait Suci, sumpah itu mengikat.' Hai kamu orang-orang bodoh dan orang-orang buta, apakah yang lebih penting, emas atau Bait Suci yang menguduskan emas itu? Bersumpah demi mezbah, sumpah itu tidak sah; tetapi bersumpah demi persembahan yang ada di atasnya, sumpah itu mengikat.' Hai kamu orang-orang buta, apakah yang lebih penting, persembahan atau mezbah yang menguduskan persembahan itu? Karena itu barangsiapa bersumpah demi mezbah, ia bersumpah demi mezbah dan juga demi segala sesuatu yang terletak di atasnya. Dan barangsiapa bersumpah demi Bait Suci, ia bersumpah demi Bait Suci dan juga demi Dia, yang diam di situ. Dan barangsiapa bersumpah demi sorga, ia bersumpah demi takhta Allah dan juga demi Dia, yang bersemayam di atasnya."

Pesan ini adalah teguran terhadap mereka yang mengajarkan kehendak Allah secara salah karena keserakahan, penipuan, dan keegoisan dalam hati mereka. Jika seseorang membuat sumpah atau janji kepada Allah, para guru harus mengajarkan dia untuk menepati janji itu, tetapi para guru mengajarkan orang-orang itu untuk mengesampingkannya dan hanya memegang janji yang mereka buat uang, atau harta benda. Jika seorang pendeta lalai mengajar orang untuk hidup dalam kebenaran dan hanya menekankan pada persembahan, maka ia menjadi pemimpin yang telah dibutakan.

Sebelum hal lain, seorang pemimpin harus mengajar orang-orang untuk bertobat dari dosa-dosa mereka, menumbuhkan kebenaran Allah, dan karenanya masuk ke dalam Kerajaan surga. Bersumpah demi bait suci, Yesus Kristus, mezbah, dan Tahta Surgawi adalah sama, maka seseorang harus yakin untuk memegang sumpah itu.

4. Mengabaikan ketentuan yang lebih berat dari Hukum Taurat

Dalam Matius 23:23-24, Yesus berkata, "(23) Celakalah kamu, hai ahli-ahli Taurat dan orang-orang Farisi, hai kamu orang-orang munafik, sebab persepuluhan dari selasih, adas manis dan jintan kamu bayar, tetapi yang terpenting dalam hukum Taurat kamu abaikan, yaitu: keadilan dan belas kasihan dan kesetiaan. Yang satu harus dilakukan dan yang lain jangan diabaikan. Hai kamu pemimpin-pemimpin buta, nyamuk kamu tapiskan dari dalam

minumanmu, tetapi unta yang di dalamnya kamu telan!"
Seseorang yang benar-benar percaya pada Allah akan memberikan seluruh perpuluhan. Jika kita memberikan seluruh perpuluhan, kita menerima berkat; tetapi jika tidak melakukannya, kita sedang merampok Allah (Maleakhi 3: 8-10). Ya, para ahli Taurat dan orang-orang Farisi memberi perpuluhan mereka; tapi Yesus mencemooh mereka karena mengabaikan keadilan, belas kasihan, dan kesetiaan. Lalu apa artinya mengabaikan keadilan, belas kasihan, dan kesetiaan?

'Keadilan' menandakan membuang dosa, hidup sesuai dengan Firman Allah, dan menaati Dia dengan iman. Menjadi 'taat', sesuai dengan standar duniawi, adalah untuk taat dan melakukan sesuatu yang mampu Anda lakukan. Namun, dalam kebenaran, menjadi 'taat' adalah mampu taat dan melakukan hal-hal yang nampaknya mustahil untuk dilakukan.

Dalam Alkitab, nabi-nabi yang diakui oleh Allah menaati firman-Nya dengan iman. Mereka membelah Laut Merah, menghancurkan tembok Yerikho, dan menghentikan aliran Sungai Yordan. Jika mereka memasukkan pemikiran manusia mereka ke dalam situasi ini, hal-hal ini tidak akan pernah bisa terjadi. Tapi dengan iman, mereka menaati Allah dan membuatnya menjadi mungkin.

'Kasih karunia" adalah untuk menggenapi seluruh kewajibanmu sebagai manusia dalam segala aspek hidupmu. Ada moral dan etika dasar dalam dunia ini bahwa orang dapat tetap ada dengan menjaga mereka menjadi manusia. Namun, standar ini tidak sempurna. Bahkan jika seseorang di luar tampak berbudaya dan bersih, jika ia memiliki kejahatan dalam dirinya, kita tidak bisa mengatakan dia sungguh bersih. Agar kita benar-benar menjalani hidup yang layak, kita perlu melakukan seluruh tugas manusia, yaitu menaati perintah Allah (Pengkhotbah 12:13).

Juga, 'kesetiaan' adalah dengan mengambil bagian dalam

sifat keilahian Allah melalui iman (2 Petrus 1:4). Tujuan Allah menciptakan langit dan bumi, segala sesuatu di dalamnya, dan umat manusia, adalah untuk mendapatkan anak-anak yang benar yang mencerminkan hati-Nya. Tuhan mengatakan kepada kita untuk menjadi benar, karena Dia adalah benar, dan untuk menjadi sempurna, karena Dia adalah sempurna. Kita tidak harus memiliki penampilan kekudusan belaka. Hanya dengan membuang kejahatan dari hati kita dan benar-benar menaati perintah-perintah-Nya kita dapat benar-benar mengambil bagian dalam sifat ilahi Allah.

Namun, para ahli Taurat dan orang-orang Farisi di masa Yesus mengabaikan keadilan, belas kasihan, dan kesetiaan, dan hanya terfokus pada persembahan dan korban. Allah jauh lebih disenangkan dengan hati yang bertobat, bukan dengan mempersembahka hati yang tidak benar (Mazmur 51:16-17). Namun, mereka mengajarkan sesuatu yang tidak sesuai dengan kehendak Allah. Seseorang yang memiliki posisi mengajar pertama-tama haruslah menunjukkan dosa orang-orang, membantu mereka menghasilkan buah yang sesuai dengan pertobatan, dan memimpin mereka untuk berdamai dengan Allah. Setelah itu, mereka harus mengajarkan tentang memberikan perpuluhan, formalitas ibadah, doa, dll., sampai mereka mencapai keselamatan yang penuh.

5. Menjaga sebelah luar bersih sementara sebelah dalamnya penuh rampasan dan kerakusan.

Dalam Matius 23:25-26, Yesus berkata, "Celakalah kamu, hai ahli-ahli Taurat dan orang-orang Farisi, hai kamu orang-orang munafik, sebab cawan dan pinggan kamu bersihkan sebelah luarnya, tetapi sebelah dalamnya penuh rampasan dan kerakusan. Hai orang Farisi yang buta, bersihkanlah dahulu sebelah dalam cawan itu, maka sebelah luarnya juga akan bersih."

Ketika Anda melihat sebuah kaca bening yang terbuat dari kristal, kaca itu sangat bersih dan indah. Namun, tergantung pada apa yang Anda masukkan ke dalamnya, cangkir itu bisa bersinar lebih indah, atau bisa menjadi tercemar. Jika itu diisi dengan air kotor, cangkir itu hanya bisa menjadi cangkir kotor. Dengan cara yang sama, bahkan jika seseorang di luar tampak seperti orang yang takut akan Allah, jika hatinya penuh dengan kejahatan, Allah, yang melihat hati, akan melihat semua kotoran di dalamnya, dan menganggap dia tercemar.

Dalam hubungan manusia juga, tidak peduli seberapa bersih, seberapa rapi, dan seberapa berbudayanya seseorang yang mungkin tampak di luar, jika kita mengetahui bahwa mereka penuh dengan kebencian, iri hati, cemburu, dan segala macam kejahatan, kita merasa kekotoran dan rasa malu itu. Lalu bagaimanakah perasaan Allah, yang adalah benar dan kebenaran itu sendiri, ketika Dia melihat orang-orang seperti ini? Oleh karena itu kita harus merefleksikan diri kita pada Firman Allah dan bertobat dari semua pesta pora serta keserakahan, dan berusaha untuk mendapatkan hati yang bersih. Jika kita bertindak sesuai dengan Firman Allah dan terus membuang dosa, hati kita akan menjadi bersih, sehingga penampilan luar kita secara alami akan menjadi bersih dan kudus.

6. Seperti kuburan yang dilabur putih

Dalam Matius 23:27-28, Yesus berkata, "Celakalah kamu, hai ahli-ahli Taurat dan orang-orang Farisi, hai kamu orang-orang munafik, sebab kamu sama seperti kuburan yang dilabur putih, yang sebelah luarnya memang bersih tampaknya, tetapi yang sebelah dalamnya penuh tulang belulang dan pelbagai jenis kotoran. Demikian jugalah kamu, di sebelah luar kamu tampaknya benar di mata orang, tetapi di sebelah dalam kamu penuh kemunafikan dan kedurjanaan."

Tidak peduli berapa banyak uang yang Anda habiskan untuk mencoba mempercantik suatu makam, pada akhirnya, apa yang ada di dalamnya? Sebuah mayat membusuk yang akan segera berubah menjadi segenggam debu! Oleh karena itu makam dilabur putih melambangkan orang-orang munafik yang hanya kelihatan rapi di luar. Mereka terlihat baik, lembut, dan saleh di luar, menasihati dan memarahi orang lain, sementara di dalamnya mereka benar-benar penuh dengan kebencian, iri hati, cemburu, perzinahan, dll.

Jika kita mengaku percaya pada Allah dan kita menyimpan kebencian di dalam hati kita seperti kita mengutuk orang lain, lalu kita melihat selumbar di mata orang lain dan tidak melihat balok di mata kita sendiri. Ini adalah apa yang dianggap sebagai kemunafikan. Ini juga dapat diterapkan bagi orang bukan percaya. Memiliki hati yang condong ke arah mengkhianati suami atau istri seseorang, mengabaikan anak-anak mereka, atau tidak menghormati orangtua, lalu mengejek kebenaran dan mengkritik orang lain juga merupakan tindakan kemunafikan.

7. Menganggap diri sendiri benar

Dalam Matius 23:29-33, Yesus berkata, "Celakalah kamu, hai ahli-ahli Taurat dan orang-orang Farisi, hai kamu orang-orang munafik, sebab kamu membangun makam nabi-nabi dan memperindah tugu orang-orang saleh dan berkata: 'Jika kami hidup di zaman nenek moyang kita, tentulah kami tidak ikut dengan mereka dalam pembunuhan nabi-nabi itu.' Tetapi dengan demikian kamu bersaksi terhadap diri kamu sendiri, bahwa kamu adalah keturunan pembunuh nabi-nabi itu. Jadi, penuhilah juga takaran nenek moyangmu! Hai kamu ular-ular, hai kamu keturunan ular beludak! Bagaimanakah mungkin kamu dapat meluputkan diri dari hukuman neraka?

Ahli-ahli Taurat munafik dan orang-orang Farisi membangun makam nabi-nabi dan menghiasi tugu orang-orang saleh dan berkata, "Jika kami hidup di zaman nenek moyang kita, tentulah kami tidak ikut dengan mereka dalam pembunuhan nabi-nabi itu." Namun, pengakuan ini tidaklah benar. Bukan saja para ahli Taurat dan orang-orang Farisi ini tidak mengakui Yesus, yang datang sebagai Juruselamat, tetapi mereka juga menolak Dia, dan akhirnya memakukan Dia ke kayu salib serta membunuh Dia. Bagaimana bisa mereka menyebut diri mereka lebih benar dari nenek moyang mereka?

Yesus mencemooh para pemimpin munafik ini dengan berkata,

"Jadi, penuhilah juga takaran nenek moyangmu!" Ketika seseorang berbuat dosa, bahkan jika ia memiliki sedikit hati nurani, ia akan merasa bersalah dan berhenti berbuat dosa. Tapi ada juga orang-orang yang tidak berpaling dari perbuatan jahat mereka hingga berakhir pahit. Inilah yang dimaksud Yesus saat berkata "penuhilah". Mereka menjadi anak-anak iblis, keturunan ular beludak, dan bahkan bertindak lebih jahat.

Demikian juga, jika seseorang mendengar kebenaran dan hati nuraninya terasa pedih, namun menganggap dirinya benar dan menolak untuk bertobat, maka ia tidak berbeda dengan orang yang memenuhi takaran nenek moyangnya. Yesus berkata jika orang-orang ini tidak bertobat dan menghasilkan buah yang sesuai dengan pertobatan, maka mereka tidak bisa melarikan diri dari hukuman Neraka.

Oleh karena itu, kita harus merefleksikan diri pada hukuman yang Yesus berikan kepada ahli-ahli Taurat dan orang Farisi dan melihat apakah ada sesuatu yang berkenaan dengan kita, dan dengan cepat membuang hal-hal tersebut. Saya harap Anda, pembaca, akan menjadi orang benar yang membenci kejahatan dan melakukan apa yang baik, sehingga memberikan seluruh kemuliaan bagi Allah dan menikmati hidup yang diberkati sebanyak yang hatimu inginkan!

Glosarium dan klarifikasi lebih lanjut

Apakah itu 'pengusahaan manusia'?

'Pengusahaan' adalah proses di mana petani menabur benih, mengurus, dan menghasilkan buah dari benih itu. Agar mendapatkan anak-anak benar kepunyaan-Nya, Allah menanam Adam dan Hawa di dunia ini sebagai buah pertama. Setelah kejatuhan Adam, manusia menjadi orang berdosa, dan setelah menerima Yesus Kristus dan dengan pertolongan Roh Kudus, mereka mampu memulihkan gambar Allah yang sejati yang dulu ada di dalam manusia. Jadi seluruh proses Allah menciptakan manusia dan mengawasi seluruh sejarah umat manusia hingga penghakiman terakhir disebut 'pengusahaan manusia'.

Perbedaan antara 'tubuh', 'daging', dan 'hal-hal yang dari daging'

Biasanya, ketika kita mengacu pada tubuh manusia, kita menggunakan istilah 'tubuh' dan 'daging' secara bergantian. Namun, di dalam Alkitab, setiap kata-kata ini memiliki makna rohani spesifik. Ada kalanya 'daging' digunakan hanya untuk menandakan tubuh manusia, namun secara rohani, mengacu pada hal-hal yang membusuk, perubahan, hal yang tidak saleh dan kotor.

Manusia pertama, Adam, adalah roh yang hidup, dan dia tidak memiliki dosa apa pun. Namun, setelah tergoda oleh Iblis untuk memakan buah pengetahuan baik dan jahat, ia harus mengalami kematian, karena upah dosa adalah maut (Kejadian 2:17; Roma 6:23). Allah menanamkan pengetahuan tentang kehidupan, kebenaran, di dalam manusia pada saat penciptaan. Kondisi atau bentuk manusia tanpa kebenaran ini, yang rusak setelah Adam berdosa, itulah yang disebut sebagai 'tubuh'. Dan sifat dosa yang dikombinasikan dalam tubuh inilah yang disebut sebagai 'daging'. Daging ini tidak memiliki bentuk yang terlihat, tetapi merupakan sifat dosa yang dapat dibangkitkan untuk muncul setiap saat.

Tanah dari hati manusia

Alkitab mengkategorikan hati manusia menjadi beberapa jenis tanah: pinggir jalan, tanah berbatu, tanah semak berduri, dan tanah yang baik (Markus Pasal 4).

Tanah pinggir jalan menandakan hati yang keras dan tak berperasaan. Bahkan jika benih Firman Allah ditanam ke dalam jenis hati ini, benih itu tidak dapat tumbuh, dan tidak dapat berbuah; oleh karena itu orang tersebut tidak bisa menerima keselamatan.

Tanah berbatu menandakan orang yang mengerti Firman Allah dengan kepala mereka, tetapi ia tidak percaya dengan hatinya. Sambil mendengarkan Firman, ia mungkin membuat komitmen untuk menerapkan apa yang ia pelajari, tetapi saat kesulitan datang, ia tidak bisa mempertahankan imannya.

Tanah berduri mengacu pada hati orang yang mendengarkan, memahami, dan menerapkan Firman Allah dalam kehidupan mereka, tetapi ia tidak dapat mengatasi godaan dunia ini. Dia tertarik dengan kekhawatiran dari dunia ini, keserakahan, dan keinginan daging, sehingga cobaan dan kesengsaraan mengikuti, dan ia tidak bisa tumbuh secara rohani.

Tanah yang baik menandakan hati seseorang di mana, saat Firman Allah jatuh ke dalamnya, Firman itu berbuah 30, 60, 100 kali lipat, dan berkat dan jawaban Tuhan selalu mengikuti.

Peran Iblis dan setan

Iblis adalah makhluk yang memiliki kekuatan kegelapan yang menyebabkan manusia berbuat kejahatan. Tidak memiliki bentuk khusus. Terus-menerus menyebarkan hatinya yang gelap, pikiran, dan kekuatan untuk melakukan kejahatan ke udara seperti gelombang radio. Dan ketika ketidakbenaran dalam hati manusia menangkap frekuensinya, ia menggunakan pikiran manusia itu untuk menuangkan kekuatan gelapnya ke dalam diri manusia itu. Inilah yang kita sebut "menerima pekerjaan Iblis", atau "mendengarkan suara Iblis".

Setan adalah bagian dari para malaikat yang jatuh bersama dengan Lucifer. Mereka berpakaian hitam, dan memiliki bentuk wajah dan tangan serta kaki seperti manusia atau malaikat. Setan mendapat perintah dari Iblis dan memelihara serta memberikan perintah ke berbagai setan untuk membawa penyakit pada manusia dan membuat mereka jatuh ke dalam dosa dan kejahatan.

Karakter bejana dan karakter hati

Manusia dilambangkan sebagai 'bejana'. Karakter bejana dari seseorang bergantung pada seberapa baik ia mendengarkan Firman Allah dan menggoreskannya di dalam hatinya, dan seberapa baik ia melakukan Firman Allah dengan perbuatan iman. Karakter bejana tergantung pada jenis bahan yang membuatnya. Jika seseorang memiliki bejana dengan karakter yang baik, dia bisa dikuduskan dengan sangat cepat, dan dia bisa menunjukkan kuasa rohani dalam lingkup yang lebih luas. Untuk menumbuhkan bejana dengan karakter baik, seseorang harus mendengarkan Firman Allah dengan baik dan menggoreskannya dalam hatinya. Seberapa rajin seseorang melakukan apa yang dia pelajari menentukan karakter bejananya.

Karakter hati tergantung pada seberapa luas hati yang digunakan, dan seberapa besar ukuran bejananya. Ada beberapa kasus yang 1) melampaui kapasitas seseorang, 2) hanya mengisi kapasitas seseorang, 3) dengan enggan hanya mengisi kapasitas yang sangat rendah, dan 4) kasus di mana lebih baik bagi seseorang untuk sejak awal tidak memulai pekerjaannya karena segala kejahatan yang dia perbuat. Jika karakter hati seseorang itu kecil dan kurang, dia perlu berusaha mengubahnya menjadi lebih luas, hati yang lebih besar.

Kebenaran dalam pandangan Allah

Tingkat pertama kebenaran adalah membuang dosa. Pada tingkat ini seseorang dibenarkan dengan menerima Yesus Kristus dan menerima Roh Kudus. Kemudian, ia menemukan dosa-dosanya dan dengan giat berdoa untuk membuang dosa-dosanya itu. Allah disenangkan dengan perbuatan ini, dan menjawab doa-doa orang itu dan memberkati dia.

Tingkat kedua kebenaran adalah memegang Firman. Setelah seseorang membuang dosa, ia dapat diisi dengan Firman Allah, dan dia mampu menaati Firman. Misalnya, jika ia mendengar ayat tentang jangan membenci siapa pun, ia membuang kebencian itu dan berusaha untuk mengasihi semua orang. Dalam hal ini ia menaati Firman Allah. Di saat ini, ia menerima berkat dengan menjadi sehat sepanjang waktu, dan setiap doa yang dia panjatkan dijawab.

Tingkat ketiga dari kebenaran adalah menyenangkan Allah. Pada tingkat ini tidak hanya seseorang membuang dosa, tetapi juga ia bertindak sesuai dengan kehendak Allah setiap saat. Dan ia mendedikasikan hidupnya untuk memenuhi panggilannya. Jika seseorang mencapai tingkat ini, Allah menjawab bahkan keinginan terkecil yang ia taruh dalam hatinya.

Akan Kebenaran

"... akan kebenaran, karena Aku pergi kepada Bapa dan kamu tidak melihat Aku lagi;" (Yohanes 16:10)

"Lalu percayalah Abram kepada TUHAN, maka TUHAN memperhitungkan hal itu kepadanya sebagai kebenaran." (Kejadian 15:6)

"Maka Aku berkata kepadamu: Jika hidup keagamaanmu tidak lebih benar dari pada hidup keagamaan ahli-ahli Taurat dan orang-orang Farisi, sesungguhnya kamu tidak akan masuk ke dalam Kerajaan Sorga." (Matius 5:20)

Tetapi sekarang, tanpa hukum Taurat kebenaran Allah telah dinyatakan, seperti yang disaksikan dalam Kitab Taurat dan Kitab-kitab para nabi, yaitu kebenaran Allah karena iman dalam Yesus Kristus bagi semua orang yang percaya. Sebab tidak ada perbedaan;" (Roma 3:21-22)

"...penuh dengan buah kebenaran yang dikerjakan oleh Yesus Kristus untuk memuliakan dan memuji Allah." (Filipi 1:11)

"... Sekarang telah tersedia bagiku mahkota kebenaran yang akan dikaruniakan kepadaku oleh Tuhan, Hakim yang adil, pada hari-Nya; tetapi bukan hanya kepadaku, melainkan juga kepada semua orang yang merindukan kedatangan-Nya." (2 Timotius 4:8)

"... Dengan jalan demikian genaplah nas yang mengatakan: "Lalu percayalah Abraham kepada Allah, maka Allah memperhitungkan hal itu kepadanya sebagai kebenaran." Karena itu Abraham disebut: "Sahabat Allah." (Yakobus 2:23)

"Inilah tandanya anak-anak Allah dan anak-anak Iblis: setiap orang yang tidak berbuat kebenaran, tidak berasal dari Allah, demikian juga barangsiapa yang tidak mengasihi saudaranya." (1 Yohanes 3:10)

Bab 6

Kebenaran Yang Membawa pada Kehidupan

"Sebab itu, sama seperti oleh satu pelanggaran semua orang beroleh penghukuman, demikian pula oleh satu perbuatan kebenaran semua orang beroleh pembenaran untuk hidup."
(Roma 5:18)

Saya bertemu dengan Allah yang hidup setelah tujuh tahun terbaring di tempat tidur karena penyakit. Tidak hanya saya menerima kesembuhan atas semua penyakit saya melalui api Roh Kudus, tapi setelah bertobat dari dosa-dosa saya, saya juga menerima kehidupan kekal yang akan memperkenankan saya untuk hidup di Surga selamanya. Saya sangat berterima kasih atas kasih karunia Allah yang dari semenjak saya mulai bergereja, saya berhenti minum, dan saya berhenti menyajikan orang lain minuman beralkohol.

Ada sekali waktu ketika salah satu kerabat saya mengejek gereja. Karena tidak dapat menahan diri, saya berkata dengan marah, "Mengapa kamu berbicara buruk tentang Allah dan berbicara negatif tentang gereja dan juga pendeta?" Sebagai seorang bayi dalam Kekristenan, saya pikir tindakan saya dibenarkan. Baru kemudian saya menyadari bahwa tindakan saya tidaklah benar. Kebenaran yang dalam pandangan saya bukanlah kebenaran yang tampak dalam pandangan Allah. Ini mengakibatkan pertengkaran dan perdebatan.

Dalam situasi seperti ini, apakah kebenaran dalam pandangan Allah? yaitu berusaha untuk memahami orang lain dengan kasih. Jika Anda hanya mempertimbangkan fakta bahwa mereka bertindak dengan cara yang mereka lakukan karena mereka tidak mengenal Tuhan dan Allah, maka tidak ada alasan untuk menjadi marah pada mereka. Kebenaran yang sejati adalah berdoa bagi mereka dengan kasih dan mencari cara yang berhikmat untuk menginjili mereka dan memimpin mereka menjadi anak Allah.

Kebenaran dalam pandangan Allah

Keluaran 15:26 berkata, "Jika kamu sungguh-sungguh mendengarkan suara TUHAN, Allahmu, dan melakukan apa yang benar di mata-Nya..." Ayat ini mengatakan fakta bahwa kebenaran dalam pandangan manusia dan kebenaran dalam pandangan Allah jelaslah berbeda.

Dalam dunia kita, membalas dendam sering dianggap sebagai tindakan yang benar. Namun, Allah memberi tahu kita bahwa mengasihi semua manusia dan bahkan mengasihi musuh kita, adalah kebenaran. Juga, dunia menganggap kebenaran adalah ketika seseorang berjuang untuk mencapai apa yang mereka pikir adalah hal yang benar untuk dilakukan, bahkan dengan merusak perdamaian dengan orang lain. Tapi Allah tidak menganggap seseorang benar ketika dia merusak kedamaian dengan orang lain hanya karena apa yang dia pikirkan adalah benar.

Juga, di dunia ini, tidak peduli seberapa banyak kejahatan yang ada dalam hati Anda seperti kebencian, pertikaian, iri hati, dengki, amarah, dan keegoisan, selama Anda tidak melanggar hukum suatu negara dan Anda tidak melakukan dosa apa pun dalam tindakan Anda, tidak ada yang memanggil Anda orang jahat. Namun, bahkan jika Anda tidak melakukan dosa apa pun atas perbuatan Anda, jika Anda memiliki kejahatan dalam hati Anda, Allah memanggil Anda orang jahat. Konsep manusia tentang kebenaran dan kejahatan bervariasi di antara orang-orang, tempat, dan generasi yang berbeda. Oleh karena itu, agar kita menetapkan standar yang benar mengenai kebenaran dan kejahatan, kita harus menetapkannya sesuai standar Allah. Apa yang Allah sebut benar adalah kebenaran yang sejati.

Kemudian, apakah yang Yesus lakukan? Roma 5:18 berkata, "Sebab itu, sama seperti oleh satu pelanggaran semua orang beroleh penghukuman, demikian pula oleh satu perbuatan kebenaran semua orang beroleh pembenaran untuk hidup." Yang dimaksud "satu pelanggaran" di sini adalah dosa Adam, bapa dari seluruh umat manusia, dan "satu perbuatan kebenaran" adalah ketaatan Yesus, Anak Allah. Dia menggenapi perbuatan kebenaran yang memimpin banyak manusia pada kehidupan. Mari kita pelajari lebih rinci lagi tentang apakah arti kebenaran ini, yang memimpin manusia pada kehidupan.

Satu perbuatan kebenaran yang menyelamatkan seluruh umat manusia

Dalam Kejadian 2:7, kita membaca bahwa Allah menciptakan manusia pertama, Adam, menurut gambar-Nya. Kemudian Ia menghembuskan napas ke dalam hidungnya dan menjadikannya roh hidup. Sama seperti bayi yang baru lahir, belum ada yang melekat padanya. Dia memiliki awal yang baru dan segar. Sama seperti bayi bertumbuh dan mulai menyusun serta memanfaatkan pengetahuan melalui apa yang ia lihat dan dengar, dia diajari Allah tentang harmoni seluruh alam semesta, hukum-hukum alam rohani, dan firman kebenaran.

Allah mengajarkan Adam segala sesuatu yang perlu ia ketahui agar hidup sebagai penguasa seluruh ciptaan. Hanya ada satu hal yang Allah larang. Adam bisa makan dengan bebas dari pohon-pohon di Taman Eden kecuali pohon pengetahuan tentang yang baik dan yang jahat. Allah memberinya peringatan keras bahwa di hari ia memakan buah dari pohon itu ia pasti akan mati (Kejadian 2:16-17).

Namun, setelah berlalunya waktu ia gagal untuk memerhatikan kata-kata ini dan ia jatuh ke dalam godaan ular dan memakan buah terlarang itu. Akibatnya, komunikasi dengan Allah terputus dan seperti yang telah dikatakan Allah, "Engkau pasti akan mati," roh Adam, yang merupakan roh hidup, mati. Karena dia tidak menaati Firman Allah tetapi mendengarkan kata-kata iblis musuh, ia menjadi anak iblis.

1 Yohanes 3:8 berkata, "Barangsiapa yang tetap berbuat dosa, berasal dari Iblis, sebab Iblis berbuat dosa dari mulanya." Dan Yohanes 8:44, "Iblislah yang menjadi bapamu dan kamu ingin melakukan keinginan-keinginan bapamu. Ia adalah pembunuh manusia sejak semula dan tidak hidup dalam kebenaran, sebab di dalam dia tidak ada kebenaran. Apabila ia berkata dusta, ia berkata atas kehendaknya sendiri, sebab ia adalah pendusta dan bapa segala dusta."

Jika Adam adalah orang yang tidak taat dan berdosa, lalu mengapa keturunannya juga orang berdosa? Seorang anak pasti menyerupai orangtuanya, terutama dalam penampilan mereka. Tapi kepribadiannya dan bahkan cara dia berjalan pasti menyerupai orangtuanya. Hal ini karena seorang anak mewarisi apa yang dikenal sebagai "chi", atau "roh", atau "kekuatan hidup" orangtuanya, dan seperti kekuatan hidup ini diturunkan kepada anak, sifat-sifat dosa dari orangtua juga diturunkan kepada anak (Mazmur 51: 5). Seorang bayi yang baru lahir tidak diajarkan oleh siapa pun untuk menangis dan rewel, tapi dia melakukannya sendiri. Hal ini karena sifat dosa yang terkandung dalam kekuatan hidup yang diturunkan dari generasi ke generasi diturunkan dari Adam.

Selain dosa asal yang diwarisi manusia, manusia juga terus berbuat dosa, dan hatinya menjadi semakin dan semakin tercemar dengan dosa. Kemudian ia kembali menurunkannya kepada anak-anaknya. Dengan berjalannya waktu dunia dibanjiri dosa. Lalu bagaimana bisa manusia, yang telah menjadi anak iblis, dipulihkan hubungannya dengan Allah?

Allah tahu sejak semula bahwa manusia akan berdosa. Karena itu ia telah menyiapkan pemeliharaan keselamatan-Nya dan menyembunyikannya. Keselamatan umat manusia melalui Yesus Kristus adalah rahasia yang tersembunyi sejak pada mulanya. Jadi Yesus Kristus, yang bersih dan tidak bercela, menanggung segala kutuk dan dipaku di kayu salib untuk membuka jalan keselamatan bagi umat manusia yang ditakdirkan untuk mati. Melalui perbuatan kebenaran oleh Yesus Kristus ini, banyak orang yang dulunya berdosa telah dibebaskan dari kematian dan memperoleh hidup.

Permulaan kebenaran adalah percaya dalam Allah

"Kebenaran" berarti sesuai dengan kebajikan atau moralitas. Namun "kebenaran" menurut Allah berarti mentaati dengan iman kita dengan takut akan Dia, membuang dosa dan memegang perintah-perintah-Nya (Pengkhotbah 12:13). Tapi di atas semua, Alkitab menyebut tindakan tidak percaya pada Allah, akan dosa (Yohanes 16: 9). Oleh karena itu, tindakan sederhana dalam percaya kepada Allah adalah perbuatan kebenaran, dan itu adalah syarat pertama yang harus dilakukan seseorang agar menjadi orang benar.

Bagaimana kita bisa memanggil orang yang tepat atau benar jika orang itu mengabaikan dan mengkhianati orangtua yang melahirkan dia? Orang akan menunjuknya dan menyebutnya orang berdosa yang tidak berkemanusiaan. Demikian juga, jika seseorang tidak akan percaya pada Allah Pencipta yang menciptakan kita, jika ia tidak akan menyebut-Nya Bapa, dan di atas semua ini, jika ia melayani iblis—yang merupakan musuh yang paling dibenci Allah—maka ini menjadi dosa besar.

Oleh karena itu, untuk menjadi orang benar, pertama dan yang terutama, Anda harus percaya kepada Allah. Sama seperti Yesus memiliki keyakinan total kepada Allah dan memegang setiap firman-Nya, kita juga harus memiliki iman kepada-Nya dan memegang firman-Nya. Untuk memiliki iman kepada Allah berarti percaya pada fakta bahwa Allah adalah Tuhan dari segala ciptaan yang menciptakan seluruh alam semesta dan kita, dan yang memegang kendali atas seluruh hidup dan mati umat manusia. Hal ini juga berarti percaya pada fakta bahwa Allah adalah Allah, bahwa Ia adalah yang pertama dan yang terakhir, yang permulaan dan akhir. Ini berarti untuk percaya bahwa Dia adalah hakim tertinggi yang telah menyiapkan Surga dan Neraka, dan yang akan menghakimi setiap orang dengan adil. Allah mengutus Anak-Nya yang tunggal, Yesus Kristus ke dunia ini untuk membuka jalan keselamatan bagi kita. Oleh karena itu percaya kepada Yesus Kristus dan menerima keselamatan, pada intinya, percaya kepada Allah.

Jadi ada suatu yang Allah minta dari semua anak-Nya yang masuk melalui pintu keselamatan. Di dunia ini, warga negara dari suatu negara tertentu harus menaati hukum negara itu. Dengan cara yang sama, jika Anda telah menjadi warga surga, Anda harus menaati hukum Surga yang adalah Firman Allah, yang adalah Kebenaran. Sebagai contoh, Keluaran 20:8 menyatakan, "Ingatlah dan kuduskanlah hari Sabat," Anda harus menaati hukum Allah dan membuatnya menjadi prioritas utama dengan menguduskan hari Sabat, dan tidak berkompromi dengan dunia. Kita harus melakukan ini karena Allah menganggap jenis iman dan ketaatan ini sebagai kebenaran.

Melalui Yesus Kristus, Allah mencerahkan kita tentang hukum kebenaran yang memimpin kita pada hidup. Jika kita menaati hukum ini kita menjadi orang benar, kita bisa masuk Surga, dan kita dapat menerima kasih serta berkat Allah.

Kebenaran Yesus Kristus yang harus kita ikuti tiru

Bahkan Yesus, yang adalah Anak Allah, mengerjakan kebenaran dengan sepenuhnya menaati hukum-hukum Allah. Di atas segalanya, selagi Dia di bumi ini, Dia tidak pernah menunjukkan sedikit pun kejahatan. Karena Ia dikandung oleh Roh Kudus, Dia tidak memiliki dosa asal. Dan, karena Dia tidak punya pikiran atau apa pun yang jahat, Dia juga tidak berbuat dosa.

Sering kali, orang menunjukkan perbuatan jahat karena mereka memiliki pikiran yang kacau. Seseorang yang memiliki keserakahan pertama-tama akan berpikir, "Bagaimana saya bisa mendapatkan kekayaan? Bagaimana saya bisa mengambil harta orang itu dan menjadikannya milik saya?" Dan kemudian orang tersebut akan menanam pikiran ini dalam hatinya. Dan ketika hatinya gelisah, ia kemungkinan besar akan melakukan perbuatan jahat. Karena dia memiliki keserakahan dalam hatinya, ia tergoda oleh Iblis melalui pikirannya; dan ketika ia menerima godaan ini, ia akhirnya melakukan perbuatan jahat seperti bertindak curang, penggelapan, dan mencuri.

Ayub 15:35 berkata, "Mereka membuahkan bencana dan melahirkan kejahatan, dan tipu daya dikandung hati mereka." Dan dalam Kejadian 6: 5 dikatakan bahwa sebelum penghakiman Allah atas dunia melalui banjir, kejahatan manusia begitu besar di bumi, dan bahwa segala kecenderungan pikiran hati manusia itu terus-terusan jahat. Karena hatinya jahat, pikirannya juga jahat. Namun, jika tidak ada kejahatan di dalam hati kita, Iblis tidak bisa bekerja melalui pikiran kita untuk menggoda kita. Sama seperti ada tertulis bahwa hal-hal yang keluar dari mulut berasal dari hati (Matius 15:18), jika hati tidak jahat, tidak mungkin pikiran atau perbuatan jahat timbul dari hati.

Yesus, yang tak memiliki dosa asal maupun berbuat dosa, memiliki hati yang kudus dalam diri-Nya. Oleh karena itu semua tindakan-Nya selalu baik. Karena Hati-Nya benar, Dia hanya memiliki pikiran yang lurus dan Dia hanya melakukan perbuatan yang benar. Agar kita menjadi orang benar kita harus melindungi pikiran kita dengan membuang kejahatan di dalam hati kita, maka perbuatan kita juga akan saleh.

Jika kita taat dan melakukan tepat seperti apa yang Alkitab katakan untuk "Lakukan, jangan lakukan, pegang, dan buang", hati Allah, atau kebenaran, akan tinggal dalam hati kita sehingga kita tidak berdosa atas pikiran kita. Dan tindakan kita juga akan menjadi saleh dengan menerima bimbingan dan arahan dari Roh Kudus. Tuhan berkata 'kuduskanlah hari Minggu, jadi kita menguduskan hari Minggu. Dia berkata 'berdoa, mengasihi, dan mengabarkan Injil', supaya kita berdoa, mengasihi, dan mengabarkan Injil. Dia mengatakan jangan mencuri atau berzinah, supaya kita tidak melakukan hal-hal ini.

Dan karena Dia menyuruh kita untuk membuang bahkan segala bentuk kejahatan, kita terus membuang segala ketidakbenaran seperti cemburu, iri hati, kebencian, perzinahan, penipuan, dll. Dan, jika kita menaati Firman Allah, maka ketidakbenaran di dalam hati kita hilang dan hanya kebenaranlah yang tersisa. Jika kita mencabut akar pahit dosa dari hati kita, dosa tidak bisa lagi masuk ke dalam diri kita melalui pikiran kita. Oleh karena itu, apa pun yang kita lihat, kita melihat kebaikan dan apa pun yang mungkin kita katakan dan lakukan juga dikatakan dan dilakukan dengan kebaikan yang datang dari hati kita.

Amsal 4:23 berkata, "Jagalah hatimu dengan segala kewaspadaan, karena dari situlah terpancar kehidupan." Kebenaran yang memimpin pada kehidupan, atau sumber kehidupan, datang dari penjagaan hati. Agar kita memperoleh kehidupan kita harus memegang kebenaran, yaitu kebenaran, dalam hati kita dan menaatinya. Inilah alasan mengapa sangat penting menjaga pikiran dan hati seseorang.

Tetapi karena ada begitu banyak kejahatan di dalam diri kita, kita tidak mungkin membuang mereka semua semata-mata dengan kekuatan kita sendiri. Selain usaha kita sendiri untuk membuang dosa, kita juga perlu kuasa Roh Kudus. Inilah sebabnya kita harus berdoa. Ketika kita berdoa dengan doa yang berapi-api, kasih karunia dan kuasa Allah turun atas kita dan kita menjadi penuh dengan Roh Kudus. Saat itulah kita dapat membuang dosa-dosa tersebut!

Yakobus 3:17 berkata, "Tetapi hikmat yang dari atas adalah pertama-tama murni..." Ini berarti bahwa ketika kita membuang dosa keluar dari hati kita dan fokus hanya pada kebenaran, maka hikmat yang dari atas turun atas kita. Namun sebesar apa pun hikmat dunia ini, itu tidak pernah bisa dibandingkan dengan hikmat yang datang dari atas. Hikmat dunia ini berasal dari manusia, yang terbatas dan tidak dapat meramalkan bahkan untuk satu detik yang akan datang. Namun, hikmat yang datang dari atas diturunkan oleh Allah Yang Maha Kuasa supaya kita bahkan dapat mengetahui tentang hal-hal yang akan datang di masa depan dan mempersiapkan diri untuk hal itu.

Dalam Lukas 3:40 dikatakan bahwa Yesus 'bertambah besar dan menjadi kuat, penuh hikmat'. Hal ini dicatat bahwa pada saat Ia berusia dua belas tahun, Ia begitu penuh hikmat bahkan para rabi yang memiliki pengetahuan mendalam tentang Hukum Taurat terpesona dengan hikmat-Nya. Karena pikiran Yesus hanya terfokus pada kebenaran, Ia mendapat hikmat yang dari atas.

1 Petrus 2:22-23 berkata, "...Ia tidak berbuat dosa, dan tipu tidak

ada dalam mulut-Nya. Ketika Ia dicaci maki, Ia tidak membalas dengan mencaci maki; ketika Ia menderita, Ia tidak mengancam..." Melalui ayat ini, kita bisa melihat hati Yesus. Juga dalam Yohanes 4:34, ketika para murid membawakan makanan, Yesus berkata, "Makanan-Ku ialah melakukan kehendak Dia yang mengutus Aku dan menyelesaikan pekerjaan-Nya." Karena hati dan pikiran Yesus hanya terfokus pada kebenaran, semua tindakan-Nya selalu saleh.

Yesus tidak hanya setia dalam melakukan pekerjaan Allah; Dia setia dalam "seluruh rumah tangga Allah." Bahkan saat mati di kayu salib, Dia memercayakan Perawan Maria kepada Yohanes, untuk memastikan bahwa Maria dijaga. Jadi, Yesus menyelesaikan tugas duniawi-Nya sepenuhnya sebagai seorang manusia, selagi memberitakan Injil Kerajaan Surga dan menyembuhkan orang sakit dengan kuasa Allah. Dia akhirnya menyelesaikan misi-Nya untuk datang ke dunia ini dengan mengambil salib untuk mengurus dosa dan kelemahan manusia. Seperti itulah bagaimana Ia menjadi Juruselamat umat manusia, Raja segala raja dan Tuhan segala tuhan.

Cara menjadi orang benar

Kemudian sebagai anak-anak Allah, apa yang harus kita lakukan? Kita perlu menjadi orang benar dengan memegang hukum-hukum Allah melalui perbuatan kita. Karena Yesus menjadi contoh tertinggi bagi kita semua dengan memegang dan mempraktikkan semua hukum-hukum Allah, kita juga harus melakukan hal yang sama dengan mengikuti teladan-Nya.

Melakukan hukum-hukum Allah berarti menaati perintah-Nya dan tidak bercela atas ketetapan-Nya. Sepuluh Perintah Allah akan menjadi contoh utama dari perintah-perintah Allah. Hukum Taurat dapat secara singkat dianggap sebagai semua perintah Allah yang terkandung dalam 66 kitab di Alkitab. Masing-masing hukum dalam Hukum Taurat memiliki makna rohani yang mendalam. Ketika kita memahami makna sebenarnya dari masing-masing

hukum itu dan mematuhinya, Allah menyebut kita orang benar.
Yesus mengatakan ada perintah yang besar dan terutama. Yaitu mengasihi Allah dengan segenap hati, jiwa, dan akal budi kita. Yang kedua adalah untuk mengasihi sesamamu seperti dirimu sendiri (Matius 22:37-39).

Yesus memegang dan melakukan seluruh hukum Taurat ini. Dia tidak bertengkar atau berteriak. Yesus berdoa sepanjang waktu, baik pagi ataupun malam. Dia juga terus memegang seluruh ketetapan. 'Ketetapan' mengacu pada aturan yang Allah tetapkan bagi kita, seperti dalam menghormati Paskah atau memberikan perpuluhan. Dicatat bahwa Yesus pergi ke Yerusalem untuk merayakan Paskah, seperti semua orang Yahudi lainnya.

Pengikut Kristus, yang adalah orang Yahudi rohani, terus melestarikan dan menaati makna spiritual dari ritual Yahudi. Pengikut Kristus menyunat hati mereka seperti sunat fisik yang dilakukan di masa Perjanjian Lama. Mereka menyembah dalam roh dan kebenaran dalam ibadah penyembahan, memegang makna rohani mengenai memberikan korban kepada Allah dalam Perjanjian Lama. Ketika kita memegang hukum-hukum Allah dan melakukannya, kita datang untuk menerima hidup yang benar dan menjadi orang benar. Tuhan mengalahkan kematian dan dibangkitkan; oleh karena itu kita juga bisa menikmati kehidupan kekal dengan kebangkitan kebenaran.

Berkat-berkat bagi orang benar

Perselisihan, permusuhan, dan penyakit muncul karena orang tidak benar. Pelanggaran hukum muncul karena orang tidak benar, dan kemudian muncul rasa sakit dan penderitaan. Hal ini karena orang menerima pekerjaan iblis, bapa segala dosa. Jika tidak ada pelanggaran hukum dan tidak ada kejahatan, tidak akan ada bencana, penderitaan, atau kesulitan, dan dunia ini akan benar-benar menjadi tempat yang indah. Selain itu, jika Anda menjadi orang benar di mata Allah, Anda akan menerima berkat-berkat besar dari-Nya. Anda dapat menjadi orang yang benar-benar luar biasa dan diberkati.

Ulangan 28:1-6 membahasnya dengan rinci: "Jika engkau baik-baik mendengarkan suara TUHAN, Allahmu, dan melakukan dengan setia segala perintah-Nya yang kusampaikan kepadamu pada hari ini, maka TUHAN, Allahmu, akan mengangkat engkau di atas segala bangsa di bumi. Segala berkat ini akan datang kepadamu dan menjadi bagianmu, jika engkau mendengarkan suara TUHAN, Allahmu: Diberkatilah engkau di kota dan diberkatilah engkau di ladang. Diberkatilah buah kandunganmu, hasil bumimu dan hasil ternakmu, yakni anak lembu sapimu dan kandungan kambing dombamu. Diberkatilah bakulmu dan tempat adonanmu. Diberkatilah engkau pada waktu masuk dan diberkatilah engkau pada waktu keluar."

Juga dalam Keluaran 15:26 Allah berjanji bahwa jika kita melakukan apa yang benar di mata-Nya, Dia tidak akan menimpakan kepada kita penyakit yang Dia timpakan kepada orang Mesir. Oleh karena itu jika kita melakukan apa yang benar di mata Allah, maka kita akan menjadi sehat. Kita bisa makmur dalam semua bidang kehidupan kita dan mengalami sukacita dan berkat yang kekal.

Sejauh ini kita telah melihat apakah kebenaran di mata Allah. Sekarang, dengan bertindak sesuai dengan hukum dan ketetapan Allah yang tidak bercela, dan hidup dengan benar di mata Allah, saya harap Anda bisa mengalami kasih dan berkat Allah secara penuh!

Glosarium

Iman dan kebenaran

Ada dua jenis iman: 'iman rohani' dan 'iman kedagingan'. Memiliki 'iman kedagingan' hanya mampu percaya pada hal-hal yang bertepatan dengan pengetahuan dan pengalaman seseorang. Iman jenis ini adalah iman tanpa perbuatan; sehingga ini adalah iman yang mati yang Allah tidak akui. Memiliki 'iman rohani' adalah mampu percaya pada segala sesuatu yang datang dari Firman Allah, meskipun mungkin tidak sesuai dengan pengetahuan atau pikiran seseorang. Dengan iman jenis ini, seseorang bertindak sesuai dengan Firman Allah. Seseorang hanya dapat memiliki iman jenis ini jika Allah memberikan itu kepadanya, dan setiap orang memiliki ukuran iman yang berbeda-beda (Roma 12:3). Sebagian besar, iman dapat dikategorikan dari tingkat satu hingga tingkat lima: pada tingkat pertama, seseorang memiliki iman untuk menerima keselamatan, pada tingkat kedua, seseorang berusaha untuk bertindak sesuai dengan Firman Allah, pada tingkat ketiga, seseorang sepenuhnya dapat bertindak menurut Firman, pada tingkat keempat, seseorang telah dikuduskan dengan membuang dosa, dan sangat mengasihi Tuhan, dan pada tingkat kelima, seseorang memiliki iman untuk mempersembahkan sukacita penuh kepada Allah.

'Orang benar' mengacu pada orang-orang yang benar.

Ketika kita menerima Yesus Kristus dan dosa-dosa kita diampuni melalui darah-Nya yang begitu berharga, kita telah dibenarkan. Ini berarti kita dibenarkan oleh iman kita. Sekarang ketika kita membuang kejahatan -atau ketidakbenaran- dari hati kita dan kita berusaha untuk bertindak dalam kebenaran, menurut Firman Allah, kita bisa berubah menjadi orang benar yang sejati, yang diakui Allah sebagai orang benar. Allah mendapat sukacita yang besar atas orang-orang benar seperti ini, dan Dia menjawab setiap doa mereka (Yakobus 5:16).

Bab 7

De Rettferdige Skal Leve Ifølge Troen

"Sebab di dalamnya nyata kebenaran Allah, yang bertolak dari iman dan memimpin kepada iman, seperti ada tertulis: "Orang benar akan hidup oleh iman."
(Roma 1:17)

Ketika seseorang melakukan perbuatan baik untuk anak yatim, janda, atau tetangga yang membutuhkan, kebanyakan, orang akan menyebut orang tersebut sebagai orang benar. Ketika seseorang tampak lembut dan baik, menaati hukum, tidak mudah marah, dan sabar, orang-orang memujinya dengan berkata, "Orang itu tidak membutuhkan aturan." Jadi apakah ini sungguh berarti bahwa orang ini adalah orang benar?

Hosea 14:9 berkata, "Siapa yang bijaksana, biarlah ia memahami semuanya ini; siapa yang paham, biarlah ia mengetahuinya; Sebab jalan-jalan TUHAN adalah lurus, dan orang benar menempuhnya, tetapi pemberontak tergelincir di situ." Itu berarti orang yang menaati hukum-hukum Allah adalah orang benar yang sejati.

Juga, Lukas 1:5-6 berkata, "Pada zaman Herodes, raja Yudea, adalah seorang imam yang bernama Zakharia dari rombongan Abia.

Isterinya juga berasal dari keturunan Harun, namanya Elisabet. Keduanya adalah benar di hadapan Allah dan hidup menurut segala perintah dan ketetapan Tuhan dengan tidak bercacat." Ini berarti seseorang adalah benar hanya ketika dia melakukan hukum-hukum Allah, yaitu segala perintah dan ketetapan Tuhan.

Untuk menjadi orang benar yang sejati

Tidak peduli seberapa keras seseorang mencoba untuk menjadi orang benar, tidak ada orang yang benar karena setiap orang memiliki dosa mula-mula, yang diwariskan dari nenek moyangnya, dan dosa-dosa yang dia lakukan atau dikenal sebagai dosa yang sesungguhnya. Roma 3:10 berkata, "Tidak ada yang benar, seorangpun tidak." Satu-satunya manusia yang benar, adalah Yesus Kristus.

Yesus, yang tak memiliki dosa asal ataupun dosa yang dilakukan sendiri, mencurahkan darah-Nya dan mati di kayu salib untuk membayar hukuman atas dosa-dosa kita, dan Dia bangkit dari kematian dan menjadi Juruselamat kita. Di saat kita percaya pada Yesus Kristus, yang adalah jalan, kebenaran, dan hidup, itu adalah saat dosa kita dihapuskan dan kita telah dibenarkan. Namun, hanya karena kita dibenarkan oleh iman, itu tidak berarti tugas kita sudah selesai. Ya, ketika kita percaya kepada Yesus Kristus, kita diampuni dari dosa-dosa kita dan kita dibenarkan; Namun, kita masih memiliki sifat dosa di dalam hati kita.

Inilah alasannya mengapa dalam Roma 2:13 ditulis, "Karena bukanlah orang yang mendengar hukum Taurat yang benar di hadapan Allah, tetapi orang yang melakukan hukum Tauratlah yang akan dibenarkan." Artinya meskipun kita dibenarkan oleh iman, kita bisa menjadi orang benar hanya ketika kita mengubah hati kita yang tidak benar menjadi hati yang benar dengan bertindak sesuai dengan Firman Allah.

Dalam masa Perjanjian Lama, sebelum Roh Kudus turun,

orang tidak bisa sepenuhnya membuang dosa mereka sendiri. Jadi jika mereka tidak berbuat dosa dengan perbuatan mereka, mereka tidak dianggap berdosa. Ini adalah di zaman Hukum Taurat, ketika orang membalas 'mata ganti mata, dan gigi ganti gigi'. Namun, apa yang Allah inginkan adalah penyunatan hati -membuang ketidakbenaran, atau sifat dosa, dan mengerjakan kasih dan kemurahan hati. Jadi tidak seperti orang-orang di zaman Perjanjian Lama, orang di zaman Perjanjian Baru yang menerima Yesus Kristus menerima Roh Kudus sebagai karunia, dan dengan pertolongan Roh Kudus, mereka diberi kuasa untuk membuang dosa mula-mula dari hati mereka. Manusia tidak bisa membuang dosa dan menjadi orang benar dengan kekuatannya sendiri. Inilah sebabnya mengapa Roh Kudus turun.

Oleh karena itu, agar menjadi orang benar yang sejati, kita memerlukan pertolongan Roh Kudus. Ketika kita berseru kepada Allah dalam doa kita agar menjadi orang benar, Allah memberi kita kasih karunia dan kekuatan, dan Roh Kudus menolong kita. Supaya kita dengan pasti bisa mengalahkan dosa dan mencabut sifat dosa sampai ke akar-akarnya dari dalam hati kita! Seperti kita terus membuang dosa, dikuduskan, dan mencapai ukuran penuh iman dengan pertolongan Roh Kudus, kita menerima lebih banyak kasih Allah dan menjadi orang benar yang sejati.

Mengapa kita harus menjadi orang benar?

Anda mungkin bertanya, "Apakah saya sungguh harus menjadi orang benar? Tidak bisakah saya cukup percaya pada Yesus di suatu titik tertentu saja dan menjalani hidup normal?" Tapi Allah berfirman dalam Wahyu 3:15-16, "Aku tahu segala pekerjaanmu: engkau tidak dingin dan tidak panas. Alangkah baiknya jika engkau dingin atau panas! Jadi karena engkau suam-suam kuku, dan tidak dingin atau panas, Aku akan memuntahkan engkau dari mulut-Ku."

Allah tidak suka 'iman yang rata-rata'. Iman yang suam-suam

kuku adalah berbahaya, karena sungguhlah sulit untuk memegang iman jenis ini selama jangka waktu yang panjang. Pada akhirnya, iman jenis ini menjadi dingin. Sama seperti air hangat. Jika Anda meninggalkannya sebentar saja, air hangat itu akhirnya mendingin dan menjadi dingin. Tuhan berkata Dia akan memuntahkan orang dengan iman jenis ini. Ini berarti orang dengan iman jenis ini tidak dapat diselamatkan.

Kalau begitu mengapa kita harus menjadi orang benar? seperti ditulis dalam Roma 6:23, "Upah dosa ialah maut", orang berdosa adalah milik musuh, si Iblis dan berjalan menuju maut. Oleh karena itu orang berdosa harus berbalik dari dosanya dan menjadi orang benar. Hanya dengan demikian orang berdosa bisa dibebaskan dari pencobaan, pengujian, dan penyakit yang Iblis berikan kepadanya. Karena manusia hidup di dunia ini, manusia sangat mungkin mengalami semua jenis kesedihan dan situasi yang sulit seperti penyakit, kecelakaan dan kematian. Namun, jika seseorang menjadi orang benar, dia tidak ada hubungannya dengan hal-hal ini.

Oleh karena itu, kita perlu mengindahkan firman Allah dan memegang semua perintah-Nya. Jika kita hidup dengan benar, kita bisa menerima semua berkat yang diuraikan dalam Ulangan Pasal 28. Dan karena jiwa kita makmur, kita akan makmur dalam segala hal, dan kita akan sehat.

Tapi sebelum Anda menjadi orang benar yang mampu menerima semua berkat-berkat ini, kesulitan akan mengikuti Anda. Sebagai contoh, untuk memenangkan medali emas di Olimpiade, para atlet melalui pelatihan yang keras. Demikian juga, sedikit demi sedikit, Allah akan mengizinkan anak-anak yang dikasihi-Nya untuk mengalami pencobaan dan kesengsaraan tertentu dalam batas kemampuan mereka sesuai dengan ukuran iman mereka, sehingga jiwa mereka akan semakin makmur.

Allah menyuruh Abraham untuk meninggalkan rumah ayahnya dan berkata, "Hiduplah di hadapan-Ku dengan tidak bercela." (Kejadian 17:1). Allah melatih Abraham dan menuntunnya menjadi orang benar yang sejati. Pada akhirnya, setelah Abraham lulus pengujian terakhir untuk mengorbankan anak tunggalnya, Ishak, sebagai korban bakaran bagi Allah, pengujiannya berakhir. Setelah itu, Abraham diberkati sepanjang waktu, dan segala sesuatu selalu berjalan baik atas dirinya.

Allah melatih kita untuk meningkatkan iman kita dan membuat kita menjadi orang benar. Ketika setiap orang melewati setiap pengujian, Allah memberkati dia, dan kemudian menuntunnya untuk beroleh iman yang lebih besar. Dan melalui proses ini, kita semakin memupuk hati Tuhan semakin besar.

Kemuliaan yang kita terima di Surga akan bervariasi, tergantung pada seberapa banyak dosa yang kita buang, dan seberapa besar hati kita menyerupai Kristus. Sama seperti yang tertulis dalam 1 Korintus 15:41, "Kemuliaan matahari lain dari pada kemuliaan bulan, dan kemuliaan bulan lain dari pada kemuliaan bintang-bintang, dan kemuliaan bintang yang satu berbeda dengan kemuliaan bintang yang lain," kemuliaan kita di Surga tergantung pada seberapa benar kita di dunia ini.

Jenis anak-anak yang Allah inginkan adalah mereka yang memiliki kualifikasi sejati dari anak-anak-Nya—mereka yang memiliki hati Tuhan. Orang-orang ini akan masuk Yerusalem Baru di mana tahta Allah berada, dan mereka akan berdiam di tempat kemuliaan yang bersinar seperti matahari.

Orang benar akan hidup oleh iman

Jadi bagaimanakah kita harus hidup, agar menjadi orang benar? Kita harus hidup oleh iman, seperti tertulis dalam Roma 1:17, "Orang benar akan hidup oleh iman." Kita dapat membagi iman menjadi dua kategori utama: iman kedagingan dan iman rohani. Iman kedagingan adalah iman yang berdasarkan pengetahuan atau iman yang berdasarkan logika.

Ketika seseorang lahir dan dibesarkan, hal-hal yang dia lihat, dengar, dan pelajari dari orangtuanya, guru, tetangga dan teman-teman disimpan sebagai pengetahuan dalam perangkat memori otaknya. Jika seseorang percaya hanya ketika sesuatu sejalan dengan pengetahuan yang ia miliki, ini disebut iman kedagingan. Orang-orang yang memiliki iman jenis ini percaya sesuatu dapat diciptakan dari sesuatu yang sudah ada. Tapi mereka tidak bisa percaya atau menerima penciptaan atas sesuatu dari yang tidak ada.

Misalnya, mereka tidak percaya bahwa Allah menciptakan langit dan bumi dengan Firman. Mereka tidak percaya kejadian di mana Yesus menenangkan badai dengan menghardik angin dan memerintahkan laut, "Tenanglah" (Markus 4:39). Tuhan membuka mulut keledai dan membuatnya berbicara. Dia membuat Musa membelah Laut Merah dengan tongkatnya. Dia bahkan membuat tembok besar Yerikho runtuh setelah bangsa Israel hanya mengelilingi kota itu dan berseru. Peristiwa ini tidak masuk akal sama sekali, menurut pengetahuan dan penalaran rata-rata manusia.

Bagaimana bisa laut terbelah, hanya karena seseorang mengangkat tongkat ke arahnya? Namun, jika Tuhan—yang bagi-Nya tidak ada yang mustahil—membuat hal itu terjadi, maka terjadilah! Seseorang yang mengaku percaya pada Allah namun tidak memiliki iman rohani tidak akan percaya peristiwa ini benar-benar terjadi. Jadi seseorang yang memiliki iman kedagingan tidak memiliki iman untuk percaya, sehingga secara alami, mereka tidak dapat menaati Firman Allah. Oleh karena itu mereka tidak dapat menerima jawaban doa-doa mereka, dan mereka tidak dapat menerima keselamatan. Inilah sebabnya mengapa iman mereka disebut 'iman yang mati'.

Sebaliknya, iman rohani -iman untuk percaya pada penciptaan sesuatu dari yang tidak ada- disebut 'iman yang hidup'. Orang-orang dengan iman jenis ini akan menghancurkan pikiran daging mereka, dan tidak akan mencoba untuk memahami suatu kejadian atau situasi hanya berdasarkan pengetahuan dan pengalaman mereka sendiri. Mereka yang memiliki iman rohani memiliki iman untuk menerima segala sesuatu di dalam Alkitab seperti apa adanya. Iman rohani adalah iman yang percaya pada kemustahilan. Dan karena itu menuntun manusia menuju keselamatan, iman itu disebut 'iman yang hidup'. Jika Anda ingin menjadi orang benar, Anda harus memiliki iman rohani.

Bagaimana cara untuk memiliki iman rohani

Untuk memiliki iman rohani, kita harus terlebih dulu menyingkirkan semua pemikiran dan teori dalam pikiran kita yang mengalihkan perhatian kita untuk memperoleh iman rohani. Seperti yang tertulis dalam 2 Korintus 10:5, kita harus menghancurkan spekulasi dan setiap hal yang congkak yang dibangkitkan untuk melawan pengetahuan tentang Allah, dan kita harus menaklukkan segala pikiran tersebut kepada ketaatan Kristus.

Pengetahuan, teori, intelektual, dan nilai-nilai yang seseorang pelajari sejak lahir tidak selalu benar. Hanya Firman Allahlah kebenaran mutlak dan abadi. Jika kita bersikeras bahwa pengetahuan manusia terbatas dan teori-teori ini benar, maka tidak mungkin kita dapat menerima Firman Allah sebagai kebenaran. Dengan demikian, kita tidak akan dapat memiliki iman rohani. Itulah mengapa sangat penting bagi kita untuk menghancurkan jenis pola pikir ini, pertama dan terutama.

Juga, untuk dapat memiliki iman rohani, kita harus rajin mendengarkan Firman Allah. Roma 10:17 berkata bahwa iman timbul dari pendengaran; oleh karena itu kita harus mendengarkan Firman Allah. Jika kita tidak mendengarkan firman Allah, kita tidak akan tahu apakah kebenaran itu—jadi iman rohani tidak dapat ada dalam diri kita. Seperti kita mendengar firman Allah atau kesaksian dari orang lain dalam pelayanan ibadah dan berbagai pertemuan gereja, tunas iman tumbuh dalam diri kita, meskipun pada awalnya itu mungkin berupa iman sebagai pengetahuan.

Kemudian, untuk dapat mengubah iman berbasis pengetahuan

ini menjadi iman rohani, kita perlu melakukan firman Allah. Seperti yang tertulis dalam Yakobus 2:22, iman bekerjasama dengan perbuatan-perbuatan dan oleh perbuatan-perbuatan itu, iman menjadi sempurna.

Seseorang yang mencintai bisbol tidak bisa menjadi pemain bisbol yang hebat hanya karena ia membaca banyak buku tentang bisbol. Jika dia sudah mengumpulkan pengetahuan, ia kini harus melalui latihan keras yang sesuai dengan pengetahuan yang diperolehnya, untuk menjadi pemain bisbol yang hebat. Sama juga halnya, tidak peduli seberapa banyak Anda membaca Alkitab, jika perbuatan Anda tidak mengikuti apa yang Anda baca, iman Anda akan hanya tetap sebagai iman berbasis pengetahuan, dan Anda tidak akan dapat memiliki iman rohani. Ketika Anda mengaplikasikan apa yang Anda dengar menjadi perbuatan, inilah saatnya Allah memberikan iman rohani—iman agar benar-benar percaya dari kedalaman hati Anda.

Jadi, jika seseorang sungguh percaya dari hatinya firman Allah yang mengatakan, "Bersukacitalah senantiasa; tetaplah berdoa; Mengucap syukurlah dalam segala sesuatu", apakah tindakan yang akan dia ambil? Tentu saja, ia akan bersukacita dalam keadaan bersukacita. Tapi ia juga akan bersukacita ketika situasi sulit muncul. Dengan sukacita, ia akan menyerahkan segalanya ke dalam tangan Allah. Tidak peduli seberapa sibuknya dia, ia akan mengambil waktu untuk berdoa. Dan tidak peduli apa pun keadaannya, ia akan selalu bersyukur, percaya doa-doanya akan dijawab, karena ia percaya kepada Allah Yang Maha Besar.

Dengan begini, ketika kita menaati firman Allah, Allah disenangkan oleh iman kita, dan Dia mengambil pencobaan dan kesengsaraan serta menjawab doa-doa kita sehingga, tentunya, kita memiliki alasan untuk bersukacita dan bersyukur. Ketika kita berdoa dengan tekun, membuang ketidakbenaran dari hati kita dengan pertolongan Roh Kudus, dan kita bertindak sesuai dengan Firman Allah, maka iman berbasis pengetahuan kita menjadi seperti alas yang di atasnya Allah memberikan kita iman rohani.

Jika kita memiliki iman rohani, kita akan menaati Firman Allah. Saat kita mencoba, dengan iman, untuk mengaplikasikannya ke dalam tindakan sesuatu yang tidak dapat kita lakukan, maka Allah menolong kita untuk melakukannya. Inilah sebabnya mengapa menerima berkat-berkat keuangan harusnya sangatlah mudah. Seperti yang tercatat dalam Maleakhi 3:10, ketika kita memberikan seluruh perpuluhan, Allah mencurahkan begitu banyak berkat kepada kita bahwa lumbung kita akan meluap! Karena kita percaya bahwa ketika kita menabur, kita akan menuai 30, 60, 100 kali lipat, kita bisa menabur dengan sukacita. Ini adalah bagaimana, dengan iman, orang benar menerima kasih dan berkat Allah.

Cara untuk hidup oleh iman

Dalam kehidupan sehari-hari, kita menemukan 'Laut Merah' yang berdiri di depan kita, 'Kota Yerikho' yang harus kita robohkan, dan 'Sungai Yordan' yang meluap. Ketika masalah ini muncul di depan kita, berjalan dalam kebenaran adalah hidup oleh iman. Misalnya, dengan iman kedagingan, jika seseorang menyerang kita, kita ingin menyerang balik dan membenci orang itu. Tetapi jika kita memiliki iman rohani, kita tidak akan membenci orang itu, melainkan kita mengasihinya. Ketika kita memiliki jenis iman yang hidup ini—iman untuk mengaplikasikan Firman Allah dalam bentuk perbuatan—iblis si musuh melarikan diri dari kita, dan masalah kita teratasi.

Orang benar yang hidup oleh iman akan mengasihi Allah, taat dan memegang perintah-Nya, dan bertindak sesuai dengan kebenaran. Pernah ada orang yang bertanya "Bagaimana kita bisa memegang seluruh perintah-Nya?" Karena sudah sepantasnya seorang anak untuk menghormati orangtuanya, dan untuk suami dan istri untuk saling mengasihi, jika kita menyebut diri kita anak-anak Allah, sudah sepantasnya bagi kita untuk memegang perintah-

perintah-Nya.

Bagi orang percaya baru yang baru saja mulai bergereja, mungkin akan sulit pada awalnya untuk menutup toko mereka pada hari Minggu. Mereka mendengar bahwa Allah akan memberkati mereka jika mereka menguduskan hari Sabat dengan menutup toko mereka pada hari Minggu, tapi mungkin sulit untuk percaya pada awalnya. Jadi dalam beberapa kasus, mereka mungkin hanya menghadiri kebaktian Minggu pagi dan kemudian membuka toko mereka di siang hari.

Di sisi lain, bagi orang percaya yang lebih dewasa, keuntungan bukanlah masalah bagi mereka. Prioritas pertama mereka adalah untuk menaati Firman Allah, sehingga mereka taat dengan menutup toko mereka pada hari Minggu. Kemudian Allah melihat iman mereka dan memastikan mereka mendapat lebih banyak keuntungan dari keuntungan yang mereka dapat ketika mereka membuka toko mereka pada hari Minggu. Seperti yang dijanjikan Allah, Dia akan melindungi mereka dari kerugian, dan Dia akan memberkati mereka dengan suatu takaran yang baik, yang dipadatkan, yang digoncang dan yang tumpah ke luar.

Hal ini juga berlaku dalam membuang dosa. Dosa seperti kebencian, kecemburuan, dan hawa nafsu sulit untuk dibuang, tetapi mereka dapat dibuang ketika kita berdoa dengan bersungguh-sungguh. Dari pengalaman pribadi saya, dengan dosa-dosa yang tidak bisa dibuang hanya dengan doa, saya membuangnya dengan berpuasa. Jika berpuasa selama tiga hari tidak berhasil, saya berpuasa lima hari. Jika itu masih tidak berhasil, saya mencoba tujuh hari, dan kemudian sepuluh hari. Saya berpuasa sampai dosa itu dibuang. Kemudian, sampai pada di titik di mana akhirnya saya membuang dosa untuk menghindari puasa!

Jika kita dapat membuang beberapa dosa yang paling sulit untuk dibuang, maka dosa-dosa lain menjadi mudah untuk dibuang. Ini seperti mencabut pohon sampai dengan akar-akarnya. Jika kita tarik keluar akar utama, semua akar kecil lainnya akan ikut keluar.

Jika kita mengasihi Allah, menaati perintah-perintah-Nya tidaklah sulit. Bagaimana bisa seseorang yang mengasihi Allah tidak menaati firman-Nya? Mengasihi Allah berarti menaati firman-Nya. Jadi jika Anda mengasihi-Nya, Anda dapat memegang semua perintah-Nya. Apakah masalah yang menumpuk di hadapan Anda sebesar Laut Merah atau sehebat kota Yerikho?

Jika kita memiliki iman rohani, menaruh iman kita ke dalam tindakan, dan berjalan di jalan kebenaran, maka Allah akan menyelesaikan semua masalah yang sulit dan mengambil penderitaan kita. Semakin kita menjadi benar, semakin cepat masalah kita diselesaikan, dan semakin cepat doa-doa kita dijawab! Jadi akhirnya, saya berharap bahwa Anda akan menikmati kehidupan yang maju tidak hanya di dunia ini, tetapi juga berkat-berkat kekal di Surga dengan bergerak dalam iman sebagai orang yang benar milik Allah!

Glosarium

Pikiran, Teori, dan Kerangka Pikiran

'Pikiran' adalah, melalui pekerjaan jiwa, untuk mengeluarkan pengetahuan yang disimpan dalam perangkat memori otak. Pikiran-pikiran ini dapat dikategorikan ke dalam dua bagian: pikiran kedagingan yang melawan Allah, dan pikiran rohani yang menyenangkan Allah. Di antara pengetahuan yang disimpan dalam ingatan kita, jika kita memilih yang adalah kebenaran, kita akan memiliki pikiran rohani. Sebaliknya, jika kita memilih ketidakbenaran, kita akan memiliki pikiran kedagingan.

'Teori' adalah logika yang seseorang tetapkan berdasarkan pada pengetahuan yang diperolehnya melalui pengalaman, intelektual, atau pendidikan. Teori bervariasi tergantung pada pengalaman, pikiran, atau masa setiap orang. Ini menciptakan perselisihan, dan sering kali bertentangan dengan Firman Allah.

'Kerangka' adalah kerangka mental yang mana seseorang yakin bahwa dia benar. Kerangka ini dibuat karena pembenaran diri seseorang mengeras. Untuk alasan ini, bagi sebagian orang kepribadian mereka sendiri menjadi kerangka, dan untuk sebagian orang, pengetahuan dan teori-teori mereka dapat menjadi kerangka. Kita harus mendengar Firman Allah dan memahami kebenaran agar menemukan kerangka ini dalam pikiran kita dan menyingkirkannya.

Bab 8

Untuk Ketaatan Kristus

"Memang kami masih hidup di dunia, tetapi kami tidak berjuang secara duniawi, karena senjata kami dalam perjuangan bukanlah senjata duniawi, melainkan senjata yang diperlengkapi dengan kuasa Allah, yang sanggup untuk meruntuhkan benteng-benteng. Kami mematahkan setiap siasat orang dan merubuhkan setiap kubu yang dibangun oleh keangkuhan manusia untuk menentang pengenalan akan Allah. Kami menawan segala pikiran dan menaklukkannya kepada Kristus, dan kami siap sedia juga untuk menghukum setiap kedurhakaan, bila ketaatan kamu telah menjadi sempurna."
(2 Korintus 10:3-6)

Jika kita menerima Yesus Kristus, dan menjadi orang benar yang memiliki iman rohani, kita bisa menerima berkat yang luar biasa dari Allah. Tidak hanya kita dapat memuliakan Allah dengan melakukan pekerjaan Allah dengan cara yang hebat, tapi apa pun yang kita minta dalam doa, Ia akan menjawab kita dan kita dapat menjalani kehidupan yang sejahtera dalam segala hal.

Namun, ada beberapa orang yang mengaku percaya pada Allah, namun tidak menaati Firman Allah, dan karena itu tidak bisa mendapatkan kebenaran Allah. Mereka mengaku berdoa dan bekerja keras untuk Allah, namun mereka tidak menerima berkat, dan mereka terus-menerus di tengah-tengah pencobaan, pengujian, dan penyakit. Jika seseorang memiliki iman, orang harus hidup sesuai dengan Firman Allah dan menerima berkat-Nya yang berlimpah. Tapi mengapa orang percaya tidak dapat melakukan hal ini? Hal ini karena mereka terus berpegang pada pikiran kedagingan.

Pikiran kedagingan yang memusuhi Allah

Istilah "daging" mengacu pada tubuh seseorang yang digabung dengan sifat dosa. Sifat dosa ini adalah ketidakbenaran yang ada dalam hati seseorang, yang belum terlahir sebagai tindakan. Ketika ketidakbenaran ini datang dalam bentuk pikiran, pikiran-pikiran ini disebut "pikiran kedagingan". Ketika kita memiliki pikiran kedagingan, kita tidak bisa menaati kebenaran sepenuhnya. Roma 8:7 berkata, "...sebab keinginan daging adalah perseteruan terhadap Allah, karena ia tidak takluk kepada hukum Allah; hal ini memang tidak mungkin baginya."

Kemudian, lebih khusus lagi, apakah yang dimaksud dengan pikiran kedagingan ini? Ada dua jenis pikiran. Yang pertama adalah pikiran rohani yang membantu kita bertindak sesuai dengan kebenaran atau hukum-hukum Allah, dan yang lainnya adalah pikiran kedagingan yang menahan kita sehingga tidak bertindak menurut hukum-hukum Allah (Roma 8:6). Dengan memilih antara kebenaran dan ketidakbenaran, kita dapat memiliki pemikiran rohani atau pikiran kedagingan.

Kadang-kadang ketika kita melihat seseorang yang kita tidak suka, di satu sisi, kita mungkin memiliki pikiran yang tidak menyukai orang tersebut menurut rasa sakit hati kita terhadapnya. Di sisi lain, kita mungkin memiliki pikiran yang mencoba untuk mengasihi orang itu. Jika kita melihat sesama kita memiliki sesuatu yang sangat bagus, kita bisa memiliki pikiran untuk mencuri sesuatu itu darinya atau pikiran bahwa kita tidak boleh menginginya milik sesama kita. Pikiran yang sesuai dengan hukum Allah yang mengatakan "Kasihilah sesamamu", dan "Jangan menginginkan", ini adalah pikiran rohani. Tapi pikiran yang membujuk Anda untuk membenci dan mencuri bertentangan dengan hukum-hukum Allah; dan dengan demikian itu adalah pikiran kedagingan.

Pikiran kedagingan memusuhi Allah; Oleh karenanya itu menghambat pertumbuhan rohani kita dan membuat kita menentang Allah. Jika kita mengikuti pikiran kedagingan, kita menjauh dari Allah, menyerah pada dunia sekuler, dan akhirnya harus menghadapi pencobaan dan kesengsaraan. Ada banyak hal yang kita lihat, dengar, dan pelajari dari dunia ini. Banyak dari mereka yang melawan kehendak Allah dan merupakan gangguan bagi kita untuk berjalan dalam iman. Kita harus menyadari bahwa hal-hal ini adalah pikiran kedagingan yang memusuhi Allah. Dan begitu kita menemukan pikiran-pikiran itu, kita harus membuang mereka secara menyeluruh. Tidak peduli seberapa benar kelihatannya itu bagi Anda, jika tidak sejalan dengan kehendak Allah, itu adalah pikiran kedagingan, dan karenanya memusuhi Allah.

Mari kita mempertimbangkan kasus Petrus. Ketika Yesus mengatakan kepada para murid tentang bagaimana Ia harus pergi ke Yerusalem untuk disalibkan dan kemudian bangkit pada hari ketiga, Petrus berkata, "Tuhan, kiranya Allah menjauhkan hal itu! Hal itu sekali-kali takkan menimpa Engkau." (Matius 16:22). Namun Yesus berkata,"Enyahlah Iblis. Engkau suatu batu sandungan bagi-Ku, sebab engkau bukan memikirkan apa yang dipikirkan Allah, melainkan apa yang dipikirkan manusia." (Matius 16:23).

Sebagai murid kesayangan Yesus, Petrus mengatakan ini karena kasihnya kepada Guru-nya ini. Tapi tidak peduli seberapa baik niatnya itu, perkataannya bertentangan dengan kehendak Allah. Karena itu adalah kehendak Allah agar Yesus memikul salib dan membuka pintu untuk keselamatan, Yesus membuang Iblis, yang sedang berusaha untuk mengalihkan perhatian Petrus melalui pikirannya. Pada akhirnya, saat ia mengalami kematian dan kebangkitan Yesus, Petrus menyadari betapa tidak berharga dan betapa bermusuhannya pikiran kedagingan terhadap Allah, dan dia sepenuhnya menghancurkan pikiran ini. Akibatnya, Petrus menjadi pemain kunci dalam menyebarkan Injil Kristus dan membangun pondasi gereja mula-mula.

"Pembenaran diri"— salah satu pikiran kedagingan yang utama

Di antara semua jenis pikiran kedagingan, "pembenaran diri" adalah contoh utama. Sederhananya, "pembenaran diri" berarti memperlihatkan bahwa Anda benar. Setelah seseorang dilahirkan, ia belajar banyak hal dari orangtua dan guru-gurunya. Dia juga belajar hal-hal dari teman dan berbagai macam lingkungannya.

Tapi tidak peduli seberapa hebat orangtua dan guru seseorang, tidak mudah bagi seseorang untuk semata-mata belajar tentang kebenaran. Adalah lebih mungkin bahwa ia belajar banyak hal yang bertentangan dengan kehendak Allah. Tentu semua orang berusaha untuk mengajarkan apa yang dianggap benar; Namun, saat dibandingkan pada standar kebenaran Allah, hampir semua hal tersebut adalah ketidakbenaran. Hanya sedikit sekali yang merupakan kebenaran. Ini karena tak ada seorang pun yang baik kecuali Allah sendiri (Markus 10:18; Lukas 18:19).

Misalnya, Allah menyuruh kita untuk membalas kejahatan dengan kebaikan. Dia mengatakan bahwa jika seseorang memaksa kita berjalan sejauh satu mil, berjalanlah bersamanya sejauh dua mil. Jika mereka mengambil mantelmu, berikan juga mereka pakaianmu. Dia mengajarkan kita bahwa orang yang melayani adalah lebih besar; dan bahwa orang yang memberi dan berkorban adalah pemenang sejati pada akhirnya. Tapi apa yang orang anggap sebagai 'kebenaran' berbeda bagi masing-masing pribadi. Mereka mengajarkan kita harus membalas kejahatan dengan kejahatan, dan kita harus berdiri melawan kejahatan hingga akhir, sampai kita mengalahkannya.

Ini sebuah contoh perumpamaan. Anak Anda ke rumah temannya dan pulang ke rumah sambil menangis. Wajahnya terlihat seperti tergores oleh kuku jari seseorang. Pada titik ini, kebanyakan orangtua menjadi sangat marah dan mulai menghukum anak mereka. Dalam beberapa kasus serius, orangtua mungkin berkata, "Lain kali, jangan hanya duduk di sana dan menerima begitu saja. Lawanlah!" Mereka mengajari anak mereka bahwa dipukuli itu tanda kelemahan, atau kekalahan.

Juga, ada orang-orang yang mungkin menderita suatu penyakit. Terlepas dari apa yang mungkin dirasakan pengurusnya, mereka menuntut ini dan itu, mencoba untuk membuatdiri mereka lebih nyaman. Dari sudut pandang orang sakit, karena rasa sakit mereka hebat, mereka berpikir tindakan mereka dibenarkan. Namun, Allah mengajarkan kita untuk tidak mencari keuntungan diri sendiri, tapi untuk mencari keuntungan bagi orang lain. Ini menjelaskan betapa pikiran manusia dan pikiran Allah berbeda. Standar kebenaran manusia dengan kebenaran Allah sangatlah berbeda.

Dalam Kejadian 37:2, kita melihat Yusuf, yang, di luar kebenarannya sendiri dari waktu ke waktu mengadukan kesalahan saudara-saudaranya kepada ayahnya. Dari sudut pandang Yusuf, dia tidak suka pelanggaran saudara-saudaranya. Jika Yusuf punya sedikit lebih banyak kebaikan dalam hatinya, dia akan mencari hikmat Allah dan menemukan solusi yang lebih baik dan lebih damai untuk masalah itu tanpa membuat mengganggu saudara-saudaranya. Namun, karena pembenaran dirinya, ia jadi dibenci saudara-saudaranya, dan mereka menjual Yusuf sebagai budak ke Mesir. Jadi dengan cara ini, jika Anda menyinggung orang lain karena apa yang Anda pikirkan adalah 'benar', maka Anda mungkin mengalami jenis kesusahan ini.

Namun, apa yang terjadi dengan Yusuf, setelah ia menyadari

kebenaran Allah melalui pencobaan dan kesengsaraan yang ia hadapi? Dia membuang pembenaran dirinya dan menjadi Perdana Menteri Mesir serta memperoleh kewenangan untuk memerintah banyak orang. Dia bahkan menyelamatkan keluarganya dari bahaya kelaparan yang besar, bahkan termasuk saudara-saudaranya yang telah menjual dia menjadi budak. Ia juga dipakai untuk memberikan landasan bagi pembentukan bangsa Israel.

Rasul Paulus menghancurkan pikiran kedagingannya.

Dalam Filipi 3:7-9, Paulus berkata, "Tetapi apa yang dahulu merupakan keuntungan bagiku, sekarang kuanggap rugi karena Kristus. Malahan segala sesuatu kuanggap rugi, karena pengenalan akanKristus Yesus, Tuhanku, lebih mulia dari pada semuanya. Oleh karena Dialah aku telah melepaskan semuanya itu dan menganggapnya sampah, supaya aku memperoleh Kristus dan berada dalam Dia..."

Lahir di Tarsus, ibukota Kilikia, Paulus adalah warga Romawi karena kelahiran. Memiliki kewarganegaraan Roma yang memerintah dunia pada waktu itu berarti ia memiliki kekuatan sosial yang cukup besar. Selain ini, Paulus adalah orang Farisi ortodoks dari suku Benyamin (Kisah Para Rasul 22:3), dan dia belajar dari Gamaliel, sarjana terbaik pada masa itu.

Sebagai orang yang paling bersemangat dari orang-orang Yahudi, Paulus berada di garis depan menganiaya para pengikut Kristus. Bahkan, dia sebenarnya sedang dalam perjalanannya ke Damaskus untuk menangkap para pengikut Kristus yang ada di sana, ketika ia berjumpa dengan Yesus Kristus. Melalui perjumpaannya dengan Tuhan, Paulus menyadari kesalahannya dan sadar dengan pasti bahwa Yesus Kristus memang Juruselamat sejati. Sejak saat itu, ia menyangkal pendidikan, nilai-nilai, dan status sosialnya dan mengikut Tuhan.

Setelah berjumpa dengan Yesus Kristus, apa alasannya sehingga Paulus menganggap semua hal yang dahulu merupakan keuntungan baginya sebagai kerugian? Dia menyadari bahwa semua pengetahuannya berasal dari manusia, makhluk ciptaan belaka, dan sehingga semua itu sangat terbatas. Dia juga sadar bahwa manusia dapat memperoleh kehidupan dan menikmati kebahagiaan kekal di Surga dengan percaya pada Allah dan menerima Yesus Kristus, dan bahwa permulaan pengetahuan dan semua pemahaman, pada kenyataannya, adalah Allah.

Paulus menyadari bahwa pengetahuan ilmiah dari dunia ini hanya diperlukan untuk hidup di dunia ini, tetapi pengetahuan Yesus Kristus adalah bentuk pengetahuan paling mulia yang dapat mengatasi masalah mendasar manusia. Ia menemukan bahwa dalam pengetahuan tentang mengenal Yesus Kristus, ada kekuatan dan otoritas, harta, kehormatan, dan kekayaan yang tak terbatas. Karena dia memiliki keyakinan seperti pada kenyataannya ini, ia menganggapnya sebagai kerugian dan semua pengetahuan ilmiah dan pemahaman dari dunia ini sebagai sampaha. Ini adalah agar memperoleh Kristus dan berada dalam Dia.

Jika seseorang yang keras kepala berpikir, "Saya tahu", dan ia sombong dengan berpikir, "Saya selalu benar", maka dia tidak akan pernah bisa menemukan dirinya yang sejati, dan akan selalu berpikir bahwa dialah yang terbaik. Tipe orang ini tidak akan mendengarkan orang lain dengan rendah hati; Oleh karena itu ia tidak bisa belajar apa pun, dan dia tidak bisa mengerti apa pun. Namun, Paulus berjumpa Yesus Kristus, guru terhebat sepanjang masa. Dan untuk membuat ajaran Yesus menjadi pengajarannya, ia membuang semua pikiran kedagingannya yang dulu ia anggap benar. Ini karena Paulus harus menyingkirkan pikiran kedagingannya agar mendapatkan pengetahuan yang mulia tentang Kristus.

Oleh karena itu, Rasul Paulus mampu mendapatkan kebenaran yang menyenangkan Allah, karena ia mengaku, "...bukan dengan kebenaranku sendiri karena mentaati hukum Taurat, melainkan dengan kebenaran karena kepercayaan kepada Kristus, yaitu kebenaran yang Allah anugerahkan berdasarkan kepercayaan." (Filipi 3:9).

Kebenaran yang datang dari Allah

Sebelum berjumpa dengan Tuhan, Rasul Paulus sangat memegang Hukum Taurat dan ia menganggap dirinya benar. Tapi setelah berjumpa dengan Tuhan dan menerima Roh Kudus, ia menemukan dirinya yang sejati dan mengaku, "Kristus Yesus datang ke dunia untuk menyelamatkan orang berdosa," dan di antara mereka akulah yang paling berdosa." (1 Timotius 1:15). Ia menyadari bahwa ia memiliki keduanya baik dosa asal dan dosa karena berbuat dosa/dosa sesungguhnya, dan bahwa ia belum memenuhi kasih rohani dengan benar. Jika, dari awal ia telah benar dan telah berjalan dalam iman yang menyenangkan Allah, ia akan mengenali siapa Yesus itu dan melayani-Nya sejak awal. Namun, ia tidak mengenali Sang Juruselamat, dan sebagai gantinya ia turut ambil bagian dalam menganiaya orang-orang yang percaya kepada Yesus. Jadi dalam kenyataannya, ia tidak berbeda dari orang-orang Farisi yang memaku Yesus di kayu salib.

Di zaman Perjanjian Lama, mereka harus membalas mata ganti mata dan gigi ganti gigi. Berdasarkan Hukum Taurat, jika seseorang membunuh atau berzinah, dia harus dirajam hingga mati. Tapi orang Farisi tidak memahami hati Allah yang sebenarnya yang terkandung dalam Taurat. Mengapa Allah yang penuh kasih menciptakan hukum seperti itu?

Di zaman Perjanjian Lama, Roh Kudus belum masuk ke dalam hati manusia. Adalah lebih sulit bagi mereka untuk mengendalikan perbuatan mereka dibandingkan mereka yang telah menerima Roh Kudus, Sang Penghibur, dalam masa Perjanjian Baru. Dengan demikian, dosa bisa menyebar dengan sangat cepat jika tidak ada ganjaran tapi hanya ada pengampunan. Untuk alasan ini, agar mencegah orang melakukan dosa dan mencegah penyebaran dosa, mereka harus membalas nyawa ganti nyawa, mata ganti mata, gigi ganti gigi, dan kaki ganti kaki. Juga, pembunuhan dan perzinahan adalah dosa kejahatan yang serius, juga dengan standar sekuler belaka. Seseorang yang melakukan dosa jenis ini memiliki hati yang telah sangat mengeras. Akan sangat sulit bagi orang seperti ini untuk berbalik dari jalan hidupnya. Jadi, karena dia tidak bisa menerima keselamatan, dan ia juga akan masuk Neraka, akan lebih baik baginya untuk dirajam dan membiarkan hukuman itu menjadi peringatan dan pelajaran bagi orang lain.

Ini juga adalah kasih Allah, tapi Allah tidak pernah bermaksud atau berkeinginan agar manusia memiliki bentuk iman yang berdasarkan hukum di mana seseorang harus membayar mata ganti mata, dan gigi ganti gigi. Dalam Ulangan 10:16, Allah berfirman, "Sebab itu sunatlah hatimu dan janganlah lagi kamu tegar tengkuk." Dan Yeremia 4:4 berkata, "Sunatlah dirimu bagi TUHAN, dan jauhkanlah kulit khatan hatimu, hai orang Yehuda dan penduduk Yerusalem, supaya jangan murka-Ku mengamuk seperti api, dan menyala-nyala dengan tidak ada yang memadamkan, oleh karena perbuatan-perbuatanmu yang jahat!"

Anda dapat melihat bahwa bahkan di masa Perjanjian Lama, para nabi yang diakui Allah tidak memiliki iman yang berdasarkan pada hukum. Hal ini karena apa yang benar-benar Allah inginkan adalah kasih rohani dan belas kasihan. Sama seperti Yesus Kristus menggenapi Hukum Taurat dengan kasih, nabi-nabi dan leluhur yang menerima kasih dan berkat Allah menngejar kasih dan perdamaian.

Dalam kasus Musa, ketika bangsa Israel ada di ambang kematian karena melakukan suatu dosa yang tidak terampuni, dia menjadi penengah atas nama mereka meminta Allah untuk menukar keselamatannya dengan keselamatan bangsa Israel. Paulus, bagaimanapun, tidak seperti ini sebelum ia berjumpa Yesus Kristus.

Dia tidak benar di mata Allah. Ia benar menurut pandangannya sendiri.

Hanya setelah berjumpa Kristus ia menganggap segala yang ia tahu sebelumnya sebagai kerugian, dan ia mulai menyebarkan pengetahuan yang mulia tentang Kristus. Karena kasihnya bagi jiwa-jiwa, Paulus membangun gereja ke mana pun dia melangkah, dan ia mengorbankan hidupnya untuk Injil. Dia menjalani jenis hidup yang paling berharga dan bernilai.

Saul tidak menaati Allah dengan pikiran kedagingan

Saul adalah contoh utama dari seorang manusia yang membuat dirinya melawan Allah karena pikiran kedagingannya. Diurapi oleh Nabi Samuel, Saul adalah raja pertama Israel yang memerintah bangsa selama 40 tahun. Sebelum ia menjadi raja, dia seorang yang rendah hati. Tapi setelah menjadi raja, ia perlahan-lahan menjadi semakin dan semakin congkak. Misalnya, ketika Israel sedang bersiap-siap untuk berperang dengan bangsa Filistin dan Nabi Samuel tidak datang pada waktu yang ditentukan, dan orang-orang mulai berhamburan, meskipun hanya imamlah yang seharusnya membuat pengorbanan di altar, Saul sendiri yang membuat korban, atas kemauannya sendiri, bertindak melawan kehendak Allah. Dan ketika Samuel menegurnya karena tidak menghargai batas-batas kudus imam, bukannya bertobat, Saul dengan cepat berdalih.

Dan ketika Allah menyuruhnya 'menghancurkan bangsa Amalek', ia tidak taat. Dia malah menangkap raja Amalek. Dia bahkan mengambil hewan-hewan ternak pilihan dan membawanya pulang. Karena dia membiarkan pikiran kedagingannya merayap masuk, ia mementingkan pikirannya sendiri bukannya firman Allah. Dan ia meminta rakyatnya untuk meninggikannya. Akhirnya, Allah memalingkan wajah-Nya dari Saul, dan ia disiksa oleh roh-roh jahat. Tetapi bahkan dalam keadaan ini, ia menolak untuk berbalik dari yang jahat, dan ia berusaha membunuh Daud, orang yang diurapi Allah. Allah memberikan Saul banyak kesempatan untuk berbalik, tapi ia tidak bisa membuang pikiran kedagingannya, dan sekali lagi, ia tidak menaati Allah. Pada akhirnya, ia menuju jalan kematian.

Cara untuk memenuhi kebenaran Allah melalui iman

Lalu bagaimana kita bisa mengusir pikiran kedagingan yang memusuhi Allah dan menjadi benar di hadapan Allah? Kita harus menghancurkan semua spekulasi dan setiap kecongkakan yang muncul yang melawan pengetahuan akan Allah, dan menaklukkan segala pikiran kepada ketaatan Kristus (2 Korintus 10: 5).

Menaati Kristus bukan berarti dibelenggu atau menderita. Ini adalah cara diberkati dan kehidupan kekal. Inilah sebabnya mengapa orang-orang yang telah menerima Yesus Kristus sebagai Juruselamat mereka dan mengalami kasih Allah yang menakjubkan menaati firman-Nya dan berusaha untuk meniru hati-Nya.

Jadi, untuk mencapai kebenaran Allah melalui iman di dalam Yesus Kristus, kita perlu membuang segala jenis kejahatan (1 Tesalonika 5:22) dan berusaha untuk melakukan kebaikan. Anda tidak akan memiliki pikiran kedagingan jika Anda tidak memiliki ketidakbenaran dalam hati Anda. Anda menerima pekerjaan Iblis dan melakukan yang jahat sebanyak ketidakbenaran yang Anda miliki dalam diri Anda. Oleh karena itu, menaati Kristus berarti membuang ketidakbenaran dari dalam diri kita dan mengetahui dan bertindak sesuai dengan Firman Allah.

Jika Allah berfirman kepada kita untuk "mengabdikan diri kita untuk beribadah bersama-sama", maka tanpa melibatkan pikiran kita sendiri, kita harus mengabdikan diri untuk beribadah bersama-sama. Saat kita menghadiri kebaktian, kita harus memahami jalan-jalan Allah dan menaatinya. Namun, hanya karena kita mengetahui

Firman Allah bukan berarti kita bisa langsung mengaplikasikannya. Kita harus berdoa untuk menerima kekuatan untuk mengaplikasikan Firman ke dalam perbuatan. Ketika kita berdoa, kita penuh dengan Roh Kudus, dan dapat membuang pikiran kedagingan. Tetapi jika kita tidak berdoa, pikiran kedagingan kita akan menahan kita dan menyesatkan kita.

Oleh karena itu, kita harus berdoa seraya dengan giat berusaha untuk hidup sesuai dengan Firman Allah. Sebelum kita berjumpa Yesus Kristus, kita mungkin telah mengikuti keinginan daging yang berkata, 'mari kita beristirahat, bersenang-senang, mari kita minum dan makan dan bergembira'. Tapi setelah berjumpa Yesus Kristus, kita harus merenungkan bagaimana kita dapat menggenapi kerajaan-Nya dan kebenaran-Nya, dan kita harus bekerja keras untuk mengaplikasikan iman kita ke dalam perbuatan. Kita harus menemukan dan membuang kejahatan seperti kebencian dan kecemburuan yang bertentangan dengan Firman Allah. Kita harus melakukan seperti yang Yesus lakukan—mengasihi musuh kita dan merendahkan diri kita sendiri saat melayani orang lain. Maka, ini berarti kita mendapatkan kebenaran Allah.

Saya berharap bahwa Anda akan dapat menghancurkan spekulasi dan setiap hal yang timbul yang melawan pengetahuan akan Allah, dan menaklukkan segala pikiran kepada ketaatan Kristus seperti Rasul Paulus, sehingga Anda akan menerima hikmat dan pemahaman dari Allah serta menjadi orang benar yang makmur dalam segala hal.

Glosarium

Kebenaran Iman, Ketaatan, dan Perbuatan

Kebenaran iman adalah melihat hasil positif dengan mata iman bukan dengan melihat realita sebagaimana adanya dengan percaya pada Firman Allah. Ini bukan bergantung pada pikiran dan kemampuan sendiri, tetapi hanya pada Firman Allah.

Kebenaran ketaatan berarti bukan hanya menaati satu perintah yang dapat dilaksanakan seseorang dengan kekuatannya sendiri. Hal ini, dalam batas kebenaran, menaati bahkan satu perintah yang ia pikir tidak mungkin dilakukan. Jika seseorang memiliki kebenaran iman ia juga dapat memenuhi kebenaran ketaatan. Seseorang yang telah memenuhi kebenaran ketaatan berdasarkan kebenaran imannya dapat taat dengan iman, bahkan dalam keadaan yang secara realistis adalah mustahil.

Kebenaran perbuatan berarti kemampuan untuk bertindak sesuai dengan kehendak Allah tanpa membuat alasan apa pun, selama itu adalah sesuatu yang Allah inginkan. Kapasitas untuk melaksanakan perbuatan kebenaran berbeda-beda bagi setiap orang, tergantung pada karakter bejana dan hati masing-masing. Semakin seseorang mengabaikan kepentingan mereka sendiri dan berusaha mencari kepentingan orang lain, semakin seseorang itu dapat menggenapi kebenaran jenis ini.

Bab 9

Dia Yang Dipuji Tuhan

"Sebab bukan orang yang memuji diri yang tahan uji, melainkan orang yang dipuji Tuhan."
(2 Korintus 10:18)

Tidak peduli kita berada di bidang apa, jika kita unggul dalam apa yang kita kerjakan, kita dapat dipuji. Namun, ada perbedaan antara yang dipuji oleh beberapa orang secara asal-asalan, dengan yang dipuji oleh seorang yang ahli di bidang yang Anda geluti. Jadi apabila Tuhan kita, Raja segala raja, Tuhan segala tuhan mengakui kita, maka sukacita itu tak akan bisa dibandingkan dengan apa pun di dunia ini!

Dia yang dipuji Tuhan

Allah memuji orang-orang yang hatinya benar, dan yang menghasilkan dupa yang harum bagi Kristus. Dalam Alkitab, tidak begitu banyak kejadian di mana Yesus memberikan pujian.

Tapi ketika Dia melakukannya, tidak secara terus terang tapi Dia melakukannya secara tidak langsung dalam kata-kata seperti, "Engkau telah melakukan hal yang benar." "Ingatlah ini." "Sebarkan ini."

Dalam Lukas Pasal 21, kita melihat janda miskin yang mempersembahkan dua peser. Yesus memuji janda ini karena memberi persembahan dengan semua yang ia miliki, dengan berkata, "Aku berkata kepadamu, sesungguhnya janda miskin ini memberi lebih banyak dari pada semua orang itu; Sebab mereka semua memberi persembahannya dari kelimpahannya, tetapi janda ini memberi dari kekurangannya, bahkan ia memberi seluruh nafkahnya." (ayat 3-4).

Dalam Markus Pasal 14, kita menemukan kejadian di mana seorang wanita menuangkan minyak yang mahal di atas kepala Yesus. Beberapa orang yang ada di sana memarahinya karena hal ini, dengan mengatakan, "Sebab minyak ini dapat dijual tiga ratus dinar lebih dan uangnya dapat diberikan kepada orang-orang miskin." (ayat 5).

Atas pernyataan ini, Yesus berkata, "Karena orang-orang miskin selalu ada padamu, dan kamu dapat menolong mereka, bilamana kamu menghendakinya, tetapi Aku tidak akan selalu bersama-sama kamu. Ia telah melakukan apa yang dapat dilakukannya. Tubuh-Ku telah diminyakinya sebagai persiapan untuk penguburan-Ku. Aku berkata kepadamu: Sesungguhnya di mana saja Injil diberitakan di seluruh dunia, apa yang dilakukannya ini akan disebut juga untuk mengingat dia."(ayat 6-9).

Jika Anda ingin dipuji oleh Tuhan seperti ini, maka Anda harus terlebih dahulu melakukan apa yang harus Anda lakukan. Jadi, mari kita pelajari lebih lagi secara seksama tentang hal-hal yang harus kita lakukan sebagai umat Allah.

Untuk diterima oleh Allah

1) Dengan giat membangun mezbah di hadapan Allah

Kejadian 12:7-8 berkata, " TUHAN menampakkan diri kepada Abram dan berfirman: 'Aku akan memberikan negeri ini kepada keturunanmu.' Maka didirikannya di situ mezbah bagi TUHAN yang telah menampakkan diri kepadanya. Kemudian ia pindah dari situ ke pegunungan di sebelah timur Betel. Ia memasang kemahnya dengan Betel di sebelah barat dan Ai di sebelah timur, lalu ia mendirikan di situ mezbah bagi TUHAN dan memanggil nama TUHAN." Selanjutnya, dalam Kejadian 13:4 dan 13:18, juga dicatat bahwa Abraham mendirikan mezbah di hadapan Allah.

Dalam Kejadian Pasal 28 kita melihat catatan bagaimana Yakub mendirikan mezbah di hadapan Allah. Saat melarikan diri dari saudaranya yang berusaha membunuhnya, Yakub tiba di sebuah tempat di mana ia tertidur dengan batu di bawah kepalanya. Dalam mimpinya, ia melihat sebuah tangga menuju ke surga, dan ia melihat malaikat Allah naik turun tangga itu, dan ia mendengar suara Allah. Ketika ia terbangun keesokan paginya, Yakub mengambil batu yang ia gunakan sebagai bantal, mengangkatnya seperti pilar, menuangkan minyak di atasnya, dan memuji Allah di sana.

Dalam istilah masa kini, membangun mezbah di hadapan Allah sama dengan pergi ke gereja dan menghadiri kebaktian. Yang berarti membuat korban yang berasal dari segenap hati kita sambil mengucapkan syukur; yaitu mendengarkan Firman Allah dan mengambilnya sebagai makanan bagi hati kita. Yaitu mengambil firman yang kita dengar dan mengerjakan firman itu. Dengan cara ini, saat kita menyembah dalam roh dan kebenaran, dan saat kita melakukan Firman, Allah disenangkan oleh kita dan menuntun kita pada kehidupan yang diberkati.

2) Memanjatkan doa yang Allah ingin dengar

Doa adalah napas rohani. Yaitu berkomunikasi dengan Allah. Pentingnya doa ditekankan dalam berbagai ayat di seluruh Alkitab. Tentu saja bahkan meski kita tidak mengatakan kepada-Nya setiap menit detailnya, Dia sudah tahu segalanya. Namun, karena Dia ingin berkomunikasi dengan kita dan berbagi kasih dengan kita, Allah membuat janji ini dalam Matius 7:7, "Mintalah, maka akan diberikan kepadamu."

Agar jiwa kita menjadi makmur dan masuk surga, kita harus berdoa. Hanya ketika kita dipenuhi dengan kasih karunia dan kuasa Allah serta kepenuhan Roh Kudus, kita bisa membuang pikiran kedagingan yang bertentangan dengan kebenaran dan kita bisa menjadi penuh dengan Firman Allah, yang adalah kebenaran. Juga, kita harus berdoa agar menjadi orang benar, manusia roh. Dengan berdoa, segala sesuatu akan berhasil bagi kita dan kita akan sehat serta jiwa kita juga akan makmur.

Semua orang yang dikasihi dan diakui oleh Allah adalah orang-orang yang berdoa. 1 Samuel 12:23 berkata, "Mengenai aku, jauhlah dari padaku untuk berdosa kepada TUHAN dengan berhenti mendoakan kamu." Agar menerima sesuatu dari Allah yang tidak mungkin dengan kekuatan manusia, kita perlu berkomunikasi dengan Allah. Daniel, Petrus, dan Rasul Paulus adalah orang-orang yang berdoa. Yesus berdoa pagi-pagi benar dan kadang-kadang berdoa sepanjang malam. Kisah bagaimana Ia berdoa sampai keringat-Nya seperti tetesan darah di Getsemani sangatlah terkenal.

3) Memiliki iman untuk menerima jawaban

Dalam Matius Pasal 8, seorang perwira mendatangi Yesus. Pada saat itu Israel diduduki Romawi. Seorang perwira tentara Romawi akan setara dengan seorang perwira militer berpangkat lebih tinggi di masa kini. Perwira itu meminta Yesus untuk menyembuhkan hambanya yang menderita kelumpuhan. Yesus melihat kasih dan iman perwira itu, sehingga Ia memutuskan untuk pergi menyembuhkan hamba tersebut.

Tapi perwira itu membuat pengakuan iman ini,"Tuan, aku tidak layak menerima Tuan di dalam rumahku, katakan saja sepatah kata, maka hambaku itu akan sembuh. Sebab aku sendiri seorang bawahan, dan di bawahku ada pula prajurit. Jika aku berkata kepada salah seorang prajurit itu: Pergi!, maka ia pergi, dan kepada seorang lagi: Datang!, maka ia datang, ataupun kepada hambaku: Kerjakanlah ini!, maka ia mengerjakannya"(Matius 9:8-9).

Melihat iman dan kerendahan hati perwira ini yang sangatlah berharga, Yesus berkata, "Aku berkata kepadamu, sesungguhnya iman sebesar ini tidak pernah Aku jumpai pada seorangpun di antara orang Israel." (ayat 10). Banyak orang ingin memiliki iman jenis ini, tetapi kita tidak bisa hanya memiliki iman sesuai kehendak kita. Semakin banyak kebaikan yang kita miliki di dalam hati kita dan semakin kita mengaplikasikan Firman Allah dalam bentuk tindakan, sebanyak itulah iman jenis ini yang Allah berikan pada kita. Karena perwira itu memiliki hati yang baik, apa yang dia lihat dan dengar tentang Yesus, ia percaya saja. Dengan cara ini, Allah memuji orang yang percaya dan mengaplikasikan imannya dalam tindakan, dan Allah bekerja sesuai dengan iman mereka.

4) Miliki kerendahan hati di hadapan Allah

Dalam Markus Pasal 7, seorang perempuan Siro-Fenisia tersungkur di hadapan Yesus dengan rendah hati, berharap Yesus menyembuhkan putrinya yang kerasukan setan. Saat perempuan itu meminta Yesus menyembuhkan putrinya, Yesus menjawab, "Biarlah anak-anak kenyang dahulu, sebab tidak patut mengambil roti yang disediakan bagi anak-anak dan melemparkannya kepada anjing." (ayat 27). Wanita itu tidak marah atau merasa tersinggung, meskipun dia sedang dibandingkan dengan anjing.

Karena dia penuhi keinginan yang besar untuk menerima jawaban, dan karena dia percaya kepada Yesus, yang adalah

Kebenaran itu sendiri, dia merendahkan dirinya sendiri dan dia terus berseru, "Benar, Tuhan. Tetapi anjing yang di bawah meja juga makan remah-remah yang dijatuhkan anak-anak." (ayat 28). Yesus tergerak oleh iman dan kerendahan hatinya sehingga Dia menjawab permintaannya dengan berkata, "Pergilah sekarang sebab setan itu sudah keluar dari anakmu." (ayat 29). Kita harus memiliki kerendahan hati jenis ini di hadapan Allah sambil saat meminta dan berdoa.

5) Menabur dengan iman

Menabur dengan iman juga merupakan bagian dari kebenaran, yang dipuji Allah. Jika Anda ingin menjadi kaya, menaburlah menurut hukum tabur tuai. Hal ini paling berlaku ketika itu mengenai memberikan perpuluhan dan persembahan syukur. Bahkan ketika kita melihat hukum alam, kita dapat melihat bahwa Anda menuai apa yang Anda tabur. Jika Anda menabur gandum, Anda akan menuai gandum, dan jika Anda menabur kacang, Anda akan menuai kacang. Jika Anda menabur sedikit, Anda akan menuai sedikit, dan jika Anda menabur banyak, Anda akan menuai banyak. Jika Anda menabur di tanah yang subur, Anda akan menuai buah yang baik; dan semakin keras Anda memangkas dan merawatnya, semakin bernilai tanaman yang Anda akan tuai.

Persembahan yang kita berikan di hadapan Allah digunakan untuk menyelamatkan jiwa-jiwa yang terhilang, membangun gereja, dan mendukung misi serta membantu orang-orang yang membutuhkan. Inilah sebabnya mengapa kita dapat mengungkapkan kasih kita kepada Allah melalui persembahan. Persembahan digunakan untuk menggenapi Kerajaan Allah dan kebenaran-Nya, sehingga Allah menerima persembahan ini dengan sukacita dan memberkati kita dengan membalasnya 30, 60, atau 100 kali lipat. Apakah yang Allah tidak miliki sehingga Dia menyuruh kita memberikan persembahan kepada-Nya? Dia memberikan kita kesempatan untuk menuai apa yang kita tabur dan menerima berkat-berkat-Nya!

Seperti tertulis dalam 2 Korintus 9:6-7, "Camkanlah ini: Orang yang menabur sedikit, akan menuai sedikit juga, dan orang yang menabur banyak, akan menuai banyak juga. Hendaklah masing-masing memberikan menurut kerelaan hatinya, jangan dengan sedih hati atau karena paksaan, sebab Allah mengasihi orang yang memberi dengan sukacita."

6) Percayalah dan andalkan Allah setiap saat

Daud selalu bertanya kepada Allah, sehingga Allah menuntun dia di jalan-Nya dan menolong dia terhindar dari berbagai kesulitan. Daud bertanya kepada Allah, "Haruskah aku melakukan ini atau melakukan itu?" khususnya hampir untuk segala sesuatu, dan ia bertindak sesuai dengan petunjuk-Nya (Ref: 1 Samuel Pasal 23). Itulah sebabnya mengapa ia mampu memenangkan begitu banyak pertempuran. Inilah sebabnya mengapa Allah lebih menyukai anak-anak-Nya yang selalu percaya dan meminta petunjuk-Nya. Namun, jika kita panggil Allah sebagai 'Bapa', namun memercayai dunia atau pengetahuan kita sendiri lebih dari Allah, maka Allah tidak dapat membantu kita.

Semakin kita berada dalam kebenaran, semakin kita dapat bertanya kepada Allah dan semakin Tuhan dapat memuji kita. Dalam apa pun yang kita lakukan, kita pertama dan terutama harus mengasah hikmat mencari Tuhan, dan kemudian menunggu serta menerima jawaban dan tuntunan-Nya.

7) Taati firman Allah

Karena Allah memerintahkan kita, "Kuduskanlah hari Sabat," kita harus pergi ke gereja, beribadah, memiliki persekutuan dengan sesama orang percaya, dan menghabiskan hari itu dengan cara yang kudus. Dan karena Dia memerintahkan kita, "Bersukacitalah selalu, dan mengucap syukurlah dalam segala hal," kita harus bersukacita dan bersyukur tidak peduli dengan apa yang terjadi dalam hidup kita. Orang-orang yang memegang perintah-Nya seperti ini di dalam hati mereka dan menaatinya, menerima berkat untuk selalu berada dalam hadirat Allah.

Melalui ketaatan, Petrus, murid Yesus, mengalami peristiwa yang luar biasa. Untuk membayar pungutan bait Allah, Yesus menyuruh Petrus untuk" Pergilah memancing ke danau. Dan ikan pertama yang kaupancing, tangkaplah dan bukalah mulutnya, maka engkau akan menemukan mata uang empat dirham di dalamnya. Ambillah itu dan bayarkanlah kepada mereka, bagi-Ku dan bagimu juga." (Matius 17:27). Jika Petrus menolak untuk memercayai perkataan Yesus dan tidak pergi ke danau untuk menangkap ikan, maka dia tidak akan mengalami kejadian yang menakjubkan ini. Tapi Petrus taat dan melemparkan kailnya, dan ia mampu mengalami kuasa Allah yang luar biasa.

Semua perbuatan iman yang dicatat dalam Alkitab caranya hampir sama. Ketika Allah berkarya Dia berkarya sesuai dengan ukuran iman tiap-tiap orang. Dia tidak akan mendorong seseorang dengan ukuran iman yang kecil untuk tunduk di luar kemampuan mereka. Pertama-tama Dia memberinya kesempatan untuk mengalami kuasa-Nya dengan menaati sesuatu yang kecil, dan kemudian ia memberinya iman rohani yang lebih lagi melalui hal tersebut. Jadi berikutnya, ia akan dapat menaati-Nya dengan sesuatu yang sedikit lebih besar.

Pakukan hawa nafsu dan keinginanmu di atas kayu salib

Sejauh ini kita telah mempelajari tentang hal-hal yang harus kita lakukan agar dapat diakui, dipuji, dan dinyatakan benar di hadapan Allah. Selanjutnya, ketika kita memakukan nafsu dan hasrat kedagingan kita di atas kayu salib, Allah menganggap hal itu sebagai kebenaran, dan memuji kita. Tapi mengapa hawa nafsu dan keinginan diperhitungkan sebagai dosa? Galatia 5:24 menulis, "Barangsiapa menjadi milik Kristus Yesus, ia telah menyalibkan daging dengan segala hawa nafsu dan keinginannya." Ini memberi tahu kita bahwa kita harus berani membuang hal-hal ini.

'Hawa nafsu' berarti memberi dan menerima hati seseorang. Ini adalah kedekatan yang Anda rasakan pada seseorang karena Anda mengenal dan membangun suatu hubungan dengannya. Ini bukan hanya mengenai dua orang yang sedang berpacaran, tetapi juga dengan keluarga, teman, dan sesama. Tapi karena 'hawa nafsu' ini, kita bisa dengan mudah menjadi bias dan berpikiran sempit. Misalnya, kebanyakan orang tidak memaafkan ketika ada sesamanya membuat kesalahan kecil, namun ketika anak-anak mereka membuat kesalahan yang sama, mereka jauh lebih memaafkan dan pengertian. Tapi hawa nafsu kedagingan ini tidak membantu suatu bangsa, keluarga, atau individu untuk berdiri teguh dalam kebenaran.

Begitu juga dengan 'keinginan'. Bahkan Daud, yang begitu dikasihi oleh Allah, akhirnya melakukan dosa berat karena membunuh suami Batsyeba yang tidak bersalah, demi menyembunyikan fakta bahwa dia telah berzinah dengan Batsyeba. Dengan cara inilah sehingga hawa nafsu dan keinginan daging melahirkan dosa, dan dosa menuntun pada maut. Ketika dosa dilakukan, orang berdosa pasti akan menerima balasannya.

Dalam Yosua Pasal 7, kita menemukan peristiwa tragis yang terjadi sebagai akibat dari keinginan kedagingan satu orang. Setelah Keluar dari Mesir, selama proses menaklukkan tanah Kanaan, bangsa Israel menyeberangi Sungai Yordan dan memperoleh kemenangan besar atas kota Yerikho. Setelah itu, bagaimanapun, mereka kalah dalam pertempuran melawan kota Ai. Ketika orang

Israel mencari tahu penyebab kekalahan ini, mereka akhirnya tahu bahwa seorang pria bernama Akhan mendambakan dan menyembunyikan jubah dan beberapa emas serta perak dari barang-barang yang disita dari kota Yerikho. Allah telah memerintahkan orang Israel untuk jangan mengambil apa pun yang mereka dapatkan dari kota Yerikho untuk keuntungan pribadi mereka, tapi Akhan tidak taat.

Karena dosa Akhan, banyak orang Israel harus menderita; dan pada akhirnya, Akhan beserta anak-anaknya dirajam sampai mati. Sama seperti sedikit ragi mengkhamiri seluruh adonan, karena satu orang, Akhan, bisa menyebabkan seluruh bangsa Israel kalah. Itulah sebabnya mengapa Allah menghukumnya dengan separah itu. Pikiran pertama kita mungkin, "Bagaimana bisa Allah membuat seseorang dihukum mati karena hanya mencuri sebuah jubah dan beberapa keping emas perak?" Namun, ada alasan yang sah atas apa yang telah terjadi.

Jika seorang petani, setelah ia selesai menabur, melihat ada gulma di tanah dan berpikir, "Oh, hanya satu atau dua gulma ..." dan kemudian meninggalkan tanamannya itu, dalam waktu singkat, gulma itu akan tumbuh dan menyebar lalu merusak tanaman itu. Maka petani itu tidak akan bisa menuai hasil yang baik. Hawa nafsu dan keinginan itu seperti gulma, sehingga mereka menjadi hambatan dalam perjalanan ke Surga dan untuk menerima jawaban dari Allah. Mereka adalah gangguan menyakitkan dan sia-sia yang tidak bertujuan baik. Inilah sebabnya mengapa Allah memerintahkan kita untuk 'memakukan hal-hal ini di atas kayu salib'.

Di sisi lain, Asa, raja ketiga dari Kerajaan selatan Yehuda, dengan pasti membuang hawa nafsu dan keinginannya, sehingga ia dapat menyenangkan Allah (1 Raja-raja Pasal 15) Seperti nenek moyangnya, Daud, Asa melakukan apa yang benar di mata Allah, dan menyingkirkan segala berhala dari kerajaannya. Ketika ibunya, Maakha, menciptakan patung Asyera, ia bertindak dengan mencopot posisi ibu suri darinya. Ia kemudian merobohkan patung itu dan membakarnya di lembah Kidron.

Anda mungkin berpikir Asa bertindak terlalu kejam karena mencopot gelar ibu suri dari ibunya hanya karena perempuan itu menyembah berhala, dan Anda bahkan mungkin berpikir Asa bukanlah anak yang baik. Namun, Asa bereaksi seperti ini karena ia sudah sering meminta ibunya untuk berhenti menyembah berhala. Namun, dia tidak mau mendengarkan Asa. Jika kita melihat situasi ini melalui mata rohani, mengingat posisi Maakha ini, penyembahan berhalanya akan menjadi seperti seluruh bangsa Israel yang menyembah berhala. Hal ini pada akhirnya bisa membawa murka Allah atas seluruh bangsa. Itulah sebabnya Allah memuji tindakan Asa untuk membuang nawa nafsu kedagingannya atas ibunya. Dia menyatakan hal itu sebagai kebenaran, untuk mencegah banyak orang berbuat dosa terhadap Allah.

Sekarang ini bukan berarti Asa tidak mengakui ibunya. Dia hanya mencopot gelar ibu suri yang disandangnya. Sebagai anaknya, dia terus mengasihi, menghormati, dan melayani ibunya. Sama halnya, jika seseorang kebetulan memiliki orangtua yang menyembah allah-allah palsu atau berhala, ia harus melakukan semua yang dia bisa untuk menyentuh hati mereka dengan melakukan semua hal yang seorang anak dapat dilakukan. Dari waktu ke waktu, dengan meminta hikmat dari Allah, ia harus membagikan Injil kepada mereka dan mendorong mereka untuk menyingkirkan berhala-berhala mereka. Maka Allah akan disenangkan.

Para bapa iman yang benar di hadapan Allah

Allah memuji ketaatan yang sempurna. Dia juga menunjukkan kuasa-Nya kepada mereka yang sepenuhnya taat. Jenis ketaatan yang Allah akui adalah ketaatan walaupun tampaknya mustahil. Dalam

2 Raja-Raja Pasal 5, kita melihat catatan tentang panglima pasukan raja Aram, bernama Naaman.

Panglima raja Naaman pergi ke negeri sebelahnya untuk mengunjungi Nabi Elisa dengan harapan disembuhkan dari sakit kusta. Dia membawa begitu banyak hadiah, bahkan sebuah surat dari Raja! Namun, saat dia tiba di sana, Elisa bahkan tidak menyambutnya. Malahan, Elisa mengirimkan sebuah pesan untuk menyuruhnya pergi mandi tujuh kali di Sungai Yordan. Merasa sedikit tersinggung, Naaman bersiap untuk pulang. Tapi karena bujukan para pelayannya, Naaman menurunkan harga dirinya dan taat. Dia mandi tujuh kali di Sungai Yordan. Pasti sangatlah sulit bagi seseorang yang merupakan orang tertinggi setelah Raja Aram untuk menurunkan harga dirinya dan taat seperti ini, setelah diperlakukan begitu oleh Elisa.

Sebenarnya melakukan hal tersebut karena dia tahu bahwa Allah akan menyembuhkannya apabila Naaman terlebih dulu memperlihatkan imannya melalui ketaatan. Allah, yang disenangkan oleh ketaatan kita sebagai lebih daripada korban, bersukacita atas tindakan iman Naaman, dan menyembuhkan sakit kustanya secara sempurna. Allah mempertimbangkan ketaatan sebagai hal yang besar, dan dia bersukacita atas orang yang bertindak dalam kebenaran.

Allah juga bersukacita dalam iman dari orang-orang yang tidak mencari keuntungannya sendiri, dan bagi mereka yang tidak berkompromi dengan dunia. Dalam Kejadian Pasal 23, ketika Abraham ingin memakamkan Sara di Gua Machpela, pemiliknya mencoba memberikan tanah itu secara gratis kepada Abraham. Namun, Abraham tidak menerimanya. Abraham tidak memiliki jenis hati yang mencari keuntungan bagi diri sendiri. Itulah sebabnya mengapa dia ingin membayar harga yang seksama untuk tanah itu sebelum memilikinya.

Dan ketika Sodom kalah dalam perang dan keponakannya Lot ditangkap, Abraham bukan hanya menyelamatkan keponakannya, tapi juga menyelamatkan yang lain dari Sodom, dan dia membawa pulang juga kepunyaan mereka. Saat Raja Sodom mencoba membalas perbuatan Abraham sebagai tanda terima kasih, dia menolaknya. Dia tidak menerima apa pun. Karena hatinya benar, dia tidak menyimpan keserakahan, atau keinginan untuk mengambil apa pun yang bukan miliknya.

Dalam Daniel Pasal 6, kita melihat Daniel tahu betul bahwa dengan berdoa kepada Allah dia akan dibunuh oleh mereka yang bersekongkol melawannya. Tapi tetap saja, ia memegang kebenarannya di hadapan Allah dengan tidak berhenti berdoa. Dia tidak berkompromi bahkan walau hanya sekali demi menyelamatkan nyawanya. Karena perbuatannya, dia dimasukkan ke dalam kandang singa. Tapi dia tidak terluka, sepenuhnya dilindungi. Dia bersaksi kepada Allah yang hidup dan memuliakan-Nya.

Meskipun dia difitnah dan dimasukkan ke penjara tanpa alasan, Yusuf tidak mengeluh ataupun menaruh dendam pada siapa pun (Kejadian Pasal 39). Dia menjaga kemurnian dirinya, tidak berkompromi dengan ketidakbenaran, dan hanya mengikuti jalan kebenaran. Sehingga pada waktu dan cara-Nya Allah, dia dibebaskan dari penjara dan naik mendapatkan posisi yang terhormat sebagai Perdana Menteri Mesir.

Jadi, kita harus melayani Allah, dan kita harus menjadi orang benar di hadapan Allah dengan melakukan apa dikehendaki-Nya atas kita. Kita juga harus menyenangkan Allah dengan melakukan hal-hal yang akan membuat Allah memuji kita. Saat kita melakukan hal ini, Allah akan meninggikan kita, menjawab keinginan hati kita dan menuntun kita ke dalam kehidupan yang berlimpah.

Glosarium

Perbedaan antara 'Abram' dan 'Abraham'.
'Abram' adalah nama asli Abraham, bapa iman (Kejadian 11:26).

'Abraham', yang berarti 'bapa bagi banyak bangsa', adalah nama yang Allah berikan kepada Abram, untuk membuat perjanjian berkat dengannya (Kejadian 17:5). Dengan perjanjian ini dia menjadi sumber berkat sebagai bapa iman. Dan dia disebut 'sahabat Allah'.

Berkat dengan suatu takaran yang baik, yang dipadatkan, yang digoncang dan yang tumpah ke luar, dan berkat 30, 60, dan 100 kali lipat
Kita menerima berkat dari Allah sesuai dengan ukuran seberapa banyak kita percaya kepada-Nya dan menerapkan firman-Nya ke dalam perbuatan di hidup kita. Meskipun kita mungkin tidak membuang seluruh sifat dosa kita, saat kita menabur dan mencari dengan iman, kita menerima berkat yang dipadatkan, yang digoncang dan yang tumpah ke luar akan dicurahkan yang lebih dai dua kali lipat dari yang kau tabur"(Lukas 6:38). Tetapi jika kita dikuduskan dan dikuasai roh dengan berjuang melawan dosa hingga tetes darah penghabisan untuk benar-benar membuang dosa, maka kita bisa menuai berkat yang lebih dari 30 kali lipat. Dan jika kita semakin dipenuhi roh, kita bisa menuai berkat sebesar 60, atau bahkan 100 kali lipat.

Bab 10

Berkat

"Berfirmanlah TUHAN kepada Abram: "Pergilah dari negerimu dan dari sanak saudaramu dan dari rumah bapamu ini ke negeri yang akan Kutunjukkan kepadamu; Aku akan membuat engkau menjadi bangsa yang besar, dan memberkati engkau serta membuat namamu masyhur; dan engkau akan menjadi berkat. Aku akan memberkati orang-orang yang memberkati engkau, dan mengutuk orang-orang yang mengutuk engkau, dan olehmu semua kaum di muka bumi akan mendapat berkat." Lalu pergilah Abram seperti yang difirmankan TUHAN kepadanya, dan Lot pun ikut bersama-sama dengan dia; Abram berumur tujuh puluh lima tahun, ketika ia berangkat dari Haran."
(Kejadian 12:1-4)

Allah ingin memberkati umat manusia. Tapi ada keadaan di mana Allah memilih seseorang untuk memberkati, dan ada keadaan di mana seseorang yang sesuai kehendaknya sendiri untuk masuk dalam batas-batas berkat Allah. Ada orang yang memilih masuk ke dalam berkat Allah, tetapi kemudian meninggalkannya. Dan kemudian ada orang-orang yang tidak ada hubungannya dengan berkat. Pertama mari kita melihat keadaan di mana Allah memilih seseorang untuk memberkati.

Abraham, Bapa Iman

Allah adalah yang pertama dan yang terakhir, sang awal dan sang akhir. Dia merancang runutan sejarah umat manusia dan Dia juga terus menuntunnya. Misalkan kita sedang membangun sebuah rumah. Kita membuat sebuah desain dengan memperkirakan berapa lama pembangunannya akan berlangsung, apa jenis bahan yang akan digunakan, berapa banyak baja dan beton yang kita butuhkan, dan berapa banyak pilar yang kita butuhkan. Jadi jika kita melihat sejarah umat manusia sebagai rumah Allah, ada beberapa orang penting yang merupakan 'pilar' bagi rumah Allah.

Untuk melaksanakan pemeliharaan-Nya, Allah memilih orang-orang tertentu untuk memberi tahu manusia bahwa Allah memanglah Allah yang hidup dan bahwa Surga dan Neraka itu benar-benar ada. Inilah alasannya mengapa Allah memilih orang-orang ini untuk bertindak sebagai pilar-pilar. Dan kita bisa melihat mereka sangat berbeda dari orang biasa dalam hal menghias hati mereka dan keinginan mereka bagi Allah. Salah satu dari orang-orang ini adalah Abraham.

Dia hidup sekitar empat ribu tahun yang lalu. Dia lahir di Ur-Kasdim. Ur-Kasdim adalah kota Sumeria kuno yang terletak di hilir dan di tepi barat Sungai Efrat, di tempat kelahiran peradaban Mesopotamia

Abraham begitu dikasihi dan diakui Allah sehingga dia disebut "sahabat Allah" Dia menikmati semua jenis berkat dari Allah termasuk keturunan, kekayaan, kesehatan, dan umur yang panjang. Bukan hanya itu, tapi seperti yang Allah katakan dalam Kejadian 18:17, "Apakah Aku akan menyembunyikan kepada Abraham apa yang hendak Kulakukan ini??" Dengan Jelas Allah mengungkapkan peristiwa demi peristiwa yang akan terjadi di masa depan kepada Abraham.

Allah menganggap iman sebagai kebenaran dan memberikan berkat-berkat-Nya.

Menurut Anda apakah yang Allah lihat pada Abraham sehingga Dia begitu disenangkan sampai-sampai ia mencurahkan begitu banyak berkat kepadanya? Kejadian 15:6 mengatakan "Lalu percayalah Abram kepada TUHAN, maka TUHAN memperhitungkan hal itu kepadanya sebagai kebenaran." Allah mempertimbangkan iman Abraham sebagai kebenaran.

Berfirmanlah Allah kepada Abraham, "Berfirmanlah TUHAN kepada Abram: "Pergilah dari negerimu dan dari sanak saudaramu dan dari rumah bapamu ini ke negeri yang akan Kutunjukkan kepadamu; Aku akan membuat engkau menjadi bangsa yang besar, dan memberkati engkau serta membuat namamu masyhur; dan engkau akan menjadi berkat." (Kejadian 12:1-2). Allah tidak mengatakan persis kepadanya ke mana dia harus pergi ataupun menjelaskan tanah mana yang harus dia harapkan. Allah tidak memberinya rancangan rinci tentang bagaimana ia harus hidup setelah meninggalkan kampung halamannya. Dia hanya menyuruhnya untuk pergi.

Bagaimana jika Abraham punya pikiran kedagingan? Jelas bahwa setelah ia meninggalkan rumah ayahnya, ia akan menjadi seorang pengembara dan pengelana. Dia mungkin akan dicemooh. Jika dia mempertimbangkan hal-hal ini, dia tak mungkin bisa taat. Namun, Abraham tidak pernah meragukan janji berkat yang Allah berikan. Dia hanya percaya kepada-Nya. Karena itu dia taat tanpa syarat dan pergi. Allah tahu jenis bejana Abraham, dan inilah sebabnya mengapa Allah menjanjikan bangsa yang besar akan menjadi keturunannya. Allah juga berjanji bahwa dia akan menjadi berkat.

Allah juga berjanji kepada Abraham dalam Kejadian 12:3,

"Aku akan memberkati orang-orang yang memberkati engkau, dan mengutuk orang-orang yang mengutuk engkau, dan olehmu semua kaum di muka bumi akan mendapat berkat." Setelah ini, ketika Allah melihat bagaimana Abraham menyerahkan segala haknya dan berkorban demi Lot keponakannya, Allah memberinya kata lain dari berkat. Kejadian 13:14-16 berbunyi, "Pandanglah sekelilingmu dan lihatlah dari tempat engkau berdiri itu ke timur dan barat, utara dan selatan, sebab seluruh negeri yang kaulihat itu akan Kuberikan kepadamu dan kepada keturunanmu untuk selama-lamanya. Dan Aku akan menjadikan keturunanmu seperti debu tanah banyaknya, Allah juga berjanji kepadanya dalam Kejadian 15:4-5, '"...melainkan anak kandungmu, dialah yang akan menjadi ahli warismu.' Lalu TUHAN membawa Abram ke luar serta berfirman: 'Coba lihat ke langit, hitunglah bintang-bintang, jika engkau dapat menghitungnya.' Maka firman-Nya kepadanya: 'Demikianlah banyaknya nanti keturunanmu.'"

Setelah memberikan Abraham mimpi-mimpi dan penglihatan, Dia menuntun Abraham melalui pengujian-pengujian. Mengapa kita membutuhkan pengujian? Mari ambil contoh seorang pelatih atau pembina yang memilih seorang atlet dengan potensi yang besar - yang cukup untuk mewakili negaranya di Olimpiade. Tapi atlet ini tidak bisa otomatis menjadi peraih medali emas. Atlet ini harus bertahan dan berjuang melalui sesi pelatihan yang tak terhitung jumlahnya dan terus berupaya keras untuk mencapai impiannya.

Sama halnya dengan Abraham. Dia harus mendapatkan kualitas dan karakteristik yang ia butuhkan untuk menggenapi janji Allah melalui pengujian-pengujian. Jadi, bahkan saat melalui pengujian-pengujian ini, Abraham hanya menanggapinya dengan "Amin" dan tidak berkompromi dengan pikiranya sendiri. Juga, ia tidak mencari keuntungan sendiri, menyerah pada keegoisan atau kebencian, dendam, keluhan, kesedihan, kecemburuan, ataupun iri hati. Dia hanya percaya pada janji berkat Allah dan taat dengan ketekunan.

Maka Allah memberinya janji lain. Dalam Kejadian 17:4-6, Allah berfirman kepada Abraham, "Dari pihak-Ku, inilah perjanjian-Ku dengan engkau: Engkau akan menjadi bapa sejumlah besar bangsa. Karena itu namamu bukan lagi Abram, melainkan Abraham, karena engkau telah Kutetapkan menjadi bapa sejumlah besar bangsa. Aku akan membuat engkau beranak cucu sangat banyak; engkau akan Kubuat menjadi bangsa-bangsa, dan dari padamu akan berasal raja-raja."

Allah membuat bejana yang berkualitas melalui berbagai ujian

Sebagian orang yang berdoa kepada Allah memiliki impian yang berasal dari keserakahan mereka. Karena keserakahan, mereka mungkin meminta pekerjaan yang bagus atau kekayaan yang tidak sesuai untuk mereka kepada Allah. Jika kita berdoa seperti ini karena keegoisan kita, kita tidak bisa menerima jawaban dari Allah (Yakobus 4:3).

Oleh karena itu kita harus berdoa untuk impian dan visi yang berasal dari Allah. Saat kita memiliki iman dalam Firman Allah dan taat, Roh Kudus mengambil alih hati kita dan menuntun kita, supaya kita bisa memenuhi impian kita. Kita tidak bisa melihat masa yang akan datang bahkan satu detik ke depan. Tetapi jika kita mengikuti tuntunan Roh Kudus, yang tahu segala yang akan terjadi di masa depan, maka kita dapat mengalami kuasa Allah. Ketika kita menghancurkan pikiran kedagingan kita dan tunduk kepada Kristus, Roh Kudus mengambil alih dan menuntun kita.

Jika Allah memberi kita impian, kita harus menyimpannya dalam hati kita. Hanya karena impian itu tidak terwujud dalam satu hari, satu bulan, atau satu tahun berdoa, kita tidak boleh mengeluh. Allah, yang memberi kita impian dan visi, kadang menuntun kita melalui pengujian untuk membuat kita menjadi bejana yang layak untuk menggenapi impian dan visi tersebut. Saat kita menjadi orang-orang yang tahu bagaimana menaati Allah melalui pengujian-pengujian ini, saat itulah doa-doa kita dijawab. Tapi karena pikiran Allah dan pikiran manusia berbeda, kita harus menyadari bahwa sebelum kita mampu membuang pikiran kedagingan kita dan taat dengan iman, pengujian akan terus berlanjut. Oleh karena itu, kita harus ingat bahwa pengujian diberikan kepada kita supaya kita dapat menerima jawaban dari Allah, sehingga alih-alih mencoba untuk menghindari pengujian, kita harus menerima pengujian dengan ucapan syukur.

Allah mempersiapkan jalan keluar, bahkan selama pengujian.

Jika kita taat, Allah membuat segala sesuatu turut bekerja untuk mendatangkan kebaikan. Dia akan selalu memberikan kita jalan keluar dalam pengujian. Dalam Kejadian Pasal 12, Anda akan melihat bahwa setelah masuk ke tanah Kanaan, terjadi kelaparan besar, sehingga Abraham pergi ke Mesir.

Karena istrinya Sara sangat cantik, Abraham takut apabila seseorang di Mesir mungkin menginginkannya lalu membunuhnya agar bisa mendapatkan Sara. Di masa itu, hal ini sangatlah mungkin terjadi, sehingga Abraham memperkenalkan Sara sebagai adiknya. Secara teknis, Sara adalah saudara tirinya, jadi ini bukanlah kebohongan. Tapi di masa itu, iman Abraham tidak sepenuhnya diusahakan ke titik di mana ia berkonsultasi dengan Allah mengenai segala sesuatunya. Jadi ini adalah keadaan di mana ia bergantung pada pikiran kedagingannya.

Sara begitu cantik hingga Firaun Mesir membawa Sara ke

istananya. Abraham berpikir bahwa dengan memberi tahu orang-orang bahwa istrinya adalah adiknya sendiri adalah cara terbaik dalam situasi ini, tapi hal ini menyebabkan dia kehilangan istrinya. Melalui kejadian ini, Abraham mendapatkan pelajaran yang besar, dan sejak saat itu dan seterusnya, ia belajar untuk mempercayakan segalanya kepada Allah.

Akibatnya, Allah membawa malapetaka besar atas Firaun dan rumahnya karena Sara, dan Firaun segera mengembalikan Sara kepada Abraham. Karena Abraham bergantung pada pikiran kedagingannya, ia mengalami masa-masa sulit yang sementara, tetapi pada akhirnya, dia tidak terluka, dan ia mendapatkan kekayaan yang besar termasuk domba, sapi, pegawai, dan keledai. Seperti tertulis dalam Roma 8:28, "Kita tahu sekarang, bahwa Allah turut bekerja dalam segala sesuatu untuk mendatangkan kebaikan bagi mereka yang mengasihi Dia, yaitu bagi mereka yang terpanggil sesuai dengan rencana Allah." bagi orang-orang yang taat kepada-Nya, Allah menyiapkan jalan keluar untuk pengujian, dan tetap bersama mereka melewati pengujian-pengujian itu. Mereka mungkin untuk sejenak mengalami masa-masa sulit, tapi akhirnya mereka akan melewatnya dengan iman dan menerima berkat.

Misalkan seseorang bertahan hidup dengan memperoleh upah harian. Jika dia menguduskan harinya Tuhan, ada satu hari di mana keluarganya akan kelaparan. Dalam situasi ini, seseorang yang beriman akan menaati perintah Allah dan menguduskan hari Tuhan, meski itu berarti dia akan kelaparan. Lalu akankah orang itu beserta keluarganya menjadi kelaparan? Tentu tidak! Seperti Allah mengirimkan roti manna untuk memberi makan bangsa Israel, Allah akan memberikan makanan dan pakaian juga bagi orang yang taat itu.

Inilah sebabnya mengapa dalam Matius 6:25, Yesus berkata "Janganlah kuatir akan hidupmu, akan apa yang hendak kamu makan atau minum, dan janganlah kuatir pula akan tubuhmu, akan apa yang hendak kamu pakai." Pandanglah burung-burung di langit, yang tidak menabur dan tidak menuai dan tidak mengumpulkan bekal dalam lumbung. Bunga bakung di ladang, yang tumbuh tanpa bekerja dan tanpa memintal. Namun Allah memberi makan dan mendandani mereka. Jadi tidakkah Ia akan terlebih lagi menjaga anak-anak-Nya yang taat kepada-Nya dan mencari kehendak-Nya, sehingga mereka tidak akan menghadapi kesulitan?

Allah memberkati bahkan selama masa pengujian

Ketika kita memeriksa orang-orang yang bertindak sesuai dengan Firman Allah dan mereka terus berada di jalan yang benar, kita dapat melihat bahwa bahkan di tengah-tengah pengujian, Allah turut bekerja dalam segala sesuatu untuk mendatangkan kebaikan. Meskipun keadaan saat ini di depan mata mereka tampak sulit dan sukar, pada akhirnya, keadaan itu benar-benar berakhir menjadi sebuah berkat.

Ketika kerajaan selatan Yehuda hancur, tiga teman Daniel ditawan dan dibawa ke kerajaan Babel. Meskipun mereka diancam dilemparkan ke perapian, mereka tidak sujud menyembah berhala, dan mereka sedikit pun tidak berkompromi dengan dunia. Karena mereka percaya pada kuasa Allah, mereka percaya bahwa meski mereka dilemparkan ke dalam perapian, Allah akan dapat menyelamatkan mereka. Dan bahkan jika mereka tidak diselamatkan, mereka bertekad untuk tetap memegang iman mereka dan tidak sujud kepada berhala manapun. Inilah jenis iman yang mereka tunjukkan. Bagi mereka, Hukum Allah lebih penting dari pada hukum di negeri mereka.

Mendengar ketidaktaatan anak-anak muda ini, raja menjadi marah, dan menaikkan suhu perapian itu menjadi tujuh kali lebih panas dari suhu aslinya. Ketiga teman Daniel diikat dan dilemparkan ke dalam perapian itu. Tapi karena Allah melindungi mereka, tidak sehelai rambut pun dari kepala mereka hangus, ataupun ada bau api pada mereka (Daniel 3:13-27).

Sama halnya dengan Daniel. Meskipun ada ketetapan yang mengatakan jika ada manusia yang berdoa kepada dewa selain raja, mereka akan dilemparkan ke dalam gua singa, Daniel hanya menaati kehendak Allah. Dia tidak melakukan dosa dengan berhenti berdoa, dan mengikuti kebiasaan sehari-harinya, ia terus berdoa menghadap ke arah Yerusalem tiga kali sehari. Pada akhirnya, Daniel dilemparkan ke gua singa, tapi Allah mengutus malaikat dan menutup mulut singa itu sehingga Daniel sama sekali tidak terluka.

Betapa indahnya saat melihat orang yang tidak berkompromi dengan dunia demi menjaga iman mereka! Hidup benar hanya oleh iman. Ketika Anda menyenangkan Allah dengan iman, Dia akan membalasnya dengan berkat. Meski Anda ditekan seakan-akan hidup Anda terancam, tetapi jika Anda taat dan menunjukkan iman Anda hingga akhir, Allah akan memberikan Anda jalan keluar, dan Dia akan selalu bersama dengan Anda.

Abraham juga diberkati di tengah-tengah pengujian. Bukan hanya itu, bahkan orang-orang yang bersama-sama dengan Abraham pun diberkati karena dirinya. Di masa sekarang, air sangat berharga di kawasan Timur Tengah di mana Israel berada. Air juga sangat berharga di zaman Abraham. Tapi ke mana pun Abraham pergi bukan hanya air yang berlimpah, tapi karena dia sangat diberkati, keponakannya Lot juga mendapat berkat dan memiliki kawanan ternak yang besar serta emas dan perak yang banyak.

Di zaman itu, memiliki banyak hewan ternak berarti makanan dan kekayaan yang melimpah. Ketika keponakannya Lot ditangkap, Abraham membawa 318 pelayannya yang terlatih untuk menyelamatkan Lot. Ini saja membuat kita tahu betapa kayanya dia. Karena Abraham, yang dengan giat menaati Firman Allah, tanah dan daerah yang dia diami diberkati dan orang-orang yang bersama-sama dengannya pun turut diberkati.

Bahkan raja-raja di negeri-negeri sekitarnya tidak bisa berbuat apa pun pada Abraham karena dia sangat dihormati. Abraham menerima segala berkat yang seseorang bisa dapatkan selama hidupnya: ketenaran dan kekayaan, kekuasaan, kesehatan, dan keturunan. Seperti tertulis dalam Ulangan Pasal 28, Abraham adalah jenis orang yang menerima berkat saat dia masuk dan saat dia keluar. Juga, sebagai anak Allah yang sejati, dia menjadi akar berkat, dan bapa iman. Selain itu, dia memahami kedalaman hati Allah, sehingga Allah bahkan dapat membagikan hati-Nya kepada Abraham dan memanggilnya 'sahabat'. Kemuliaan dan berkat yang sungguh luar biasa!

Karakter bejana Abraham

Alasan mengapa Abraham sangat diberkati adalah karena dia memiliki 'karakter bejana' yang baik. Dia adalah manusia yang memiliki jenis kasih yang diuraikan dalam 1 Korintus Pasal 13 dan dia menghasilkan sembilan buah Roh Kudus seperti yang diuraikan dalam Galatia Pasal 5.

Sebagai contohnya, Abraham bertindak dengan kebaikan dan kasih dalam segala hal. Dia tidak pernah membenci ataupun memusuhi orang lain. Dia tidak pernah melihat kelemahan orang lain dan dia melayani semua orang. Karena dia memiliki buah sukacita, tidak peduli dengan pencobaan yang muncul dalam hidupnya, dia tidak pernah sedih ataupun marah. Karena dia sepenuhnya percaya kepada Allah, dia dapat bersukacita setiap saat. Apa pun keadaannya, dia tak pernah emosi ataupun membuat keputusan bias. Dia sabar, dan selalu mendengarkan suara Allah.

Abraham juga seorang yang murah hati. Saat dia harus berpisah dengan keponakannya, Lot, meski dia lebih tua dari Lot, dia membiarkan Lot yang pertama memilih tanah yang dia inginkan. Dia berkata "Jika kau pergi ke kiri, aku akan pergi ke kanan. Jika kau pergi ke kanan, aku akan pergi ke kiri," dan dia memperbolehkan Lot untuk memilih tanah yang lebih baik. Kebanyakan orang akan berpikir bahwa orang yang posisinya atau tingkatannya lebih tinggi haruslah yang mendapat pilihan yang lebih baik. Namun, Abraham adalah seseorang yang dapat mengalah kepada orang lain dan seseorang yang melayani serta mengorbankan dirinya demi orang lain.

Juga, karena Abraham telah mengusahakan hatinya dengan kebaikan rohani, saat Lot harus menghadapi kehancuran bersama dengan tanah Sodom, dia menjadi penengah bagi mereka (Kejadian 18:22-32). Akibatnya, ia menerima janji dari Allah bahwa Dia tidak akan memusnahkan kota itu jika saja ada sepuluh orang benar ditemukan di Sodom. Namun, Sodom dan Gomora bahkan tidak memiliki sepuluh orang benar, sehingga dimusnahkan. Tapi meskipun begitu, Allah menyelamatkan Lot karena Abraham.

Seperti tertulis dalam Kejadian 19:29, "Demikianlah pada waktu Allah memusnahkan kota-kota di Lembah Yordan dan menunggangbalikkan kota-kota kediaman Lot, maka Allah ingat kepada Abraham, lalu dikeluarkan-Nyalah Lot dari tengah-tengah tempat yang ditunggangbalikkan itu," Allah menyelamatkan keponakan kesayangan Abraham, Lot, supaya Abraham tidak bersedih hati.

Abraham setia kepada Allah hingga di titik dia mengorbankan anaknya yang tunggal, Ishak, yang dia dapatkan saat berusia 100 tahun. Baik dalam mengajar anaknya, atau dalam hubungannya dengan hamba-hamba serta sesamanya, dia begitu sempurna dan setia kepada semua rumah tangga Allah sehingga ia bahkan bisa dianggap sempurna. Dia tidak pernah menentang siapa pun dengan kasar; dia selalu damai dan lembut. Dia melayani dan menolong orang lain dengan hati yang baik. Dan dia begitu mengendalikan dirinya atas apa pun yang dia perbuat, dia tidak pernah berlaku tak sopan, ataupun melewati batas.

Seperti inilah, Abraham menghasilkan sembilan buah Roh Kudus dengan sempurna sehingga dia tidak kekurangan satu buah pun. Dia juga memiliki hati yang baik. Akhirnya, dia adalah bejana yang sangat indah. Namun menjadi orang yang diberkati seperti Abraham sama sekali bukan hal yang sulit. Kita hanya harus menirunya. Karena Allah Pencipta yang Mahabesar adalah Bapa kita, mengapa dia tidak akan menjawab doa-doa dan permohonan anak-anak-Nya?

Proses untuk menjadi seperti Abraham ini sama sekali tidak sulit. Satu-satunya bagian yang sulit adalah jika pikiran kita menguasai kita. Jika kita benar-benar percaya dan bergantung pada Allah serta menaati-Nya, maka Allah Abraham akan menjaga kita dan menuntun kita kepada berkat!

Glosarium dan Penjelasan atas Konsep

Ketaatan dan berkat atas Nuh, seorang yang benar

"Inilah riwayat Nuh: Nuh adalah seorang yang benar dan tidak bercela di antara orang-orang sezamannya; dan Nuh itu hidup bergaul dengan Allah. Nuh memperanakkan tiga orang laki-laki: Sem, Ham dan Yafet." (Kejadian 6:9-10).

Manusia pertama, Adam, menghabiskan waktu yang sangat lama di Taman Eden. Tapi setelah ia berdosa ia diusir dari Taman Eden dan kemudian turun dan hidup di Bumi. 1.000 tahun kemudian, Nuh lahir sebagai keturunan Seth, seorang manusia yang memuliakan Allah. Nuh, yang juga merupakan keturunan Henokh, belajar dari pengajaran-pengajaran ayahnya Lamekh dan kakeknya Metusalah serta dibesarkan sebagai orang benar di tengah-tengah dunia yang penuh dosa. Karena dia ingin memberikan kepada Allah segala yang ia miliki, ia menjaga hatinya murni dan tidak menikah sampai ia tahu bahwa Allah punya rencana istimewa untuk hidupnya. Jadi saat usianya 500 tahun Nuh menikah dan membangun sebuah keluarga (Kejadian 5:32).

Nuh sudah tahu tentang penghakiman air bah dan pengusahaan manusia akan dimulai kembali melalui dia. Oleh karena itu dia mendedikasikan hidupnya untuk menaati kehendak Allah. Inilah sebabnya mengapa Allah memilih Nuh seorang yang benar dan yang akan menaati Allah sepenuh hati dalam membangun bahtera tanpa memedulikan pikiran, alasannya, ataupun berdalih.

Simbolisme rohani pada bahtera Nuh

"Buatlah bagimu sebuah bahtera dari kayu gofir; bahtera itu harus kaubuat berpetak-petak dan harus kaututup dengan pakal dari luar dan dari dalam. Beginilah engkau harus membuat bahtera itu: tiga ratus hasta panjangnya, lima puluh hasta lebarnya dan tiga puluh hasta tingginya. Buatlah atap pada bahtera itu dan selesaikanlah bahtera itu sampai sehasta dari atas, dan pasanglah pintunya pada lambungnya; buatlah bahtera itu bertingkat bawah, tengah dan atas. (Kejadian 6:14-16).

Bahtera Nuh itu berstruktur besar: panjang 138 meter, lebar 23 meter, dan tingginya 14 meter, dan itu dibangun sekitar 4.500 tahun yang lalu. Akibat pengaruh orang-orang dari Taman Eden, pengetahuan dan keterampilan Nuh luar biasa, tetapi karena ia membangun bahtera sesuai dengan desain yang Allah berikan, Nuh dan keluarganya berdelapan serta semua jenis hewan mampu bertahan selama 40 hari selama air bah, tinggal di bahtera selama lebih dari satu tahun.

Bahtera adalah simbolisme rohani Firman Allah, dan masuk ke dalam bahtera melambangkan keselamatan. Dan tiga dek pada bahtera itu menandakan fakta bahwa Allah Tritunggal—Bapa, Anak, dan Roh Kudus—akan menyempurnakan sejarah pengusahaan manusia.

Pegunungan Ararat, tempat di mana bahtera itu menepi

Penghakiman air bah, yang terjadi di tengah-tengah keadilan Allah
"Lalu berfirmanlah TUHAN kepada Nuh: "Masuklah ke dalam bahtera itu, engkau dan seisi rumahmu, sebab engkaulah yang Kulihat benar di hadapan-Ku di antara orang zaman ini." (Kejadian 7:1).

"'Sebab tujuh hari lagi Aku akan menurunkan hujan ke atas bumi empat puluh hari empat puluh malam lamanya, dan Aku akan menghapuskan dari muka bumi segala yang ada, yang Kujadikan itu.' Lalu Nuh melakukan segala yang diperintahkan TUHAN kepadanya." (Kejadian 7:4-5).

Allah memberikan manusia banyak kesempatan untuk bertobat sebelum air bah terjadi. Selama tahun-tahun merampungkan bahtera itu, Allah membuat Nuh memberitakan kabar pertobatan kepada semua manusia, tapi hanya beberapa orang saja yang percaya dan menaati Noah yaitu keluarganya. Masuk ke dalam bahtera menandakan menaruh segala hal yang Anda nikmati di dunia ini di belakang Anda dan membuang segalanya.

Meskipun orang-orang sudah terlalu jauh untuk berbalik, Allah bahkan memberikan kepada mereka peringatan tujuh hari agar bertobat dan terhindar dari penghakiman. Dia tidak ingin mereka menghadapi penghakiman. Dengan hati yang penuh kasih serta belas kasihan, Allah memberi mereka kesempatan untuk berubah hingga akhir. Namun, tak seorang pun yang bertobat ataupun masuk ke dalam bahtera. Bahkan, mereka semakin berbuat dosa! Pada akhirnya, mereka tenggelam dalam Penghakiman Air Bah.

Akan Penghakiman

"... akan penghakiman, karena penguasa dunia ini telah dihukum."

(Yohanes 16:11)

"TUHAN mengadili bangsa-bangsa. Hakimilah aku, TUHAN, apakah aku benar, dan apakah aku tulus ikhlas." *(Mazmur 7:8)*

"Engkau berkata: 'Aku tidak bersalah! Memang, murka-Nya telah meninggalkan aku!' Sesungguhnya Aku akan membawa engkau ke pengadilan, oleh karena engkau berkata: 'Aku tidak berdosa!'" *(Yeremia 2:35)*

"Segeralah berdamai dengan lawanmu selama engkau bersama-sama dengan dia di tengah jalan, supaya lawanmu itu jangan menyerahkan engkau kepada hakim dan hakim itu menyerahkan engkau kepada pembantunya dan engkau dilemparkan ke dalam penjara." *(Matius 5:22)*

"... dan mereka yang telah berbuat baik akan keluar dan bangkit untuk hidup yang kekal, tetapi mereka yang telah berbuat jahat akan bangkit untuk dihukum." *(Yohanes 5:29)*

"Dan sama seperti manusia ditetapkan untuk mati hanya satu kali saja, dan sesudah itu dihakimi," *(Ibrani 9:27)*

"Sebab penghakiman yang tak berbelas kasihan akan berlaku atas orang yang tidak berbelas kasihan. Tetapi belas kasihan akan menang atas penghakiman." *(Yakobus 2:13)*

"Dan aku melihat orang-orang mati, besar dan kecil, berdiri di depan takhta itu. Lalu dibuka semua kitab. Dan dibuka juga sebuah kitab lain, yaitu kitab kehidupan. Dan orang-orang mati dihakimi menurut perbuatan mereka, berdasarkan apa yang ada tertulis di dalam kitab-kitab itu." *(Wahyu 20:12)*

Bab 11

Dosa karena Tidak Menaati Allah

> *"Lalu firman-Nya kepada manusia itu: "Karena engkau mendengarkan perkataan isterimu dan memakan dari buah pohon, yang telah Kuperintahkan kepadamu: Jangan makan dari padanya, maka terkutuklah tanah karena engkau; dengan bersusah payah engkau akan mencari rezekimu dari tanah seumur hidupmu: Semak duri dan rumput duri yang akan dihasilkannya bagimu, dan tumbuh-tumbuhan di padang akan menjadi makananmu; dengan berpeluh engkau akan mencari makananmu, sampai engkau kembali lagi menjadi tanah, karena dari situlah engkau diambil; sebab engkau debu dan engkau akan kembali menjadi debu."*
> *(Kejadian 3:17-19)*

Banyak orang yang mengatakan bahwa hidup memiliki kesulitannya sendiri. Alkitab menyatakan bahwa dilahirkan ke dunia ini dan hidup di dalamnya adalah siksaan. Dalam Ayub 5:7, Elifas berkata kepada Ayub, yang tengah kalut "Melainkan manusia menimbulkan kesusahan bagi dirinya, seperti bunga api berjolak tinggi." Seseorang yang sedikit bekerja keras untuk mencari nafkah, dan seseorang yang sangat bekerja keras untuk masalah yang berbeda dalam hidup. Dan setelah seseorang bekerja keras untuk suatu tujuan tertentu, dan nampaknya tujuan itu tercapai, senja kehidupan telah menjelang. Ketika saatnya tiba, bahkan orang paling sehat sekalipun mengalami kematian.

Tidak ada seorang pun dapat menghindari kematian, jadi jika Anda menelaahnya, hidup itu seperti kabut sementara, atau suatu awan tinggi. Jadi apa alasan orang-orang menghadapi segala macam pengujian yang berbeda-beda dalam "roda" kehidupan ini? Alasan utama dan aslinya adalah karena dosa tidak menaati Allah. Lewat Adam, Saul, dan Kain, kita bisa melihat secara rinci akibat dari melakukan dosa karena tidak menaati Allah.

Adam, manusia yang diciptakan dalam rupa Allah

Allah Pencipta menciptakan manusia pertama, Adam, yang serupa dengan Gambar-Nya, yang kemudian menghembuskan napas kehidupan ke dalam hidungnya, dan dia menjadi makhluk yang hidup, atau roh yang hidup (Kejadian 2:7). Allah membuat sebuah taman di timur di Eden dan menempatkan manusia itu di sana. Lalu Dia berfirman, "Semua pohon dalam taman ini boleh kaumakan buahnya dengan bebas, tetapi pohon pengetahuan tentang yang baik dan yang jahat itu, janganlah kaumakan buahnya, sebab pada hari engkau memakannya, pastilah engkau mati." (Kejadian 2:16-17).

Dan karena melihat bahwa tidak baik bagi Adam sendirian, Allah mengambil salah satu rusuk Adam dan menciptakan Hawa. Allah memberkati mereka dan memerintahkan mereka untuk beranak-cucu dan bertambah banyak. Dia juga membiarkan manusia itu berkuasa atas ikan-ikan di laut, burung-burung di udara dan atas segala binatang yang merayap di bumi (Kejadian 1:28).

Karena menerima berkat yang besar ini dari Allah, Adam dan Hawa punya banyak hal untuk dimakan, memiliki banyak keturunan, dan memiliki kehidupan yang berlimpah.

Pada mulanya, seperti bayi yang baru lahir, Adam tidak memiliki apa pun dalam ingatannya. Dia sepenuhnya kosong. Namun, Allah berjalan dengan Adam dan mengajarkannya banyak hal supaya dia dapat hidup sebagai tuan atas seluruh ciptaan. Allah mengajarkan Adam mengenai Dia, alam semesta, dan hukum-hukum rohani. Allah juga mengajarkan Adam bagaimana cara untuk hidup sebagai manusia rohani. Dia mengajari Adam pengetahuan tentang yang baik dan jahat. Selama bertahun-tahun Adam menaati Allah dan hidup untuk waktu yang sangat lama di Taman Eden.

Adam memakan buah terlarang

Suatu hari iblis si musuh, penguasa udara, menghasut seekor ular, yang adalah hewan paling licik, dan menggoda Hawa melalui ular itu. Si ular, yang telah dihasut Iblis, tahu bahwa Allah telah memberi tahu manusia itu untuk jangan makan buah dari pohon yang ada di tengah-tengah Taman Eden. Tapi untuk menggoda Hawa, si ular berkata "Tentulah Allah berfirman: Semua pohon dalam taman ini jangan kamu makan buahnya, bukan?" (Kejadian 3:1)

Bagaimanakah Hawa menjawab pertanyaan ini? Dia berkata, "Buah pohon-pohonan dalam taman ini boleh kami makan, tetapi tentang buah pohon yang ada di tengah-tengah taman, Allah berfirman: Jangan kamu makan ataupun raba buah itu, nanti kamu mati." (Kejadian 3:2-3, NKJV). Allah secara khusus mengatakan"Sebab pada hari engkau memakannya, pastilah engkau mati." (Kejadian 2:17). Mengapa Hawa mengubah firman Allah menjadi "nanti kamu mati"? "Nanti" berarti "takutnya nanti". Kata-

kata ini menandakan bahwa tidak ada kemutlakan. "Takutnya nanti mati" dan "Pasti mati" itu berbeda. Ini membuktikan bahwa dia tidak menorehkan firman Allah dalam hatinya. Jawabannya membuktikan bahwa dia tidak memiliki iman yang mutlak pada kenyataannya bahwa mereka akan "pasti mati".

Ular licik itu tidak melewatkan kesempatan ini dan menyerang, "Sekali-kali kamu tidak akan mati, tetapi Allah mengetahui, bahwa pada waktu kamu memakannya matamu akan terbuka, dan kamu akan menjadi seperti Allah, tahu tentang yang baik dan yang jahat." (kejadian 3:4-5). Ular itu bukan saja berbohong, ular itu bahkan memicu keserakahan dalam Hawa! Dan karena ular itu meniup keserakahan dalam pikiran Hawa, pohon pengetahuan tentang yang baik dan yang jahat, yang Hawa bahkan tak pernah terpikirkan untuk menyentuhnya, atau bahkan mendekatinya, kini sungguh mulai terlihat baik dan lezat. Pohon itu sungguh nampak baik dan cukup membuat seseorang berhikmat! Sehingga akhirnya, Hawa memakan buah terlarang itu, dan memberikan buah itu pada suaminya yang juga ikut memakannya.

Akibat dosa Adam karena tidak menaati Allah

Jadi beginilah cara Adam, nenek moyang manusia, tidak menaati perintah Allah. Karena Adam dan Hawa tidak secara konkret menorehkan firman Allah dalam hati mereka, sehingga mereka jatuh ke dalam godaan iblis si musuh dan setan dan tidak menaati perintah Allah. Sehingga, karena Allah telah berfirman, Adam dan Hawa 'pastilah mati'.

Namun, seperti yang kita baca dalam Alkitab, kita melihat bahwa mereka tidak langsung mati. Mereka sesungguhnya hidup bertahun-tahun lamanya dan memiliki banyak keturunan. Saat Allah berfirman, "Engkau pasti mati," yang Dia maksud bukanlah kematian fisik di mana seseorang berhenti bernapas. Dia mengacu pada kematian fundamental, yang mana berarti kematian roh. Pada mulanya, manusia diciptakan dengan roh yang dapat berkomunikasi dengan Allah, jiwa dikendalikan oleh roh, dan tubuh, yang bertindak sebagai tabut bagi roh dan jiwa (1 Tesalonika 5:23). Sehingga ketika manusia melanggar perintah Allah, roh, yang adalah master manusia, menjadi mati.

Dan karena roh manusia telah mati akibat dosa karena tidak menaati Allah, hubungannya dengan Allah terputus, sehingga dia tidak bisa lagi hidup di Taman Eden. Ini karena orang berdosa tidak bisa hidup berdampingan dengan Allah dalam hadirat-Nya. Inilah saat di mana kesulitan manusia dimulai. Kesusahan di waktu mengandung akan berkali-kali lipat, dengan kesakitan dia akan melahirkan anaknya; dia akan berahi kepada suamimu dan ia akan berkuasa atasnya. Dan dengan bersusah payah selama seumur hidupnya dia akan mencari rezeki dari tanah yang telah dikutuk karenanya.(Kejadian 3:16-17). Seluruh ciptaan dikutuk bersama-sama dengan Adam, dan harus menderita bersama-sama dengannya. Di atas segalanya, seluruh keturunan Adam, yang dilahirkan dari garis keturunannya, terlahir sebagai orang berdosa, dan ditetapkan untuk maut.

Alasan Allah menempatkan pohon tentang pengetahuan yang baik dan jahat

Sebagian orang mungkin bertanya-tanya, "Apakah Allah Mahabesar tidak tahu bahwa Adam akan memakan buah terlarang itu? Jika Dia sudah tahu, mengapa Dia menempatkan pohon itu di Taman Eden dan memperkenankan Adam untuk tidak taat? Jika buah terlarang itu tidak ada, bukankah itu akan mencegah Adam berbuat dosa? " Namun, Jika Allah tidak menempatkan buah terlarang itu di Taman, akankah Adam dan Hawa mengalami pengucapan syukur, sukacita, kebahagiaan, dan kasih? Tujuan Allah menempatkan buah terlarang itu di Taman Eden adalah bukan untuk membuat kita menuju ke jalan kematian. Itu adalah pemeliharaan Allah, untuk mengajarkan kita tentang relativitas.

Karena segala yang ada di Taman Eden adalah kebenaran, orang-orang di Taman Eden tidak dapat memahami apa itu ketidakbenaran. Karena kejahatan tidak ada di sana, manusia tidak tahu apakah sesungguhnya kebencian, penderitaan, penyakit, atau kematian itu. Jadi secara keseluruhan, manusia di sana tidak bisa memahami apakah kehidupan berbahagia yang sejati itulah yang mereka alami. Karena mereka tidak pernah mengalami ketidakbahagiaan, mereka tidak tahu apa itu kebahagiaan sejati dan apa itu ketidakbahagiaan sejati. Itulah sebabnya mengapa pohon tentang pengetahuan yang baik dan jahat itu penting.

Allah ingin memiliki anak-anak benar yang memahami apa itu kasih dan kebahagiaan sejati. Jika manusia pertama Adam tahu apa itu kebahagiaan sejati saat dia berada di Taman Eden, lalu bagaimana bisa dia tidak menaati Allah? Inilah sebabnya mengapa Allah menempatkan pohon tentang pengetahuan yang baik dan jahat di taman itu, dan merupakan pengusahaan manusia di sini di Bumi supaya manusia dapat belajar relativitas hal-hal. Melalui proses pengusahaan ini, manusia mengalami kemenangan dan kegagalan, baik dan jahat, semuanya melalui relativitas. Hanya ketika manusia belajar kebenaran melalui proses ini, dia dapat sepenuhnya mengerti dan mengasihi Allah dari lubuk hatinya.

Cara untuk dibebaskan dari kutuk karena dosa.

Saat Adam hidup di Taman Eden, dia menaati Allah dan belajar tentang kebaikan dari Allah. Tapi setelah dia tidak taat, keturunannya menjadi budak bagi iblis si musuh, dan mereka menjadi semakin dan semakin tercemar oleh kejahatan ketika generasi demi generasi berlalu. Semakin waktu berlalu, semakin jahatlah mereka. Bukan hanya mereka terlahir dengan dosa yang mereka warisi dari orangtua mereka, tapi mereka juga menyatakan lebih banyak dosa dalam pikiran mereka ketika mereka tumbuh dan belajar melalui apa yang mereka lihat dan dengar. Allah sudah tahu Adam akan memakan buah terlarang itu. Dia sudah tahu seluruh dunia ini akan dipenuhi oleh dosa. Dia juga sudah tahu manusia akan menuju ke jalan kematian. Itulah sebabnya mengapa Dia telah menyiapkan Juruselamat, Yesus Kristus, sejak sebelum dunia dijadikan. Ketika waktu yang sudah ditentukan tiba, Dia mengirim Yesus ke dunia ini.

Untuk mengajarkan manusia tentang kehendak Allah, Yesus mengabarkan injil kerajaan surga dan menunjukkan tanda-tanda serta mukjizat. Kemudian Dia disalib di atas kayu salib dan mencurahkan darahnya yang kudus untuk membayar harga atas segala dosa umat manusia. Oleh karena itu, siapa pun yang menerima Yesus Kristus menerima Roh Kudus sebagai suatu karunia. Jalan menuju keselamatan terbuka lebar bagi mereka yang membuang ketidakbenaran dan hidup dalam kebenaran dengan mengikuti tuntunan Roh Kudus. Jika manusia memulihkan gambar Allah yang pernah mereka hilangkan dan jika mereka takut akan Allah dan berpegang pada perintah-Nya, yang merupakan tugas keseluruhan manusia (Pengkhotbah 12:13), maka mereka dapat menikmati segala berkat yang Allah telah siapkan bagi mereka. Mereka dapat menikmati bukan saja kemakmuran dan kesehatan, tapi juga hidup kekal dalam berkat yang kekal.

Seperti yang telah dijelaskan, ketika kita masuk ke dalam Terang, kita bisa dibebaskan dari jerat kutuk dosa. Betapakah damainya hati kita setelah kita bertobat dan mengaku, membuang dosa-dosa kita dan merapikan pikiran kita untuk hidup sesuai dengan Firman Allah! Ketika kita percaya Firman Allah dan menerima doa, kita bisa melihat bagaimana kita menjadi bebas dari penyakit, kesulitan, cobaan dan kesengsaraan. Allah mengambil sukacita anak-anak-Nya yang menerima Yesus Kristus dan hidup dalam kebenaran, dan Dia membebaskan mereka dari segala kutuk.

Akibat dosa ketidaktaatan Saul terhadap Allah

Saul menjadi raja pertama karena permintaan bangsa Israel untuk memiliki seorang raja. Dia lahir dari suku Benyamin, dan tidak ada orang yang seelok dan selembut Saul di Israel. Dan saat Saul diurapi sebagai raja, dia adalah orang yang sangat rendah hati yang memerhatikan orang lain dibandingkan dirinya sendiri. Tapi setelah ia menjadi raja, sedikit demi sedikit, Saul mulai tidak menaati perintah Allah. Dia merendahkan posisi imam tinggi dan bertindak bodoh (1 Samuel 13:8-13), akhirnya berbuat dosa ketidaktaatan.

Dalam 1 Samuel Pasal 15, Allah berfirman pada Saul untuk sepenuhnya menghancurkan bangsa Amalek, tapi Saul tidak menaatinya. Alasan mengapa Allah menyuruh dia menghancurkan bangsa Amalek dicatat dalam Keluaran Pasal 17. Ketika bangsa Israel menuju tanah Kanaan setelah keluar dari Mesir, bangsa Amalek berperang melawan bangsa Israel.

Karena alasan inilah, Allah berjanji akan menghapuskan sama sekali ingatan akan Amalek dari kolong langit. (Keluaran 17:14), dan karena Allah mengabaikannya, Dia bermaksud menggenapi janji ini beberapa ratus tahun kemudian, di zaman Saul. Lewat Nabi Samuel, Allah memerintahkan, "Jadi pergilah sekarang, kalahkanlah orang Amalek, tumpaslah segala yang ada padanya, dan janganlah ada belas kasihan kepadanya. Bunuhlah semuanya, laki-laki maupun perempuan, kanak-kanak maupun anak-anak yang menyusu, lembu maupun domba, unta maupun keledai." (ayat 3).

Namun, Saul tidak menaati Allah. Dia membawa pulang Raja Agag sebagai tahanan, dan dia juga membawa pulang kambing, lembu jantan, hewan sembelihan, domba terbaik, dan juga semua yang baik. Dia ingin menunjukkan rampasannya pada orang-orang dan menerima pujian mereka. Saul melakukan apa yang menurutdia baik dalam pikirannya, tapi tidak menaati Allah. Nabi Samuel menjelaskan dengan cara yang Saul dapat pahami, Saul tidak bertobat, tapi malah berdalih (1 Samuel 15:17-21). Saul berkata dia membawa pulang kambing dan hewan ternak pilihan supaya rakyatnya dapat memberikan persembahan bagi Allah.

Menurut Anda apa yang Allah katakan mengenai dosa ketidaktaatan ini? 1 Samuel 15:22-23 berkata, "Sesungguhnya, mendengarkan lebih baik dari pada korban sembelihan, memperhatikan lebih baik dari pada lemak domba-domba jantan. Sebab pendurhakaan adalah sama seperti dosa bertenung dan kedegilan adalah sama seperti menyembah berhala dan terafim." Dosa ketidaktaatan ini seperti dosa bertenung dan menyembah berhala." Bertenung adalah sihir, yang merupakan subyek dosa berat bagi penghakiman Allah, dan menyembah berhala adalah dosa yang Allah anggap sebagai kekejian.

Akhirnya, Samuel menyesah Saul, "Karena engkau telah menolak firman TUHAN, maka Ia telah menolak engkau sebagai raja." (1 Samuel 15:23). Tapi Saul masih saja tidak bertobat dengan sungguh-sungguh. Malah, untuk menjaga citra yang baik, dia meminta Samuel menghormatinya di depan bangsanya (1 Samuel 15:30). Apakah yang lebih mengerikan dan menyedihkan dari pada ditolak Allah? Tapi ini tidak berlaku hanya bagi Saul saja. Ini juga berlaku bagi kita di masa ini. Jika kita tidak menaati firman Allah, maka kita tidak bisa terhindar dari konsekuensi atas dosa itu. Ini berlaku bagi bangsa dan juga keluarga kita.

Misalnya, jika seorang hamba tidak menaati raja dan bertindak semaunya, dia harus membayar hukuman atas dosanya. Dalam keluarga, jika seorang anak tidak menaati orangtuanya dan berlaku salah, betapa akan bersedih orangtuanya? Karena ketidaktaatan menyebabkan rusaknya damai sejahtera, luka, dan juga penderitaan.

Akibat ketidaktaatan Saul kepada Allah, bukan saja dia kehilangan kehormatan dan kuasanya, tapi juga dia disiksa roh-roh jahat, dan akhirnya, dia mati dalam peperangan dan berakhir dengan menyedihkan.

Akibat dosa ketidaktaatan Kain kepada Allah

Dalam Kejadian Pasal 4, kita tahu Adam memiliki dua orang anak, Kain dan Habel. Kain bertani, dan Habel beternak. Beberapa waktu kemudian, Kain memberi persembahan bagi Allah dengan hasil tanahnya, dan Habel memberi persembahan bagi Allah dengan hasil ternaknya, dan juga lemak-lemaknya. Allah mendapati kemurahan hati dalam diri Habel dan persembahannya, tapi Dia tidak mendapati kemurahan hati dalam persembahan Kain.

Ketika Adam diusir dari Taman Eden, Allah berfirman padanya bahwa dia harus membuat persembahan dengan darah hewan agar diampuni (Ibrani 9:22). Adam secara khusus mengajarkan anak-anaknya metode pengorbanan darah ini, dan Kain serta Habel tahu betul jenis pengorbanan apa yang Allah kehendaki. Habel memiliki hati yang baik, sehingga ia taat dan melakukan tepat seperti yang diajarkan padanya, dan memberikan persembahan sesuai dengan yang Allah kehendaki. Tapi Kain, di sisi lain, memberikan persembahan menurut pandangannya sendiri, menurut kenyamanannya sendiri. Inilah sebabnya mengapa Allah menerima persembahan Abel, tapi tidak dengan persembahan Kain. Berlaku juga bagi kita di masa ini. Allah disenangkan dengan penyembahan kita saat kita menyembah-Nya dengan segenap hati, pikiran, dalam roh dan kebenaran. Namun, bila kita menyembah-Nya menurut kehendak kita sendiri, dan bila kita hidup dalam cara hidup pengikut Kristus hanya untuk keuntungan kita sendiri, maka kita tak ada hubungannya dengan Allah.

Dalam Kejadian 4:7, Allah berfirman kepada Kain, "Apakah mukamu tidak akan berseri, jika engkau berbuat baik? Tetapi jika engkau tidak berbuat baik, dosa sudah mengintip di depan pintu; ia sangat menggoda engkau, tetapi engkau harus berkuasa atasnya." Tuhan mencoba mencerahkan Kain supaya dia tidak berbuat dosa. Tapi Kain tidak bisa menguasai dosa dan akhirnya membunuh adiknya.

Jika Kain memiliki hati yang baik, dia akan berbalik dari jalannya, dan bersama dengan adiknya, dia akan memberikan korban yang menyenangkan Allah, dan tidak akan terjadi masalah. Namun, karena dia jahat, dia menentang kehendak Allah. Hal ini melahirkan kecemburuan dan pembunuhan, yang merupakan perbuatan daging, dan akibat atas penghakiman, kutuk menimpanya. Pada akhirnya, Allah berfirman kepada Kain, "Maka sekarang, terkutuklah engkau, terbuang jauh dari tanah yang mengangakan mulutnya untuk menerima darah adikmu itu dari tanganmu. Apabila engkau mengusahakan tanah itu, maka tanah itu tidak akan memberikan hasil sepenuhnya lagi kepadamu; engkau menjadi seorang pelarian dan pengembara di bumi," dan sejak itu, Kain menjadi seorang yang terus melarikan diri.(Kejadian 4:11-12).

Sejauh ini kita belajar melalui kehidupan manusia pertama Adam, Raja Saul, dan Kain, betapa beratnya dosa karena tidak menaati Allah, betapa besarnya pencobaan dan kesengsaraan yang mengikuti sebagai akibat dari dosa tersebut. Ketika seorang percaya yang mengetahui Firman Allah tidak taat, itu berarti tidak menaati Allah. Jika seorang percaya tidak menerima berkat kelimpahan dalam semua aspek hidupnya, itu berarti dengan suatu cara, dia melakukan dosa ini terhadap Allah.

Oleh karena itu kita harus menghancurkan tembok dosa yang menghalangi di antara Allah dan kita. Allah mengutus Yesus Kristus dan Firman kebenaran ke dunia ini untuk memberikan kehidupan yang benar bagi umat manusia yang hidup di tengah-tengah penderitaan akibat dosa. Jika kita tidak hidup sesuai firman kebenaran ini, akibatnya adalah maut.

Kita harus hidup sesuai dengan pengajaran Tuhan yang menuntun kita pada keselamatan, hidup yang kekal, jawaban atas doa-doa, dan berkat. Kita tidak boleh berbuat dosa ketidaktaatan yaitu dengan selalu memeriksa dosa dalam diri kita, bertobat, dan menaati Firman supaya kita dapat menerima keselamatan yang penuh.

Bab 12

"Aku Akan Menghapuskan Manusia dari Muka Bumi"

"Ketika dilihat TUHAN, bahwa kejahatan manusia besar di bumi dan bahwa segala kecenderungan hatinya selalu membuahkan kejahatan semata-mata, maka menyesallah TUHAN, bahwa Ia telah menjadikan manusia di bumi, dan hal itu memilukan hati-Nya. maka menyesallah TUHAN, bahwa Ia telah menjadikan manusia di bumi, dan hal itu memilukan hati-Nya.' Tetapi Nuh mendapat kasih karunia di mata TUHAN. Inilah riwayat Nuh: Nuh adalah seorang yang benar dan tidak bercela di antara orang-orang sezamannya; dan Nuh itu hidup bergaul dengan Allah."
(Kejadian 6:5-9)

Dalam Alkitab kita dapat melihat betapa besarnya dosa manusia selama zaman Nuh. Allah begitu berduka atas penciptaan manusia sehingga Dia menyatakan bahwa Dia akan menghapuskan manusia dari muka bumi lewat Penghakiman Air Bah. Allah menciptakan manusia, Dia berjalan dengan manusia, dan mencurahkan kasih-Nya yang berlimpah kepadanya, lalu mengapa Dia harus menjatuhkan penghakiman air bah kepada manusia seperti ini? Mari kita bahas alasan penghakiman Allah dan bagaimana kita dapat menghindari penghakiman Allah dan malah, menerima berkat-Nya.

Perbedaan antara orang jahat dengan orang baik

Saat kita berinteraksi dengan orang, kita memiliki perasaan tertentu tentangnya. Terkadang kita dapat merasakan apakah mereka baik, atau jahat. Kebanyakan, orang-orang yang tumbuh dalam lingkungan yang baik dan menerima pengajaran yang baik memiliki kepribadian yang lebih lembut dan berhati baik. Sebaliknya, orang-orang yang tumbuh dalam lingkungan yang buruk, melihat dan mengalami banyak hal jahat yang menyimpang dari kebenaran, kebanyakan mereka memiliki kepribadian yang bengkok dan mereka cenderung menjadi pelaku kejahatan. Tentu, ada orang yang akhirnya berjalan dalam ketidakbenaran meskipun mereka tumbuh dalam lingkungan yang baik serta orang-orang yang mengatasi lingkungan tidak baik mereka, dan berakhir menjadi orang sukses dan berhati baik. Tapi seberapa banyak orang yang mungkin dapat tumbuh dalam lingkungan baik dan menerima pendidikan yang baik, dan di atas semuanya itu mencurahkan upaya mereka untuk menjalani kehidupan yang baik?

Jika kita ingin melihat contoh orang-orang baik, kita dapat mempertimbangkan Perawan Maria yang melahirkan Yesus, dan suaminya, Yusuf. Ketika Yusuf mengetahui bahwa Maria telah hamil meski dia tidak berbagi tempat tidur dengannya, apakah yang dia perbuat? Menurut Hukum Taurat di masa itu, seseorang yang berbuat zinah harus dirajam hingga mati. Namun, Yusuf tidak mengungkapkan tentang Maria kepada umum. Dia ingin memutuskan pertunangannya secara diam-diam. Sungguh betapa baiknya hati yang Yusuf miliki!

Di sisi lain, sebuah contoh mengenai orang jahat adalah

Absalom. Ketika saudara tirinya, Amnon, memerkosa adiknya, dalam hatinya dia memutuskan akan membalas dendam. Lalu saat dia mendapatkan kesempatan, Absalom membunuh Amnon. Dan dia bahkan menumbuhkan kebencian terhadap ayahnya, Daud karena masalah ini. Pada akhirnya dia memimpin pemberontakan terhadap ayahnya. Semua kejahatan ini berujung pada akhir tragis Absalom.

Itulah sebabnya mengapa Matius 12:35 berkata, "Orang yang baik mengeluarkan hal-hal yang baik dari perbendaharaannya yang baik dan orang yang jahat mengeluarkan hal-hal yang jahat dari perbendaharaannya yang jahat." Bagi banyak orang, saat mereka dewasa, terlepas dari maksud mereka, kejahatan secara alami ditanam dalam diri mereka. Dahulu, meskipun tidak sering, ada sejumlah orang yang rela mati bagi negeri dan bangsa mereka. Namun, di masa kini, sangatlah sulit menemukan orang-orang seperti ini. Meskipun mereka dicemari oleh kejahatan, banyak orang bahkan tidak menyadari apa itu kejahatan, dan mereka hidup dengan anggapan bahwa mereka benar.

Mengapa penghakiman Allah datang

Ketika kita melihat apa yang dicatat dalam Alkitab atau sejarah umat manusia, terlepas dari zaman yang mana, ketika dosa umat manusia telah mencapai puncaknya dan melewati batas, penghakiman berat Allah datang. Kita dapat mengkategorikan penghakiman Allah ke dalam tiga kategori utama.

Ketika penghakiman Allah turun bagi orang tidak percaya, penghakiman itu dapat turun bagi suatu bangsa, atau bagi seseorang. Ada juga kasus-kasus di mana penghakiman Allah turun atas umat-Nya. Ketika suatu bangsa seluruhnya berbuat dosa yang telah melampaui etika kemanusiaan, kesengsaraan hebat turun atas seluruh bangsa itu. Jika seseorang berbuat dosa yang layak mendapatkan penghakiman, Allah akan membinasakannya. Ketika umat Allah melakukan pelanggaran, mereka didisiplinkan. Hal itu karena Allah mengasihi umat-Nya; dia mengizinkan pencobaan dan kesengsaraan turun atas mereka supaya mereka dapat belajar dari kesalahan mereka, dan berbalik darinya.

Sebagai Pencipta, Allah bukan saja mengawasi seluruh manusia di dunia, tapi juga sebagai Hakim Dia juga mengizinkan manusia untuk 'menuai apa yang ia tabur'. Di masa lalu ketika manusia tidak mengenal Allah, jika dengan hati yang baik mereka mencari Allah atau berusaha untuk hidup dalam kebenaran, Allah terkadang menyatakan Diri-Nya kepada mereka melalui mimpi dan membiarkan mereka tahu bahwa dia Allah yang hidup.

Raja Nebukadnezar dari Kerajaan Babel tidak percaya kepada Allah, tapi Allah masih menyatakan diri-Nya kepada dia dalam mimpi yang akan terjadi di masa yang akan datang. Dia tidak mengenal Allah, tapi dia cukup bermurah hati untuk mengeluarkan orang-orang golongan atas dari tahanan. Dia mengajari mereka peradaban Babel, dan bahkan menempatkan mereka di posisi-posisi penting dalam kerajaan. Dia melakukan hal ini karena di suatu sudut hatinya, dia mengakui allah yang tertinggi. Sehingga bahkan jika seseorang tidak mengenal Allah, jika dia berusaha untuk memiliki hati yang benar, Allah akan menemukan cara untuk menyatakan bahwa Dia Allah yang hidup, dan dia membalas orang itu menurut perbuatannya.

Biasanya, ketika orang bukan percaya berbuat jahat, Allah tidak akan mendisiplinkan mereka kecuali itu sesuatu yang amat serius. Ini karena mereka bahkan tidak tahu apa itu dosa, dan mereka tidak ada hubungannya dengan Allah. Mereka seperti anak-anak haram dalam pengertian rohani. Mereka pada akhirnya akan berakhir di Neraka, dan mereka sudah dikutuk. Tentu, jika dosa mereka telah mencapai batasnya dan mereka mencelakai orang lain, serta kejahatan mereka tak terkendali dengan tidak menghargai kemanusiaan, bahkan jika mereka tidak ada hubungan apa pun dengan-Nya, Allah tidak akan membiarkan mereka. Ini karena Allah adalah hakim yang menghakimi perbuatan jahat dan baik atas umat manusia.

Kisah Para Rasul 12:23 berkata, "Dan seketika itu juga ia ditampar malaikat Tuhan karena ia tidak memberi hormat kepada Allah; ia mati dimakan cacing-cacing." Raja Herodes seorang bukan percaya yang membunuh Yakobus, salah satu dari kedua belas murid Yesus. Dia juga memenjarakan Petrus. Tapi ketika dia menjadi congkak seakan-akan dia adalah tuhan, Allah membinasakannya, dan cacing-cacing memakannya, lalu matilah dia. Bahkan meski seseorang tidak mengenal Allah, jika dosanya telah mencapai suatu batas tertentu, dia akan menerima penghakiman semacam ini.

Bagaimana dengan orang percaya? Ketika bangsa Israel menyembah berhala, menyimpang dari Allah, dan melakukan segala jenis kejahatan, Allah tidak melempaskan mereka begitu saja. Dia menghardik mereka dan menghajar mereka melalui seorang nabi, dan jika mereka tidak mendengar, Dia menghukum mereka supaya mereka berbalik dari jalan mereka.

Seperti tertulis dalam Ibrani 12:5-6, "Hai anakku, janganlah anggap enteng didikan Tuhan, dan janganlah putus asa apabila engkau diperingatkan-Nya; karena Tuhan menghajar orang yang dikasihi-Nya, dan Ia menyesah orang yang diakui-Nya sebagai anak." Allah turut campur ketika anak-anak yang Dia kasihi keliru dalam perbuatan mereka. Dia menghajar dan mendisiplinkan mereka supaya mereka dapat bertobat, berbalik dari jalan mereka, dan menikmati hidup yang diberkati.

* Karena kejahatan manusia besar.

Alasan atas penghakiman Allah turun ke bumi karena kejahatan manusia besar (Kejadian 6:5). Lalu bagaimanakah penampakan dunia ketika kejahatan manusia besar?

Pertama-tama, ada keadaan di mana manusia, dalam suatu

bangsa, menumpuk kejahatan. Manusia dapat menjadi satu dengan perwakilan dari bangsa mereka, seperti seorang presiden atau perdana menteri, dan menumpuk dosa bersama-sama. Contoh utamanya seperti Nazi Jerman dan Holocaust. Seluruh negara Jerman bersama-sama dengan Hitler telah membinasakan orang-orang Yahudi. Metode mereka untuk melaksanakan kejahatan ini sangatlah kejam.

Berdasarkan pada sejarah yang dicatat, sekitar 6 juta orang Yahudi yang bermukim di Jerman, Austria, Polandia, Hungaria, dan Rusia dibunuh secara kejam dengan kerja paksa, penyiksaan, kelaparan, dan pembunuhan yang brutal. Sebagian mati telanjang dalam kamar gas, sebagian dikubur hidup-hidup di lubang tanah, dan sebagian lagi mati dengan kematian yang mengenaskan sebagai subyek hidup bagi uji coba manusia. Lalu bagaimana nasib Hitler dan Jerman, yang memimpin perbuatan jahat ini? Hitler bunuh diri, dan Jerman menjadi bangsa yang benar-benar kalah, dengan noda permanen dalam sejarah pada nama negara tersebut. Pada akhirnya, negara itu pecah menjadi dua, Jerman Timur dan Jerman Barat. Para pelaku kejahatan perang yang mengerikan itu harus mengganti namanya dan berpindah-pindah dari satu tempat ke tempat lain. Apabila mereka tertangkap, mereka umumnya menerima hukuman mati.

Manusia di zaman Nuh pun menerima penghakiman. Karena umat manusia pada masa itu begitu penuh dengan dosa, Allah memutuskan untuk membinasakan mereka. (Kejadian 6:11-17). Sampai dengan hari di mana air bah itu terjadi, Nuh berseru tentang penghakiman akan datang, tapi mereka tidak mendengarkannya bahkan hingga akhir. Bahkan, hingga saat Nuh dan keluarganya masuk ke dalam bahtera, orang-orang masih makan dan minum, menikah, dan memanjakan diri dalam kesenangan. Menurut nuh, bahkan saat mereka melihat hujan turun, mereka tidak menyadari apa yang sedang terjadi (Matius 24:38-39). Akibatnya, semua manusia mati dalam air bah kecuali Nuh dan keluarganya (Kejadian

Pasal 7).

Ada juga catatan pada masa Abraham di dalam Alkitab tentang bagaimana Allah menurunkan penghakiman api dan hujan belerang atas Sodom dan Gomora karena mereka penuh dengan dosa (Kejadian Pasal 19). Selain contoh-contoh ini, kita bisa melihat sepanjang sejarah di mana Allah menjatuhkan berbagai penghakiman dengan kelaparan, gempa bumi, dan wabah penyakit, dll. atas suatu bangsa secara keseluruhan ketika bangsa itu benar-benar penuh dengan dosa.

Berikutnya adalah orang yang menerima penghakiman, baik orang yang percaya pada Allah ataupun yang tidak, jika ia menumpuk kejahatan, ia dihakimi menurut perbuatan yang dia lakukan. Kehidupan seseorang bisa dipersingkat sebagai akibat dari kejahatannya sendiri, atau tergantung pada tingkat dosanya, ia akan menghadapi akhir yang tragis di hari-hari terakhirnya. Namun, hanya karena seseorang mati lebih awal bukan berarti ia menerima penghakiman; karena ada kasus-kasus seperti Paulus dan Petrus, yang dibunuh meskipun mereka menjalani kehidupan yang benar. Kematian mereka juga merupakan kematian orang benar, sehingga di Surga, mereka bersinar seperti matahari. Ada beberapa orang benar dari masa lalu yang, setelah menunjukkan kebenaran kepada raja, dipaksa untuk minum ramuan mematikan yang mengakhiri hidup mereka. Dalam kasus ini, kematian mereka bukanlah akibat penghakiman atas dosa, tapi kematian orang benar.

Bahkan saat ini di dunia, baik itu sebagai suatu bangsa atau perorangan, dosa umat manusia itu besar. Kebanyakan, manusia tidak percaya kepada Allah sebagai Allah yang sejati, dan mereka dikuasai pikiran mereka sendiri. Entah mereka mengejar allah-allah palsu, berhala, ataupun mereka mencintai hal lain lebih dari Allah. Hubungan seks sebelum menikah bukan lagi menjadi hal tabu dan gerakan homoseksual serta lesbian untuk mensahkan pernikahan mereka terus berlanjut. Bukan hanya itu, narkoba merajalela, pertengkaran, kebencian, kerusakan ada di mana-mana.

Ada penjelasan mengenai zaman-zaman akhir dalam Matius 24:12-14, "Dan karena makin bertambahnya kedurhakaan, maka kasih kebanyakan orang akan menjadi dingin. Tetapi orang yang bertahan sampai pada kesudahannya akan selamat." Ini adalah dunia kita saat ini.

Sama seperti Anda tidak tahu apakah ada kotoran di tubuh Anda ketika Anda sedang berdiri dalam gelap, karena ada begitu banyak dosa di dunia, manusia hidup dalam pelanggaran hukum namun mereka tidak tahu bahwa tindakan mereka melanggar hukum. Karena hati mereka penuh dengan pelanggaran hukum, kasih sejati tidak dapat diturunkan kepada mereka. Ketidakpercayaan, ketidaksetiaan, dan segala macam sakit hati tersebar luas karena kasih manusia telah tumbuh menjadi dingin. Bagaimana bisa Allah, yang tidak bersih dan tidak bercela, terus hanya mengamati ini semua?

Jika orangtua mengasihi anaknya, dan anak tersebut sesat, apa yang akan orangtuanya lakukan? orangtua itu akan mencoba membujuk anaknya untuk berubah, dan menegur sang anak. Tapi jika sang anak masih tidak mendengarkan, orangtuanya bahkan akan mencoba memasang tali untuk membawa sang anak itu. Tapi jika sang anak melakukan sesuatu yang secara kemanusiaan tidak bisa diterima, orangtuanya mungkin akhirnya tidak mengakui anak tersebut. Sama halnya dengan Allah Pencipta. Jika dosa manusia begitu besarnya hingga dia tidak ada bedanya dengan hewan, Allah tidak bisa untuk tidak mencurahkan penghakiman atas dirinya.

* Karena pikiran dari hati yang jahat

Ketika Allah mencurahkan penghakiman, Dia bersedih bukan hanya karena dosa atas dunia ini begitu besar, tapi juga karena kejahatan. Seseorang yang memiliki hati yang keras diisi oleh kejahatan pikiran juga. Dia tamak, dan selalu mencari keuntungannya sendiri, dan dia tak berhenti untuk meraih kekayaan, dan secara terus-menerus memiliki pikiran jahat. Ini bisa jadi kenyataan suatu bangsa juga perorangan. Bahkan bisa juga bagi orang-orang percaya. Meskipun seseorang mengaku percaya pada Allah, jika dia memegang Firman Allah hanya sebagai pengetahuan dan tidak menerapkannya dalam perbuatan, ia akan terus mencari keuntungan hanya bagi dirinya sendiri, sehingga ia tidak bisa untuk tidak selalu memiliki pikiran jahat.

Mengapa kita menyembah Allah dan mendengarkan firman-Nya? Yaitu agar bertindak sesuai dengan kehendak-Nya dan menjadi orang benar yang Allah inginkan. Tapi ada begitu banyak orang yang berseru "Tuhan, Tuhan," namun tidak hidup sesuai dengan kehendak-Nya. Tidak peduli seberapa besar pekerjaan yang mereka nyatakan telah mereka lakukan bagi Allah, karena hati mereka jahat, mereka akan menerima penghakiman; dan mereka tidak akan masuk ke dalam Surga (Matius 7:21). Tidak memegang perintah dan ketetapan Allah dianggap dosa, dan iman tanpa perbuatan adalah iman yang mati, sehingga orang-orang tersebut tidak bisa menerima keselamatan.

Jika kita telah mendengar Firman Allah, kita harus membuang kejahatan dan bertindak sesuai dengan Firman Allah. Maka, karena jiwa kita berlimpah, kita akan berlimpah dalam semua aspek, dan kita juga akan menerima berkat kesehatan. Sehingga sakit-penyakit, pencobaan, dan kesengsaraan tidak akan datang. Dan bahkan jika hal-hal tersebut datang, segala sesuatu terjadi untuk mendatangkan kebaikan, dan hal-hal itu akan menjadi peluang untuk berkat.

Saat Yesus datang ke dunia ini, manusia yang seperti gembala berhati baik, Nabiah Hana, Simeon, dan lainnya mengenali bayi Yesus. Namun, orang-orang Farisi dan Saduki yang mengaku begitu keras menaati Hukum Taurat dan mengajarkan Hukum Taurat tidak mengenali Yesus. Jika mereka hidup dalam Firman Allah, maka kebaikan akan ada dalam hati mereka, dan mereka seharusnya mampu mengakui Yesus dan menerima Dia. Tapi bila kedalaman hati mereka tidak diubahkan, mereka berlagak dan hanya berfokus pada apa yang tampak kudus di luar. Oleh karena itu hati mereka mengeras dan mereka tidak bisa memahami kehendak Allah, dan mereka tidak bisa mengakui Yesus. Jadi tergantung pada seberapa banyak kebaikan dan berapa banyak kejahatan yang ada dalam hati Anda, akibatnya sangatlah berbeda.

Firman Allah tidak dapat dijelaskan dalam bahasa yang sederhana dan dengan bahasa yang jelas oleh pengetahuan manusia semata. Sebagian orang berkata bahwa untuk memahami makna yang sebenarnya tentang Alkitab, kita haruslah mempelajari Bahasa Ibrani dan Yunani dan menerjemahkannya dari teks aslinya. Lalu mengapa bahwa orang-orang Farisi, Saduki, dan para imam besar tidak memahami Alkitab dengan jelas—yang tercatat dalam bahasa Ibrani mereka sendiri—dan mengapa mereka tidak mengakui Yesus? Hal ini karena Firman Allah dicatat melalui pewahyuan Roh Kudus dan itu hanya dapat dipahami dengan jelas ketika seseorang diwahyukan oleh Roh Kudus melalui doa. Alkitab tidak bisa hanya diartikan secara harfiah.

Oleh karena itu, jika kita memiliki ketidakbenaran di dalam hati kita atau keinginan daging, keinginan mata, atau keangkuhan hidup, maka kita tidak bisa menemukan kehendak Allah atau bertindak sesuai dengan kehendak Allah itu. Dewasa ini manusia begitu jahat sehingga mereka menolak untuk percaya kepada Allah; dan tidak hanya itu, bahkan meski mereka mengaku percaya kepada Allah, mereka masih bertindak dalam pelanggaran hukum dan ketidakbenaran. Singkatnya mereka tidak bertindak sesuai dengan kehendak Allah. Beginilah cara kita mengetahui bahwa penghakiman Allah sudah dekat.

* Karena setiap niat hati selalu jahat

Alasan Allah harus menghakimi karena setiap niat hati manusia selalu jahat. Ketika kita memiliki pikiran jahat, rencana yang berasal dari pikiran-pikiran ini adalah jahat, dan pikiran-pikiran ini akhirnya menimbulkan perbuatan jahat. Coba pikirkan mengenai berapa banyak rencana jahat yang ada dalam masyarakat hari ini.

Kita melihat orang-orang di posisi penting kepemimpinan atas suatu bangsa menuntut suap atas sejumlah besar uang, atau menciptakan dana gelap, dan mengambil untung dalam pertikaian dan pertengkaran panas. Metode jahat untuk bisa masuk ke dalam jabatan publik, skandal militer, dan segala jenis skandal yang berbeda adalah hal yang lazim. Ada anak-anak yang merencanakan pembunuhan orangtuanya untuk menguasai kekayaan keluarga, dan ada anak-anak muda yang merencanakan semua jenis skema jahat untuk mendapatkan uang demi berpesta pora.

Bahkan anak-anak muda di masa ini merencanakan kejahatan. Demi mendapatkan uang untuk bermain game, atau untuk membeli sesuatu yang mereka inginkan, mereka berbohong kepada orangtua mereka, atau bahkan mencuri. Dan, karena semua orang begitu sibuk mencoba untuk menyenangkan diri mereka sendiri, segala niat hati dan setiap tindakan hanyalah kejahatan. Ketika sebuah peradaban mengalami kemajuan pesat secara materi, masyarakat dengan cepat terlarut dalam budaya kemerosotan dan mencari kesenangan. Persis seperti inilah yang terjadi di zaman ini, sama seperti di zaman Nuh ketika dosa telah memenuhi dunia.

Untuk menghindari penghakiman Allah

Manusia yang mengasihi Allah, dan mereka yang secara roh berjaga-jaga berkata bahwa kedatangan kedua kalinya Tuhan sudah dekat. Dan seperti dicatat dalam Alkitab, tanda-tanda akhir zaman, yang Tuhan bicarakan, sudah mulai nampak dengan sangat jelas. Bahkan orang bukan percaya sering berkata bahwa kita berada di masa akhir zaman. Pengkhotbah 12:14 berkata, "Karena Allah akan membawa setiap perbuatan ke pengadilan yang berlaku atas segala sesuatu yang tersembunyi, entah itu baik, entah itu jahat." Karena itu kita harus tahu bahwa akhir zaman sudah dekat, dan kita harus berjuang melawan dosa hingga titik darah penghabisan, dan membuang segala bentuk kejahatan dan menjadi orang benar.

Bagi mereka yang menerima Yesus Kristus dan namanya ditulis dalam Kitab Kehidupan di Surga akan mendapatkan hidup yang kekal dan menikmati berkat yang kekal. Mereka akan diberi upah sesuai dengan perbuatan mereka, sehingga akan ada orang-orang yang ditempatkan di posisi yang seterang matahari, dan orang-orang yang ditempatkan di posisi seterang bulan, atau bintang. Di sisi lain, setelah Penghakiman Tahta Putih mereka yang isi hatinya jahat, dan mereka yang setiap niat hatinya jahat dan mereka yang menolak menerima Yesus Kristus, ataupun tidak percaya kepada Allah, akan menderita secara kekal di Neraka.

Sehingga jika kita ingin menghindari penghakiman Allah, seperti dicatat dalm Roma 12:2, kita tidak boleh serupa dengan dunia yang penuh dengan segala jenis kerusakan dan dosa. Hati kita harus dibaharui dan diubah supaya kita dapat menafsirkan apa yang baik, menyenangkan dan sempurna bagi Allah, bertindak sesuai dengan kehendak-Nya. Seperti yang Paulus nyatakan, "Tiap hari aku berhadapan dengan maut," kita harus tunduk kepada Kristus dan hidup sesuai Firman Allah. Dengan cara ini, jiwa kita harus berlimpah, sehingga kita dapat selalu memiliki pikiran yang baik, dan melakukan kebaikan. Maka, kita akan berlimpah dalam segala aspek hidup kita dan kita akan sehat, dan akhirnya kita akan menikmati berkat kekal di Surga.

Bab 13

Jangan Melawan Kehendak-Nya

Korah bin Yizhar bin Kehat bin Lewi, beserta Datan dan Abiram, anak-anak Eliab, dan On bin Pelet, ketiganya orang Ruben, mengajak orang-orang untuk memberontak melawan Musa, beserta dua ratus lima puluh orang Israel, pemimpin-pemimpin umat itu, yaitu orang-orang yang dipilih oleh rapat, semuanya orang-orang yang kenamaan. Maka mereka berkumpul mengerumuni Musa dan Harun, serta berkata kepada keduanya: "Sekarang cukuplah itu! Segenap umat itu adalah orang-orang kudus, dan TUHAN ada di tengah-tengah mereka. Mengapakah kamu meninggi-ninggikan diri di atas jemaah TUHAN?"
(Bilangan 16:1-3)

"Baru saja ia selesai mengucapkan segala perkataan itu, maka terbelahlah tanah yang di bawah mereka, dan bumi membuka mulutnya dan menelan mereka dengan seisi rumahnya dan dengan semua orang yang ada pada Korah dan dengan segala harta milik mereka Demikianlah mereka dengan semua orang yang ada pada mereka turun hidup-hidup ke dunia orang mati; dan bumi menutupi mereka, sehingga mereka binasa dari tengah-tengah jemaah itu..."
(Bilangan 16:31-35)

Jika kita menaati Firman, memegang ketetapan-ketetapannya, dan berjalan dalam jalan kebenaran, kita menerima berkat ketika kita masuk dan keluar. Kita menerima berkat dalam segala aspek kehidupan kita. Sebaliknya, jika kita tidak menaatinya namun melawan kehendak Allah, maka penghakiman akan menimpa kita. Sehingga kita harus menjadi anak-anak Allah yang benar, menaati kehendaknya dengan sepenuh hati, dan bertindak sesuai dengan ketetapan-ketetapan-Nya.

Penghakiman datang ketika kita melawan kehendak Allah.

Pada zaman dahulu ada seseorang dengan kemarahan yang benar. Dia dan beberapa rekannya bersepakat dan berencana melakukan revolusi besar untuk membantu negeri mereka. Saat hari revolusi itu semakin mendekat, hasrat mereka semakin kuat. Tapi pengkhianatan salah satu rekan menyebabkan seluruh rencana untuk menyelamatkan negeri mereka menjadi gagal total. Betapa sedih dan tragisnya hal ini ketika karena kesalahan seseorang menyebabkan tujuan baik banyak orang menjadi tidak tercapai?

Seorang pria miskin menikahi seorang wanita. Bertahun-tahun, keduanya mengikat kencang tali pinggang mereka. Mereka akhirnya membeli suatu tanah dan mulai hidup nyaman. Tiba-tiba, sang suami menjadi kecanduan judi dan minum, dan sebagai konsekuensinya dia mempertaruhkan semua kekayaan yang telah mereka hasilkan dengan bersusah-payah itu. Dapatkan Anda membayangkan betapa sakit hatinya sang istri?

Dalam hubungan di antara manusia saja, kita dapat melihat tragedi terjadi ketika manusia saling bertentangan satu sama lain. Lalu apakah yang akan terjadi apabila seseorang memutuskan untuk melawan kehendak Allah, Sang Pencipta alam semesta? Saat Anda membaca kitab Bilangan 16:1-3, ada sebuah kejadian di mana Korah, Datan, dan On, bersama 250 pemimpin termasyhur atas suatu bangsa bangkit melawan kehendak Allah. Musa adalah pemimpin mereka, yang telah Allah pilih bagi mereka. Bersama dengan Musa, bangsa Israel seharusnya sepakat untuk mengatasi permasalahan hidup di padang gurun dan memasuki tanah Kanaan. Tapi kejadian yang menyakitkan ini terjadi.

Akibatnya, Korah, Datan, dan On, bersama dengan keluarga mereka, dikubur hidup-hidup ketika tanah di bawah mereka terbelah dan menelan mereka. 250 pemimpin bangsa itu juga dimusnahkan oleh api TUHAN. Mengapa hal ini terjadi? Melawan seorang pemimpin yang Allah pilih sama saja dengan melawan kehendak Allah.

Bahkan dalam kehidupan sehari-hari kita, kejadian-kejadian yang melawan Allah seringkali terjadi. Meskipun Roh Kudus mendesak hati kita, kita melawan jika kehendak-Nya tidak sesuai dengan pikiran dan keinginan kita sendiri. Semakin kita bertindak sesuai dengan pikiran kita sendiri dan bukan dengan pikiran-Nya, semakin kita melawan kehendak Allah. Lambat laun kita tidak akan bisa mendengar suara Roh Kudus. Karena kita bertindak sesuai dengan keinginan kita sendiri, kita mengalami kesulitan dan kesengsaraan.

Manusia yang melawan kehendak Allah

Dalam Bilangan Pasal 12, ada adegan di mana saudara Musa, Harun, dan saudarinya, Miryam, berbicara melawan Musa karena dia telah menikahi perempuan Kush. Mereka mendakwanya, dengan berkata "Sungguhkah TUHAN berfirman dengan perantaraan Musa saja? Bukankah dengan perantaraan kita juga Ia berfirman?" (ayat 2) Seketika itu juga, kemarahan Allah turun atas Harun dan Miryam, dan Miryam menjadi sakit kusta.

Allah kemudian menghardik keduanya, dan berfirman:"Jika di

antara kamu ada seorang nabi, maka Aku, TUHAN menyatakan diri-Ku kepadanya dalam penglihatan. Aku berbicara dengan dia dalam mimpi. Bukan demikian hamba-Ku Musa, seorang yang setia dalam segenap rumah-Ku. Berhadap-hadapan Aku berbicara dengan dia, terus terang, bukan dengan teka-teki, dan ia memandang rupa TUHAN. Mengapakah kamu tidak takut mengatai hamba-Ku Musa?" (ayat 6-8).

Kemudian mari kita lihat apa makna dari melawan kehendak Allah, dengan mengamati beberapa contoh dari Alkitab.

1) Bangsa Israel menyembah berhala

Selama masa keluarnya bangsa Israel dari Mesir, bangsa Israel melihat dengan mata mereka sendiri sepuluh tulah yang turun atas Mesir dan Laut Merah yang terbelah di depan mereka. Mereka mengalami banyak jenis tanda dan mukjizat yang berbeda-beda sehingga mereka harus tahu bahwa Allah adalah Allah yang hidup. Tapi apa yang mereka lakukan saat Musa berpuasa di atas gunung selama 40 hari untuk menerima Sepuluh Perintah Allah dari Allah? Mereka membangun patung anak lembu emas dan menyembahnya. Allah menguduskan Israel sebagai umat pilihan, dan Dia mengajarkan mereka untuk tidak menyembah berhala. Tapi mereka bertindak melawan kehendak Allah dan sekitar tiga ribu dari mereka mati sebagai akibatnya (Keluaran Pasal 32).

Dan dalam 1 Tawarikh 5:25-26, tertulis "Tetapi ketika mereka berubah setia terhadap Allah nenek moyang mereka dan berzinah dengan mengikuti segala allah bangsa-bangsa negeri yang telah dimusnahkan Allah dari depan mereka, maka Allah Israel menggerakkan hati Pul, yakni Tilgat-Pilneser, raja Asyur, lalu raja itu mengangkut mereka ke dalam pembuangan, yaitu orang Ruben, orang Gad dan setengah suku Manasye. Ia membawa mereka ke Halah, Habor, Hara dan sungai negeri Gozan; demikianlah mereka ada di sana sampai hari ini." Karena bangsa Israel berbuat asusila dengan pelacur, menyembah para dewa dari tanah Kanaan, Allah menggerakkan hati raja Asyur untuk menyerang Israel dan menahan banyak orang Israel. Tindakan bangsa Israel melawan Allah yang menyebabkan musibah ini.

Penyebab kerajaan utara Israel dihancurkan oleh bangsa Asyur dan kerajaan selatan Yehuda dihancurkan oleh Kerajaan Babel, juga akibat dari penyembahan berhala.

Dalam istilah di zaman ini, hal itu seperti menyembah berhala yang dibuat dari emas, perak, perunggu, dll. Sama halnya dengan orang yang menaruh kepala babi rebus di atas meja dan berlutut kepada roh-roh nenek moyang mereka. Kejadian yang sungguh memalukan ketika manusia yang merupakan ciptaan paling tinggi di antara semua ciptaan berlutut di hadapan kepala babi dan meminta berkat darinya!

Dalam Keluaran 20:4-5 Allah memberikan perintahnya dengan berfirman, "Jangan membuat bagimu patung yang menyerupai apa pun yang ada di langit di atas, atau yang ada di bumi di bawah, atau yang ada di dalam air di bawah bumi. Jangan sujud menyembah kepadanya atau beribadah kepadanya."

Dia juga dengan jelas menyebutkan kutuk-kutuk yang akan menimpa mereka jika mereka menganggap enteng perintah-perintah Allah dan tidak menaatinya. Dia juga menyatakan berkat-berkat yang akan mereka terima jika mereka menorehkan perintah-perintah itu dalam hati mereka dan memegangnya. Allah berfirman, "sebab Aku, TUHAN, Allahmu, adalah Allah yang cemburu, yang membalaskan kesalahan bapa kepada anak-anaknya, kepada keturunan yang ketiga dan keempat dari orang-orang yang membenci Aku, tetapi Aku menunjukkan kasih setia kepada beribu-ribu orang, yaitu mereka yang mengasihi Aku dan yang berpegang pada perintah-perintah-Ku."

Itulah sebabnya mengapa saat kita melihat sekeliling kita, kita dapat melihat bahwa keluarga yang memiliki riwayat penyembahan berhala mengalami begitu banyak jenis penderitaan. Suatu hari, seorang jemaat gereja yang pernah berlutut di hadapan berhala mengalami kesengsaraan. Mulutnya, yang sebelumnya normal, menjadi mencong dan cacat begitu parah sehingga dia tak bisa berbicara dengan benar. Saat saya bertanya padanya apa yang telah terjadi, dia menjawab bahwa dia mengunjungi keluarganya selama liburan dan karena dia tidak mampu menahan paksaan mereka untuk berlutut di hadapan persembahan tradisional bagi nenek moyang mereka, dia menyerah dan berlutut. Keesokan harinya, mulutnya menjadi mencong ke samping. Untungnya, dia bertobat dengan sungguh-sungguh di hadapan Allah dan didoakan. Mulutnya sembuh dan kembali normal. Allah menuntun dirinya ke jalan keselamatan dengan memberinya sebuah pelajaran untuk sepenuhnya menyadari penyembahan berhala merupakan jalan kehancuran.

2) Firaun menolak melepaskan bangsa Israel

Dalam Keluaran Pasal 7-12, bangsa Israel, yang telah diperbudak di Mesir, berusaha keluar dari Mesir di bawah kepemimpinan Musa. Tapi Firaun tidak mau melepaskan mereka, dan untuk alasan ini bencana besar menimpa Firaun dan Mesir. Allah Pencipta adalah penulis hidup dan mati umat manusia, oleh karena itu tak ada yang bisa melawan kehendak-Nya. Kehendak Allah adalah mengeluarkan bangsa Israel dari Mesir. Tapi Firaun, yang hatinya telah mengeras, menghalangi kehendak Allah.

Karena itu, Allah menurunkan 10 tulah atas Mesir. Selama masa itu seluruh negeri mulai terkoyak-koyak. Akhirnya, Firaun dengan enggan melepaskan bangsa Israel, tapi dia memiliki kebencian dalam hatinya. Sehingga, dia mengingat kembali dan mengirim pasukannya untuk mengejar mereka, bahkan hingga ke Laut merah yang terbelah. Pada akhirnya, seluruh pasukan Mesir yang ikut dalam pengejaran tenggelam di Laut Merah. Firaun melawan kehendak Allah hingga akhir, sehingga penghakiman turun atasnya. Jika Allah menunjukkan kepadanya berkali-kali bahwa Dia adalah Allah yang hidup, Firaun harusnya sadar bahwa Allah adalah satu-satunya Allah yang hidup. Dia harus menaati kehendak Allah. Bahkan menurut standar manusia, melepaskan bangsa Israel adalah tindakan yang benar.

Untuk suatu bangsa membuat suatu ras lain seluruhnya menjadi budak adalah tindakan yang jahat. Terlebih lagi, Mesir mampu menghindari bahaya kelaparan yang hebat berkat Yusuf, putra Yakub. Terlepas dari kenyataan bahwa 400 tahun telah berlalu, itu adalah kebenaran sejarah bahwa Mesir berutang kepada Israel karena menyelamatkan bangsa mereka. Tapi bukannya membalas budi kepada Israel atas kasih karunia yang mereka terima, Mesir malah memasukkan mereka ke dalam perbudakan sebagai budak. Jadi seberapa jahatkah perbuatan mereka? Firaun, yang memiliki kekuasaan mutlak, adalah seseorang yang sangat tamak. Itulah sebabnya mengapa dia melawan Allah sampai akhir, dan menerima penghakiman akhir-Nya.

Ada orang-orang yang seperti ini dalam masyarakat kita di masa kini, dan Alkitab memperingatkan bahwa penghakiman itu sedang menunggu mereka. Kehancuran menanti mereka yang menolak untuk percaya pada Allah karena pengetahuan dan kebanggaan mereka sendiri serta mereka yang dengan bodoh bertanya, "Di mana Allah?"

Bahkan meski mereka mengaku percaya pada Allah, jika mereka mengabaikan perintah Allah dengan keinginan dan keras kepala mereka, jika mereka memiliki permusuhan atau kepahitan terhadap orang lain, atau jika mereka adalah pemimpin di gereja dan mengaku bekerja keras untuk Kerajaan Allah, namun karena kecemburuan atau keserakahan mereka, mereka marah dan menyakiti orang-orang di sekitar mereka, mereka tidak ada bedanya dengan Firaun.

Mengetahui bahwa kehendak Allah bagi kita adalah untuk hidup dalam Terang, jika kita terus hidup dalam kegelapan, maka kita akan mengalami jenis penderitaan yang sama yang dialami orang-orang yang bukan percaya. Ini karena Allah terus-menerus memperingatkan manusia, tapi mereka tidak mau mendengarkan karena mereka melawan kehendak Allah terikat oleh dunia.

Sebaliknya, ketika seseorang hidup benar, hatinya menjadi bersih, dan karena hatinya mulai menyerupai hati Allah, iblis si musuh itu pun pergi. Tidak peduli apa jenis penyakit serius yang ia mungkin derita, tidak peduli jenis cobaan dan kesengsaraan apa yang ia mungkin alami, jika ia terus bertindak dalam kebenaran di hadapan Allah, ia akan menjadi kuat dan sehat, dan semua cobaan serta kesengsaraan akan hilang. Jika rumah kotor, ada kecoa, tikus, dan segala jenis hewan-hewan kotor muncul. Tapi jika rumah itu dibersihkan dan diberi desinfektan, hewan-hewan kotor tidak dapat hidup di dalam rumah itu lagi dan secara alami hewan-hewan itu menghilang. Hal ini sama.

Ketika Allah mengutuk ular yang telah menggoda manusia itu, dia berfirman bahwa ular itu akan 'dengan perutmulah engkau akan menjalar dan debu tanahlah akan kaumakan seumur hidupmu.' (Kejadian 3:14). Ini bukan berarti ular itu akan makan debu di tanah. Makna rohani dari hal ini adalah Allah menyatakan iblis si musuh—yang telah menghasut si ular—untuk makan daging manusia, yang dibentuk dari debu. Secara rohani, "daging" berarti sesuatu yang berubah dan binasa. Ini menandakan ketidakbenaran yang adalah jalan menuju maut.

Dengan demikian, iblis si musuh membawa godaan, kesengsaraan, dan penderitaan bagi manusia daging yang berdosa di tengah-tengah ketidakbenaran, dan pada akhirnya membawa mereka menuju maut. Namun, musuh tidak bisa mendekati orang kudus yang tanpa dosa dan yang hidup sesuai dengan Firman Allah. Karena itu, jika kita hidup dalam kebenaran, maka sakit penyakit, pencobaan, dan kesengsaraan tentu saja meninggalkan kita.

Dalam Yosua Pasal 2, ada seseorang yang, berbeda sekali dengan Firaun, seorang bukan Yahudi namun membantu menggenapi kehendak Allah dan menerima berkat sebagai ganjarannya. Orang ini adalah seorang perempuan bernama Rahab yang tinggal di Yerikho di masa Bangsa Israel keluar dari Mesir. Setelah keluar dari Mesir dan mengembara di padang gurun selama 40 tahun, barulah bangsa Israel menyebrangi Sungai Yordan. Mereka membuat kemah dan bersiap menyerang Yerikho kapan pun.

Rahab bukanlah orang Israel tapi dia telah mendengar selentingan tentang mereka. Terpikir olehnya bahwa TUHAN Allah, yang mengendalikan seluruh semesta, ada bersama-sama dengan bangsa Israel. Dia juga mengetahui bahwa Allah ini bukanlah allah yang akan sembarangan membunuh dan dan berbuat kejam tanpa alasan. Karena Rahab tahu TUHAN Allah adalah Allah yang adil, dia melindungi mata-mata Israel dengan menyembunyikan mereka. Karena Rahab mengetahui kehendak Allah dan membantu menggenapi kehendak-Nya, dia dan seluruh keluarganya diselamatkan ketika Yerikho dihancurkan. Kita juga harus melaksanakan kehendak Allah untuk menjalani kehidupan rohani di mana kita dapat menerima solusi atas berbagai macam masalah dan menerima jawaban atas doa-doa kita.

3) Imam Eli dan anak-anaknya melanggar perintah Allah

Dalam 1 Samuel Pasal 2, kita melihat bahwa anak-anak Imam Eli adalah orang-orang dursila, menyentuh makanan yang telah disisihkan untuk kurban sembelihan bagi Allah, dan bahkan tidur dengan perempuan-perempuan yang melayani di depan pintu Kemah Pertemuan, Namun, ayah mereka, Imam Eli, hanya menegur mereka dengan kata-kata, dan tidak melakukan tindakan apa pun untuk mengakhiri perbuatan salah mereka. Pada akhirnya, anak-anaknya mati dalam perang melawan bangsa Filistin, dan Imam Eli patah leher dan mati saat terjatuh dari kursinya ketika mendengar kabar ini. Eli mati dengan cara ini karena dosanya yang tidak mengajari anak-anaknya dengan benar.

Hal yang sama berlaku bagi kita di masa kini. Jika kita melihat orang-orang di sekitar kita yang melakukan perzinahan di dalam daging, atau yang menyimpang dari perintah Allah, dan kita hanya menerima mereka tanpa benar-benar mengajarkan mereka apa yang benar dan yang salah, maka kita tidak ada bedanya dengan Imam Eli. Di sini, kita harus memandang pada diri kita sendiri dan mencari tahu apakah kita seperti Eli dan anak-anaknya.

Hal yang sama berlaku tentang menghabiskan perpuluhan dan persembahan yang telah disisihkan bagi Allah untuk digunakan oleh diri sendiri. Ketika kita tidak memberikan seluruh perpuluhan dan persembahan, itu sama seperti mencuri dari Allah, karena itu kutuk akan menimpa keluarga, atau bangsa kita (Maleakhi 3:8-9). Juga, apa pun yang telah didedikasikan untuk dipersembahkan kepada Allah tidak boleh ditukar untuk hal lain. Jika Anda telah memutuskan dalam hati Anda untuk memberikan persembahan kepada Allah, Anda harus melaksanakannya. Dan jika Anda ingin menukarkannya dengan sesuatu yang lebih baik, Anda harus mempersembahkan baik yang sebelumnya maupun yang terakhir.

Juga, tidaklah benar bagi pemimpin kelompok sel atau bendahara kelompok sel dalam gereja untuk menggunakan iuran keanggotaan yang dikumpulkan sesuai keinginan mereka. Menggunakan dana gereja untuk tujuan yang berbeda dari yang dimaksudkan, atau menggunakan uang yang disisihkan untuk acara tertentu untuk tujuan yang berbeda, termasuk juga ke dalam kategori 'mencuri dari Allah'. Selain itu, mengambil uang dari perbendaharaan Allah berarti mencuri seperti Yudas Iskariot. Jika seseorang mencuri uang Allah, dia sedang berbuat dosa yang lebih besar dari dosa-dosa anak-anak Eli, dan ia tidak akan diampuni. Jika seseorang berbuat dosa ini karena dia tidak tahu apa-apa, dia harus mengaku dan sungguh-sungguh bertobat, dan, ia tidak boleh berbuat dosa ini lagi. Manusia dikutuk karena dosa jenis ini. Insiden tragis, kecelakaan, dan sakit-penyakit menimpa hidup mereka, dan iman juga tidak dapat diberikan kepada mereka.

4) Anak-anak muda yang mengejek Elisa dan kasus lain yang sejenis

Elisa adalah hamba Allah yang berkuasa yang berkomunikasi dengan-Nya dan dijamin oleh-Nya. Tapi dalam 2 Raja-Raja Pasal 2, Anda menemukan kejadian di mana ada sekelompok anak-anak muda muncul, mengikuti Elisa dan mengejeknya. Mereka begitu jahat sehingga mereka dari dalam kota mengikuti Elisa hingga keluar dari kota itu, berteriak-teriak, "Naiklah botak, naiklah botak!" Akhirnya, Elisa sudah tidak tahan lagi, dan dia mengutuk mereka dalam nama TUHAN, lalu dua ekor beruang betina muncul dari hutan dan mencabik-cabik 42 anak muda di antara kelompok itu. Karena Alkitab mencatat bahwa 42 anak dari mereka meninggal, kita dapat menyimpulkan bahwa jumlah anak-anak yang mengganggu Elisa sungguh jauh lebih besar.

Kutuk dan berkat yang keluar dari seorang hamba yang dijamin oleh Allah akan terjadi sesuai dengan yang diperkatakan oleh mereka. Khususnya jika Anda mengejek, memfitnah, atau bergosip tentang seorang hamba Allah, itu seperti memfitnah dan mengejek Allah. Karena itu setara dengan melawan kehendak Allah.

Dan apa yang terjadi dengan orang-orang Yahudi yang memaku Yesus di kayu salib dan berteriak untuk darah-Nya, akibatnya bagi mereka serta keturunan mereka? Pada tahun 70 Masehi, Yerusalem benar-benar dihancurkan oleh Jendral Romawi Titus dan pasukannya. Jumlah orang Yahudi yang terbunuh di masa itu sebanyak 1,1 juta orang. Setelah itu, orang Yahudi tersebar di seluruh dunia dan menerima semua jenis penghinaan dan penganiayaan. Kemudian, sekali lagi enam juta orang Yahudi tewas di tangan Nazi. Seperti yang Anda lihat, akibat dari memberontak dan melawan kehendak Allah akan membawa dampak yang luar biasa.

Pelayan Elisa, Gehazi, berada dalam situasi yang serupa. Sebagai murid Elia, yang mendapatkan jawaban dengan api, Elisa mendapatkan dua kali pewahyuan yang dialami gurunya. Jadi, bisa melayani seorang tuan seperti Elisa adalah suatu berkat yang besar. Gehazi menyaksikan sendiri banyak tanda yang Elisa tunjukkan. Apabila ia menaati perkataan Elisa dan menerima pengajarannya dengan baik, dia mungkin akan menerima kuasa besar dan juga berkat. Sayangnya, Gehazi tidak mampu melakukannya.

Ada suatu masa ketika dengan kuasa Allah, Elisa menyembuhkan jenderal pasukan Aram, Naaman, yang sakit kusta. Naaman begitu tergerak hingga ingin memberikan Elisa suatu hadiah yang besar. Namun, Elisa jelas menolaknya. Dia melakukannya karena dengan tidak menerima hadiah itu lebih memuliakan Allah.

Tapi karena tidak memahami kehendak gurunya itu, dan dibutakan oleh materialistis, Gehazi mengejar Jenderal Naaman, berbohong padanya dan menerima hadiahnya. Dia membawa pulang hadiah itu dan menyembunyikannya. Elisa sudah tahu apa yang telah terjadi, sehingga dia memberi kesempatan bagi Gehazi untuk bertobat, tapi ia membantah tuduhan itu dan tidak bertobat. Akibatnya, penyakit kusta Naaman menimpa Gehazi. Itu bukan saja melawan kehendak Elisa, tapi itu melawan kehendak Allah.

5) Berbohong kepada Roh Kudus

Dalam Kisah Para Rasul Pasal 5, ada sebuah kejadian di mana sepasang suami-istri, Ananias dan Safira, berbohong pada Petrus. Sebagai anggota gereja mula-mula, mereka memutuskan untuk menjual harta mereka dan mempersembahkan uang itu bagi Allah. Tapi ketika mereka memegang uang itu di tangan mereka, ketamakan menguasai mereka. Sehingga mereka hanya memberikan sebagian uang itu dan berbohong, dengan berkata bahwa itulah jumlah semua uang mereka. Keduanya mati akibat dari perbuatan ini. Ini karena mereka bukan saja berbohong kepada manusia, tapi juga berbohong kepada Allah dan Roh Kudus. Mereka menguji Roh Tuhan.

Kami hanya membagi sedikit contoh, tapi di samping ini, ada banyak kejadian di mana manusia melawan kehendak Allah. Hukum Allah ada bukan untuk menghukum kita tapi untuk menolong kita menyadari apa itu dosa, untuk menuntun kita agar bergantung pada kuasa Yesus Kristus untuk mengatasi dosa, dan nantinya menuntun kita untuk menerima berkat Allah yang melimpah. Jadi mari kita melihat kembali segala perbuatan kita untuk melihat apakah itu pernah bertentangan dengan kehendak Allah, dan jika ada, kita harus sungguh-sungguh berbalik dan bertindak hanya sesuai dengan kehendak Allah.

Glosarium

Perapian dan Jerami

'Perapian' adalah sebuah ruang tertutup di mana panas yang dihasilkan dipakai untuk memanaskan bangunan, menghancurkan sampah, meleburkan atau memperbaiki bijih besi, dll Dalam Alkitab, kata 'perapian' digunakan untuk menandakan kesengsaraan Allah, penghakiman, Neraka, dll. Ketiga teman Daniel, Sadrakh, Mesakh, dan Abednego menolak untuk berlutut pada patung emas Nebukadnezar, sehingga mereka dilemparkan ke dalam perapian yang menyala. Namun, dengan pertolongan Allah, mereka keluar hidup-hidup dan selamat (Daniel Pasal 3)

'Jerami' adalah tangkai gandum yang ditumbuk, yang digunakan sebagai tempat tidur dan makanan bagi hewan, untuk atap, dan untuk menenun atau menganyam, menjadi keranjang. Dalam Alkitab, 'jerami' secara simbolis mengacu pada sesuatu yang sangat tidak penting dan tidak berharga.

Apakah arti dari kecongkakan?

Kecongkakan berarti tidak mempertimbangkan orang lain lebih baik dari dirinya sendiri. Artinya memandang rendah orang lain, dan berpikir 'aku lebih baik dari mereka.' Salah satu kondisi yang paling khas di mana kebanggaan jenis ini muncul dalam diri seseorang adalah ketika seseorang berpikir ia dicintai dan diakui oleh kepala suatu organisasi atau kelompok yang diikuti orang tersebut. Allah terkadang menggunakan metode memberikan pujian sehingga seseorang dapat mengetahui apakah dia memiliki sifat sombong.

Salah satu bentuk paling biasa dari kesombongan adalah menghakimi dan mengutuk orang lain. Kita terutama harus berhati-hati untuk tidak menyembunyikan kesombongan rohani yang menyebabkan kita menghakimi orang lain dengan Firman Allah, yang dengan ketat harusnya digunakan sebagai dasar untuk merenungkan diri kita sendiri. Kesombongan rohani adalah bentuk kejahatan yang sangatlah berbahaya sebab tidaklah mudah untuk menemukannya, karena itu kita harus berhati-hati untuk tidak menjadi sombong secara rohani.

Bab 14

"Beginilah firman TUHAN semesta alam..."

> *"'Bahwa sesungguhnya hari itu datang, menyala seperti perapian, maka semua orang gegabah dan setiap orang yang berbuat fasik menjadi seperti jerami dan akan terbakar oleh hari yang datang itu, firman TUHAN semesta alam, sampai tidak ditinggalkannya akar dan cabang mereka.' 'Tetapi kamu yang takut akan nama-Ku, bagimu akan terbit surya kebenaran dengan kesembuhan pada sayapnya. Kamu akan keluar dan berjingkrak-jingkrak seperti anak lembu lepas kandang. Kamu akan menginjak-injak orang-orang fasik, sebab mereka akan menjadi abu di bawah telapak kakimu, pada hari yang Kusiapkan itu,' firman TUHAN semesta alam."*
> *(Maleakhi 4:1-3)*

Karena Allah akan membawa setiap perbuatan ke pengadilan yang berlaku atas segala sesuatu yang tersembunyi, entah itu baik, entah itu jahat. (Pengkhotbah 12:14). Kita dapat melihat bahwa ini pasti terjadi jika kita melihat sejarah umat manusia. Orang congkak mencari keuntungannya sendiri. Dia memandang rendah orang lain dan menumpuk kejahatan demi memiliki kekayaan yang besar. Namun, kehancuran menantinya pada akhirnya. Sebaliknya, seorang yang rendah hati yang memuji Allah mungkin tampak bodoh atau pada awalnya dia menghadapi kesulitan, namun pada akhirnya dia menerima berkat yang besar dan kehormatan dari semua orang.

Allah menolak kecongkakan

Bandingkan dua perempuan dalam Alkitab ini, Wasti dan Ester. Ratu Wasti adalah ratu dari Raja Ahasyweros, raja Kerajaan Persia.

Suatu hari, Raja Ahasyweros mengadakan perjamuan dan meminta Ratu Wasti hadir menghadapnya di perjamuan itu. Namun, Wasti, menjadi congkak karena posisinya serta kecantikannya yang luar biasa, menolak permintaan Raja. Sang Raja, yang menjadi marah, mencabut posisi Ratu darinya. Apa bedanya dengan keadaan Ester, yang naik menjadi Ratu setelah Wasti?

Ester, yang naik menjadi ratu, merupakan orang Yahudi tahanan yang dibawa ke Babel selama pemerintahan Raja Nebukadnezar. Ester bukan hanya cantik, tapi juga dia seorang yang berhikmat dan rendah hati. Pada suatu hari bangsanya mengalami kesengsaraan yang hebat karena seorang Amalek bernama Haman. Lalu, Ester berdoa dan berpuasa selama tiga hari, dan kemudian dengan ketetapan hati bahwa sekalipun dia harus mati, dia membersihkan dirinya, mengenakan jubah ratunya dan berlutut dengan kerendahan hati di hadapan Raja. Karena dia bersikap sangat rendah hati di hadapan Raja dan semua orang, bukan saja dia menerima kasih dan kepercayaan Raja, tapi juga mampu melaksanakan tugas yang besar untuk menyelamatkan bangsanya sendiri.

Karena tertulis dalam Yakobus 4:6, "Allah menentang orang yang congkak, tetapi mengasihani orang yang rendah hati," kita tidak boleh menjadi orang congkak yang dicampakkan oleh Allah. Dan seperti tertulis dalam Maleakhi 4:1, "Maka semua orang gegabah dan setiap orang yang berbuat fasik menjadi seperti jerami," tergantung pada apakah seseorang menggunakan kebijaksanaan, pengetahuan, dan kekuasaannya untuk kebaikan atau kejahatan, akibatnya akan secara drastis berbeda. Contoh yang baik mengenai ini adalah Daud dan Saul.

Ketika Daud menjadi raja, yang menjadi perhatian pertamanya adalah Allah, dan dia menuruti kehendak-Nya. Daud diberkati Allah karena dia berdoa dengan kerendahan hati di hadapan-Nya, mencari hikmat untuk tahu bagaimana menguatkan bangsanya dan memberikan kedamaian bagi rakyatnya.

Saul, bagaimanapun, menjadi dikuasai oleh ketamakan dan dia takut kehilangan posisinya sebagai raja, sehingga dia menghabiskan waktunya berusaha membunuh Daud, yang menerima kasih Allah dan kasih dari rakyatnya. Karena dia congkak, dia tidak mengindahkan teguran nabi. Pada akhirnya, dia disangkal oleh Allah, dan dia mati dengan kematian yang menyedihkan di tengah-tengah peperangan.

Begitu jelas pemahaman tentang betapa TUHAN Allah menghakimi orang congkak, kita harus sungguh-sungguh membuang kecongkakan. Jika kita membuang kecongkakan dan menjadi rendah hati, Allah disenangkan oleh kita dan berdiam dalam kita melalui jawaban atas doa-doa kita. Amsal 16:5 berkata, "Setiap orang yang tinggi hati adalah kekejian bagi TUHAN; sungguh, ia tidak akan luput dari hukuman." (KJV). Allah sungguh membenci orang yang tinggi hati bahwa siapa pun yang bergabung dengan orang yang tinggi hati akan dihukum bersama-sama dengannya. Orang jahat cenderung berkumpul bersama-sama dengan orang-orang jahat, dan orang-orang baik cenderung berkumpul bersama-sama dengan orang-orang baik. Bergabungnya mereka ini pun, berasal dari kecongkakan.

Kecongkakan Raja Hizkia

Mari kita amati lebih dekat seberapa besar Allah membenci kecongkakan. Di antara raja-raja Israel, ada banyak yang awalnya memulai pemerintahan mereka dengan mengasihi Allah dan menaati kehendak-Nya, dan kemudian dengan berjalannya waktu menjadi congkak, melawan kehendak Allah, dan tidak menaati-Nya. Salah satunya adalah Raja Hizkia, Raja ke-13 kerajaan selatan Yehuda.

Raja Hizkia, yang menjadi raja menggantikan Ayahnya, Ahaz, dikasihi Allah karena dia jujur, seperti Daud. Dia menjauhkan bukit-bukit pengorbanan, dan menjatuhkan tugu-tugu berhala dalam bangsa itu. Dia benar-benar membersihkan bangsa itu dari semua berhala yang Allah benci, seperti patung Asyera dihancurkannya (2 Tawarikh 29:3-30:27).

Tapi ketika bangsa itu mulai mengalami masalah politik akibat kesalahan dari raja sebelumnya yang kacau dan jahat, bukannya bergantung dan percaya pada Allah, Raja Hizkia menyerang aliansi dari negeri-negeri di dekat mereka seperti Mesir, bangsa Filistin, Sidon, Moab, dan Amon. Yesaya menegur Raja Hizkia pada beberapa kesempatan bahwa ia melakukan tindakan sembrono yang melawan kehendak TUHAN.

Karena dikuasai kecongkakan, Raja Hizkia tidak mendengarkan peringatan Yesaya. Pada akhirnya, Allah meninggalkan Yehuda sendirian, dan Sanherib, Raja Asyur, menyerang Yehuda dan mengalahkannya. Sehingga Raja Sanherib menaklukkan Yehuda dan menangkap 200.000 orang menjadi tawanannya. Dan ketika Raja Sanherib menuntut Raja Hizkia untuk membayar ganti rugi yang besar, Hizkia memenuhi tuntutan ini dengan melucuti ornamen-ornamen berharga Bait Allah dan istana serta mengosongkan kas negara. Benda-benda dalam Bait Allah tidak boleh disentuh dengan sembarangan. Tapi karena Hizkia menyerahkan begitu saja benda-benda suci atas keputusan sendiri dan demi keselamatan dirinya, Allah tidak bisa untuk tidak memalingkan wajah-Nya dari Hizkia. Ketika Sanherib terus mengancam Hizkia bahkan setelah menerima ganti rugi yang besar itu, Hizkia akhirnya menyadari bahwa tidak ada yang bisa ia lakukan dengan kekuatannya sendiri, sehingga dia datang kepada Allah dan berdoa, bertobat serta berseru kepada-Nya. Akibatnya, Allah berbelas kasihan kepadanya, dan mengalahkan bangsa Asyur. Kita dapat mengalami pelajaran yang sama dalam keluarga kita, pekerjaan, bisnis, serta dalam hubungan kita dengan sesama, dan saudara-saudari kita. Orang yang congkak tidak dapat menerima kasih; apalagi menerima pertolongan di masa-masa sulit.

Kecongkakan orang percaya

Setan tidak dapat masuk ke dalam orang yang percaya kepada Allah karena Allah melindungi dia. Namun, ada kasus-kasus di mana setan-setan masuk ke dalam orang yang menyatakan diri percaya kepada Allah. Bagaimana hal ini bisa terjadi? Allah menentang orang yang congkak. Jadi jika seseorang menjadi congkak hingga ke titik di mana Allah memalingkan wajah-Nya darinya, setan dapat masuk ke dalamnya. Jika seseorang menjadi congkak secara rohani, Iblis dapat membuat setan menguasainya, dan mengendalikannya serta membuatnya berbuat dosa.

Bahkan meski penguasaan itu tidak terjadi, jika seorang percaya menjadi congkak secara rohani, dia dapat melanggar kebenaran dan akibatnya menjadi kacau. Karena dia tidak menaati Firman Allah, Allah tidak menyertai dia, dan segala dalam hidupnya tidak berjalan dengan baik. Seperti tertulis dalam Amsal 16:18, "Kecongkakan mendahului kehancuran, dan tinggi hati mendahului kejatuhan," kecongkakan itu sama sekali tak bermanfaat. Bahkan, itu hanya membawa sakit dan penderitaan. Kita harus tahu bahwa kecongkakan rohani adalah sepenuhnya parasit, dan harus sungguh-

sungguh dihancurkan.

Lalu bagaimana bisa orang percaya tahu apakah mereka congkak? Orang congkak berpikir dia benar, sehingga dia sungguh tidak menerima kritikan orang lain. Tidak bertindak sesuai dengan Firman Allah juga merupakan suatu bentuk kecongkakan, karena ini memperlihatkan bahwa seseorang tidak menghormati Allah. Saat Daud melanggar perintah Allah dan berbuat dosa, Allah menegurnya dengan keras, dengan berfirman, "Engkau telah menghina Aku " (2 Samuel 12:10). Jadi tidak berdoa, tidak mengasihi, tidak mematuhi, dan tidak mampu melihat balok di dalam mata sendiri namun menunjukkan selumbar di dalam mata orang lain merupakan contoh kecongkakan.

Memandang rendah orang lain selagi menghakimi dan mengutuk mereka berdasarkan pada standar kita sendiri, saling membual tentang diri sendiri, ingin pamer, semuanya adalah bentuk kecongkakan. Terjun dalam setiap kesempatan untuk terlibat dalam perdebatan dan pertengkaran secara verbal juga merupakan bentuk dari kecongkakan. Jika Anda congkak, Anda ingin dilayani dan Anda ingin ditinggikan. Dan, selagi berusaha menguntungkan diri sendiri dan membuat nama bagi diri Anda sendiri, Anda mulai menumpuk kejahatan.

Anda harus bertobat akan kecongkakan jenis ini, dan menjadi orang yang rendah hati untuk menikmati kehidupan yang berlimpah dan penuh sukacita. Inilah sebabnya mengapa Yesus berkata, "Aku berkata kepadamu, sesungguhnya jika kamu tidak bertobat dan menjadi seperti anak kecil ini, kamu tidak akan masuk ke dalam Kerajaan Sorga." (Matius 18:3). Jika seseorang menjadi congkak, serta ia berpikir bahwa ia selalu benar, dan ia terus-menerus mencoba untuk membela harga dirinya, dan melibatkan pikirannya sendiri, maka dia tidak bisa menerima Firman Allah yang sebenarnya dan menurutinya, oleh karena itu dia bahkan mungkin tidak menerima keselamatan.

Kecongkakan nabi-nabi palsu

Jika Anda melihat dalam Perjanjian Lama, Anda melihat masa-masa ketika raja bertanya kepada para nabi tentang peristiwa masa depan, dan bertindak sesuai dengan saran mereka. Raja Ahab adalah raja ketujuh dari kerajaan utara Israel, dan pada saat kematiannya, di dalam negerinya, penyembahan Baal hal yang lazim, dan di medan terdepan, terjadi perang agresi besar-besaran terhadap Aram. Ini terjadi karena Ahab menolak untuk mengindahkan peringatan Nabi Mikha, dan malah memercayai perkataan nabi-nabi palsu.

dalam 1 Raja-Raja 22, Raja Ahab meminta Raja Yosafat dari Yehuda untuk bergabung bersamanya merebut kembali Ramot-Gilead dari tangan Raja Aram. Saat itu, Raja Yosafat, seorang yang mengasihi Allah, menyarankan agar mereka terlebih dulu berkonsultasi dengan nabi untuk mencari kehendak Allah sebelum membuat keputusan apa pun. Kemudian, Raja Ahab memanggil sekitar 300 nabi palsu yang selalu menyanjungnya, dan meminta nasihat mereka. Mereka secara bulat menubuatkan kemenangan Israel.

Bagaimanapun, Mikha, seorang nabi yang benar, menubuatkan bahwa mereka akan kalah. Pada akhirnya, nubuatan Mikha diabaikan, dan kedua raja bergabung dan berperang melawan Aram. Bagaimana hasilnya? Perang berakhir tanpa ada kemenangan di kedua belah pihak. Dan Raja Ahab, yang terpojok, menyamar sebagai prajurit untuk menyelinap kabur dari medan perang, tapi tertembak panah acak lalu mati karena kehabisan darah. Ini adalah konsekuensi karena Ahab mengindahkan nubuatan nabi-nabi palsu dan tidak mendengarkan nubuatan Mikha, nabi yang benar. Nabi-nabi palsu dan pengajar-pengajar palsu akan menerima penghakiman Allah. Mereka akan dilempar ke dalam Neraka -ke dalam lautan belerang, yang tujuh kali lebih panas dari lautan api

(Wahyu 21:8).

Seorang nabi yang benar yang kepadanya Allah berdiam memiliki hati yang benar di hadapan Allah, dan dengan demikian, ia mampu membuat nubuatan yang benar. Nabi-nabi palsu, orang-orang yang hanya memakai gelar atau berlagak, akan menyatakan pikiran mereka seolah-olah itu adalah nubuatan dan menuntun bangsa mereka ke dalam kehancuran, atau menuntun orang-orang mereka menjadi sesat. Baik itu dalam keluarga, negara, atau gereja, jika kita mendengarkan kata-kata dari orang yang baik dan benar, kita akan mendapatkan damai sejahtera karena kita mengikuti kebaikan. Tapi, jika kita mengikuti jalan orang jahat, kita akan mengalami penderitaan dan kehancuran.

Penghakiman bagi manusia yang bertindak dengan kecongkakan dan kejahatan

1 Timotius 6:3-5 berkata, "Jika seorang mengajarkan ajaran lain dan tidak menurut perkataan sehat--yakni perkataan Tuhan kita Yesus Kristus--dan tidak menurut ajaran yang sesuai dengan ibadah kita, ia adalah seorang yang berlagak tahu padahal tidak tahu apa-apa. Penyakitnya ialah mencari-cari soal dan bersilat kata, yang menyebabkan dengki, cidera, fitnah, curiga, percekcokan antara orang-orang yang tidak lagi berpikiran sehat dan yang kehilangan kebenaran, yang mengira ibadah itu adalah suatu sumber keuntungan. Memang ibadah itu kalau disertai rasa cukup, memberi keuntungan besar."

Firman Allah berisikan segala kebaikan; oleh karena itu tidaklah diperlukan ajaran lain. Karena Allah adalah sempurna dan baik, hanya ajaran-ajaran-Nya lah yang benar. Bagaimanapun, manusia yang angkuh, tidak tahu kebenaran, berbicara tentang doktrin lain yang membuat perdebatan dan memegahkan diri mereka sendiri. Apabila kita mengajukan "pertanyaan-pertanyaan kontroversial", kita akan berdebat menganggap bahwa hanya kitalah yang benar.

Apabila kita "membantah dengan kata-kata" itu berarti kita sedang meninggikan suara kita dan berdebat dengan kata-kata. Apabila kita "iri hati", itu berarti kita ingin mencelakakan seseorang jika mereka menerima lebih banyak kasih dari pada kita. Kita menimbulkan "percekcokan" jika kita terlibat dalam perdebatan yang membawa perpecahan di antara orang-orang. Apabila kita angkuh seperti ini, hati kita menjadi rusak, dan kita melakukan perbuatan daging—yang mana Allah benci.

Sehingga apabila seorang yang congkak tidak bertobat dan berbalik dari jalannya, Allah akan memalingkan wajah-Nya dari dia, dan dia akan menerima penghakiman. Tidak peduli seberapa keras dia berseru, "Tuhan, Tuhan," dan mengaku percaya kepada Allah, jika dia tidak bertobat dan terus melakukan kejahatan, pada Hari Penghakiman, dia akan dilemparkan ke dalam api Neraka bersama-sama dengan sekam lainnya.

Berkat bagi orang benar yang takut akan Allah

Seseorang yang sungguh percaya kepada Allah akan menghancurkan kecongkakan dan perbuatan jahat mereka untuk menjadi orang benar yang takut akan Allah. Apakah arti dari takut akan TUHAN Allah? Amsal 8:13 berkata, "Takut akan TUHAN ialah membenci kejahatan; aku benci kepada kesombongan, kecongkakan, tingkah laku yang jahat, dan mulut penuh tipu muslihat." Jika kita membenci kejahatan dan membuang segala bentuk kejahatan, kita menjadi manusia yang melakukan kebenaran di mata Allah.

Kepada manusia seperti ini, Allah mencurahkan kasih-Nya yang berlimpah dan melimpahkan kepada mereka keselamatan, jawaban atas doa-doa, dan berkat. Allah berfirman, "Tetapi kamu yang takut akan nama-Ku, bagimu akan terbit surya kebenaran dengan kesembuhan pada sayapnya. Kamu akan keluar dan berjingkrak-jingkrak seperti anak lembu lepas kandang. Kamu akan menginjak-injak orang-orang fasik, sebab mereka akan menjadi abu di bawah telapak kakimu, pada hari yang Kusiapkan itu, firman TUHAN semesta alam." (Maleakhi 4:2-3).

Bagi mereka yang takut akan Allah dan berpegang pada perintahnya (Pengkhotbah 12:13), Allah memberkati mereka dengan kekayaan, kehormatan, dan kehidupan (Amsal 22:4). Oleh karena itu mereka mendapatkan jawaban doa, penyembuhan, dan berkat sehingga mereka dapat berjingkrak-jingkrak seperti anak lembu lepas kandang dan menikmati sukacita yang sejati.

Dalam Keluaran 15:26, Allah berfirman "Jika kamu sungguh-sungguh mendengarkan suara TUHAN, Allahmu, dan melakukan apa yang benar di mata-Nya, dan memasang telingamu kepada perintah-perintah-Nya dan tetap mengikuti segala ketetapan-Nya, maka Aku tidak akan menimpakan kepadamu penyakit manapun, yang telah Kutimpakan kepada orang Mesir; sebab Aku Tuhanlah yang menyembuhkan engkau." Jadi, bagaimanapun penyakit yang datang kepadanya, orang yang takut akan Allah akan menerima kesembuhan dan hidup sehat, dan akhirnya, ia akan masuk Surga dan menikmati kehormatan dan kemuliaan kekal.

Karena itu kita harus dengan seksama memeriksa diri kita. Dan apabila kita menemukan bentuk kecongkakan atau kejahatan dalam diri kita, kita harus bertobat dan berbalik dari jalan yang jahat tersebut. Akhirnya, marilah kita menjadi manusia benar yang takut akan Allah dengan kerendahan hati dan melayani.

Bab 15

Akan Dosa, Kebenaran, dan Penghakiman

"Namun benar yang Kukatakan ini kepadamu: Adalah lebih berguna bagi kamu, jika Aku pergi. Sebab jikalau Aku tidak pergi, Penghibur itu tidak akan datang kepadamu, tetapi jikalau Aku pergi, Aku akan mengutus Dia kepadamu. Dan kalau Ia datang, Ia akan menginsafkan dunia akan dosa, kebenaran, dan penghakiman; akan dosa, karena mereka tetap tidak percaya kepada-Ku; akan kebenaran, karena Aku pergi kepada Bapa dan kamu tidak melihat Aku lagi; akan penghakiman, karena penguasa dunia ini telah dihukum.
(Yohanes 16:7-11)

Jika kita percaya kepada Yesus Kristus dan membuka hati kita untuk menerima-Nya sebagai Juruselamat kita, Allah memberikan kita Roh Kudus sebagai hadiah. Roh Kudus menuntun kita untuk dilahirkan kembali, dan menolong kita untuk mengerti Firman Allah. Dia bekerja dalam banyak cara, seperti membimbing kita untuk hidup dalam kebenaran, dan menuntun kita untuk keselamatan yang sempurna. Oleh karena itu, melalui Roh Kudus, kita harus mempelajari apa itu dosa, dan tahu bagaimana membedakan apa yang benar dan apa yang salah. Kita juga harus mempelajari bagaimana bertindak dalam kebenaran supaya kita dapat masuk Surga dan menghindari penghakiman Neraka.

Akan dosa

Yesus mengatakan kepada para murid-Nya tentang bagaimana Dia akan mati dengan cara dipaku di atas kayu salib dan mengenai kesengsaraan yang harus dihadapi para murid. Dia juga mendorong mereka dengan mengatakan bagaimana kebangkitan-Nya dan kenaikan-Nya ke Surga akan diikuti dengan kedatangan Roh Kudus, dan tentang semua hal indah yang akan mereka dapatkan sebagai ganjarannya. Kenaikan Yesus adalah langkah yang diperlukan untuk penurunan Roh Kudus, Sang Penghibur.

Yesus berkata bahwa ketika Roh Kudus turun, Ia akan menginsafkan dunia akan dosa, kebenaran, dan penghakiman. Lalu apa artinya bahwa Roh Kudus "akan menginsafkan dunia akan dosa"? Seperti ada tertulis dalam Yohanes 16:9, "akan dosa, karena mereka tetap tidak percaya kepada-Ku," tidak percaya kepada Yesus Kristus adalah suatu dosa, dan ini berarti orang-orang yang tidak percaya kepada-Nya pada akhirnya akan menghadapi penghakiman. Lalu mengapakah tidak percaya kepada Yesus Kristus adalah suatu dosa?

Allah yang penuh kasih mengaruniakan Anak-Nya yang tunggal, Yesus Kristus, ke dunia ini untuk membuka jalan keselamatan bagi umat manusia yang telah menjadi budak dosa karena ketidaktaatan Adam. Dengan mati di kayu salib, Yesus menebus umat manusia dari segala dosa, membuka pintu bagi keselamatan, dan menjadi satu-satunya Juruselamat. Dengan demikian, tidak memercayai fakta ini, mengetahuinya, adalah dosa itu sendiri. Dan seseorang yang tidak menerima Yesus Kristus sebagai Juruselamat-Nya tidak bisa menerima pengampunan atas dosa, sehingga dia akan tetap menjadi orang berdosa.

Mengapa Allah menghakimi akan dosa

Kita dapat melihat bahwa ada Allah Pencipta hanya dengan melihat segala ciptaan. Roma 1:20 berkata, "Sebab apa yang tidak nampak dari pada-Nya, yaitu kekuatan-Nya yang kekal dan keilahian-Nya, dapat nampak kepada pikiran dari karya-Nya sejak dunia diciptakan, sehingga mereka tidak dapat berdalih." Ini berarti tidak ada yang dapat berdalih bahwa mereka tidak percaya karena mereka tidak mengenal Allah.

Bahkan jam tangan kecil tidak tercipta dengan jatuh begitu saja secara kebetulan tanpa adanya pencipta dan perancangnya. Lalu bagaimana bisa alam semesta yang paling kompleks dan paling rumit, hanya terbentuk sendiri secara kebetulan? Hanya dengan mengamati alam semesta saja, manusia dapat menemukan kekuatan Allah yang kekal dan keilahian-Nya.

Dan di zaman ini, Allah memperlihatkan Diri-Nya sendiri dengan menunjukkan tanda-tanda dan mukjizat melalui mereka yang dikasihi-Nya. Hari ini banyak orang yang mungkin setidaknya pernah diinjili oleh seseorang yang percaya kepada Allah, karena Allah itu nyata. Sebagian orang mungkin bahkan pernah secara pribadi menyaksikan suatu keajaiban, atau mendengar tentang keajaiban dari orang yang menyaksikannya langsung. Apabila, bahkan setelah melihat dan mendengar tanda-tanda dan mukjizat-mukjizat ini, seseorang tidak percaya karena hatinya telah mengeras, maka pada akhirnya dia akan menuju ke jalan kematian. Inilah maksudnya ketika Alkitab menyatakan Roh Kudus "akan menginsafkan dunia akan dosa."

Alasan mengapa manusia tidak menerima Injil biasanya karena mereka menjalani hidup yang berdosa selagi mereka mengejar keuntungan diri mereka sendiri. Karena menganggap bahwa dunia ini adalah segalanya, mereka tidak percaya dengan Surga dan hidup yang kekal. Dalam Matius Pasal 3, Yohanes Pembaptis berseru kepada orang-orang untuk bertobat, sebab kerajaan Surga sudah dekat. Dia juga berkata, "Kapak sudah tersedia pada akar pohon dan setiap pohon yang tidak menghasilkan buah yang baik, pasti ditebang dan dibuang ke dalam api," (ayat 10) dan "Alat penampi sudah ditangan-Nya. Ia akan membersihkan tempat pengirikan-Nya dan mengumpulkan gandum-Nya ke dalam lumbung, tetapi sekam itu akan dibakar-Nya dalam api yang tidak terpadamkan." (ayat 12).

Seorang petani menuai, mengusahakan, dan menuai hasilnya. Dia kemudian mengumpulkan gandumnya ke dalam lumbung dan membuang sekamnya. Sama halnya dengan Allah. Allah mengusahakan umat manusia, dan Dia menuntun ke hidup yang kekal anak-anak-Nya yang benar yang hidup dalam kebenaran. Jika mereka mengejar dunia dan tetap berdosa, Dia harus meninggalkan mereka menuju jalan kebinasaan. Sehingga untuk menjadi gandum dan menerima keselamatan, kita harus menjadi orang benar dan mengejar Yesus Kristus dengan iman.

Akan Kebenaran

Dalam pemeliharaan Allah, Yesus datang ke dunia ini dan mati di kayu salib untuk mengatasi masalah dosa manusia. Namun, dia mampu mengalahkan maut, bangkit, dan naik ke Surga karena dia tidak memiliki dosa asal, tidak berbuat dosa, dan Dia hidup dalam kebenaran. Dalam Yohanes 16:10, Yesus berkata, "...akan kebenaran, karena Aku pergi kepada Bapa dan kamu tidak melihat Aku lagi..." Ada makna tersirat yang terkandung dalam ayat ini.

Karena Yesus tidak memiliki dosa apa pun, Dia mampu menggenapi misi-Nya untuk datang ke dunia ini—Dia tidak bisa diikat oleh kematian, dan Dia bangkit. Dia juga datang ke hadapan Allah Bapa untuk mendapatkan Surga sebagai buah pertama dari kebangkitan. Inilah yang Allah sebut "kebenaran". Supaya ketika kita menerima Yesus Kristus, kita menerima karunia Roh Kudus, dan kita mendapatkan otoritas untuk menjadi anak-anak Allah. Melalui penerimaan Yesus Kristus dari anak-anak iblis kita dilahirkan kembali menjadi anak-anak kudus Allah.

Inilah yang dimaksud dengan menerima keselamatan dengan disebut "orang benar melalui iman. Ini bukan karena kita melakukan sesuatu yang layak mendapatkan keselamatan. Kita menerima keselamatan hanya melalui iman dan itu secara cuma-cuma. Inilah sebabnya mengapa kita harus selalu bersyukur kepada Allah dan hidup dalam kebenaran. Kita dapat memulihkan gambar Allah ketika kita berjuang melawan dosa hingga titik darah penghabisan dan membuang dosa untuk menyerupai hati Tuhan kita.

Mengapa Dia menghakimi akan kebenaran

Jika kita tidak hidup dalam kebenaran, bahkan orang bukan percaya mengejek kita. Iman itu sempurna saat iman itu diikuti dengan perbuatan, dan iman tanpa perbuatan adalah iman yang mati (Yakobus 2:17). Bahwa orang yang bukan percaya menghakimi dan mengutuk dari sudut pandang mereka sendiri, dengan mengatakan, "Kamu bilang bahwa kamu pergi ke gereja, namun kamu minum-minum dan merokok? Bagaimana kamu bisa berbuat dosa dan menyebut dirimu pengikut Kristus?!" Jadi jika, sebagai orang percaya, Anda menerima Roh Kudus tetapi tidak hidup benar, sehingga menerima penghakiman, ini adalah apa yang Alkitab sebut "penghakiman akan kebenaran".

Dalam hal ini Allah akan menegur dan mendisiplinkan anak-Nya melalui Roh Kudus, sehingga dia tidak akan terus menjalani hidup yang berdosa. Lalu, alasan mengapa Alah mengizinkan jenis-jenis pencobaan dan kesengsaraan tertentu muncul bagi keluarga, tempat kerja, usaha, atau diri mereka sendiri adalah untuk mendorong mereka agar hidup sebagai orang-orang benar. Selanjutnya, karena setan dan Iblis si musuh menuduh mereka,

Allah harus mengizinkan pencobaan sesuai dengan hukum rohani.

Ahli-ahli Taurat dan orang-orang Farisi yakin bahwa mereka hidup dalam kebenaran karena mereka pikir mereka tahu Hukum Taurat dengan sangat baik dan dengan keras berpegang pada hukum itu. Tapi Yesus memberi tahu kita bahwa kecuali kebenaran kita melampaui ahli-ahli Taurat, dan orang-orang Farisi, kita tidak akan masuk ke dalam kerajaan surga (Matius 5:20). Hanya berseru, "Tuhan, Tuhan," bukan berarti kita memiliki keselamatan. Untuk mendapat bagian di Surga kita harus percaya kepada Tuhan dari dalam hati kita, membuang dosa-dosa kita, dan berada di tengah-tengah kebenaran.

"Hidup dalam kebenaran" bukan berarti hanya mendengarkan Firman Allah dan menyimpannya dalam hati kita sebagai pengetahuan semata. Yaitu untuk menjadi orang benar dengan percaya dalam hati kita dan bertindak sesuai dengan Firman-Nya. Bayangkan saja bagaimana rasanya jika Surga dipenuhi dengan para penipu, perampok, pembohong, pezinah, pencemburu, dll. Allah tidak mengusahakan umat manusia untuk membawa sekam masuk ke dalam Surga! Tujuan Allah adalah untuk mengumpulkan gandum -orang benar, ke dalam Surga.

Akan penghakiman

Yohanes 16:11 berkata, "...akan penghakiman, karena penguasa dunia ini telah dihukum." Di sini, kata "penguasa dunia ini" merujuk kepada setan dan Iblis si musuh. Yesus datang ke dunia ini karena dosa-dosa umat manusia. Dia menyelesaikan karya kebenaran dan menyerahkan penghakiman terakhir. Tapi kita juga dapat berkata bahwa penghakiman terakhir sudah dijadikan karena hanya melalui iman dalam Yesus Kristus manusia dapat menerima pengampunan atas dosa dan keselamatan.

Mereka yang tidak percaya pada akhirnya akan masuk Neraka, sehingga ini seakan mereka telah menerima penghakiman mereka.

Inilah sebabnya mengapa Yohanes 3:18-19 berkata, "Barangsiapa percaya kepada-Nya, ia tidak akan dihukum; barangsiapa tidak percaya, ia telah berada di bawah hukuman, sebab ia tidak percaya dalam nama Anak Tunggal Allah. Dan inilah hukuman itu: Terang telah datang ke dalam dunia, tetapi manusia lebih menyukai kegelapan dari pada terang, sebab perbuatan-perbuatan mereka jahat."

Lalu apa yang dapat kita lakukan untuk menghindari penghakiman? Allah menyuruh kita untuk sadarlah kembali dengan sebaik-baiknya dan jangan berbuat dosa. (1 Korintus 15:34). Dia juga menyuruh kita untuk menjauhkan diri dari segala bentuk kejahatan (1 Tesalonika 5:22). Untuk bertindak dalam kebenaran di mata Allah, yang paling pasti haruslah menyingkirkan segala dosa yang nampak, tapi kita juga harus membuang bahkan kejahatan yang paling kecil sekalipun.

Jika kita membenci kejahatan dan kita membuat sebuah komitmen untuk tetap dalam kebaikan, kita dapat membuang dosa. Anda mungkin bertanya, "Sangat sulit membuang bahkan satu dosa saja; bagaimana bisa saya membuangsemua dosa saya?" Coba pikirkan dengan cara begini. Jika Anda berusaha untuk mencabut akar suatu pohon satu persatu, itu sangatlah sulit. Tapi jika Anda mencabut akar utama, seluruh akar lain yang lebih kecil secara otomatis menjadi tercabut juga. Demikian juga, jika Anda pertama-tama berfokus menyingkirkan dosa yang paling sulit, melalui puasa dan doa yang sungguh-sungguh kapan pun Anda bisa, Anda juga dapat membuang sifat dosa lainnya, bersama-sama dengan satu dosa itu.

Yang terdapat dalam hati seseorang adalah keinginan daging, keinginan mata, dan keangkuhan hidup. Ini adalah bentuk-bentuk kejahatan yang ada yang datang dari iblis si musuh. Oleh karena itu manusia tidak dapat membuang dosa-dosa ini hanya dengan kekuatannya sendiri. Itulah alasannya mengapa Roh Kudus menolong mereka yang berusaha untuk menjadi kudus dan berdoa. Karena Allah disenangkan oleh usaha mereka, Dia akan mencurahkan kasih karunia dan kekuatan bagi mereka. Ketika empat hal ini—kasih karunia dan kekuatan dari Allah, usaha-usaha kita, dan pertolongan Roh Kudus—bekerja bersama, maka kita pasti dapat membuang dosa-dosa kita.

Agar proses ini terjadi, pertama-tama kita harus membuang keinginan mata. Apabila sesuatu adalah ketidakbenaran, pasti kita tidak boleh melihat, mendengar, bahkan mendekatinya. Misalkan seorang remaja melihat sesuatu yang cabul di video atau televisi. Lalu melalui keinginan mata, hatinya terpicu, dan keinginan daging dalam hatinya menjadi terdorong. Kemudian ini menyebabkan si remaja itu merencanakan kejahatan dan ketika rencana ini berubah menjadi tindakan, segala jenis masalah dapat terjadi. Inilah sebabnya mengapa sangatlah penting bagi kita untuk membuang keinginan mata.

Matius 5:48 berkata, "Karena itu haruslah kamu sempurna, sama seperti Bapamu yang di sorga adalah sempurna." Dan, dalam 1 Petrus 1:16 Allah berfirman, "Kuduslah kamu, sebab Aku kudus." Beberapa orang mungkin bertanya, "Bagaimana seseorang bisa menjadi sempurna dan kudus seperti Allah?" Allah ingin kita menjadi kudus dan sempurna. Dan ya, kita tidak dapat melakukannya dengan kekuatan kita sendiri. Tapi inilah sebabnya mengapa Yesus disalibkan, dan inilah sebabnya mengapa Roh Kudus, Penghibur, menolong kita. Hanya karena seseorang menyatakan telah menerima Yesus Kristus dan panggilan-Nya berseru, "Tuhan, Tuhan", itu bukan berarti dia akan masuk surga. Dia harus membuang dosa-dosanya dan menjalani hidup yang benar untuk menghindari penghakiman dan masuk ke Surga.

Roh Kudus menginsafkan dunia

Lalu mengapa Roh Kudus datang untuk menginsafkan dunia akan dosa, kebenaran, dan penghakiman? Hal ini karena dunia penuh dengan kejahatan. Sama seperti ketika kita merencanakan sesuatu, kita tahu ada awal dan ada akhir. Jika kita melihat pada berbagai tanda di dunia hari ini, kita bisa melihat bahwa akhir zaman sudah dekat.

Allah Pencipta mengatur sejarah umat manusia dengan rencana yang jelas mengenai awal dan akhir. Jika kita melihat runutan dalam Alkitab, ada perbedaan yang jelas antara kebaikan dan kejahatan, dan ada penjelasan yang jelas bahwa dosa mendatangkan maut, dan kebenaran mendatangkan hidup yang kekal. Bagi mereka yang percaya kepada Allah, Allah memberkati mereka dan tinggal di dalam mereka. Tapi bagi mereka yang tidak percaya pada-Nya pada akhirnya menerima penghakiman dan menuju jalan maut. Penghakiman Allah sejak zaman dahulu tidak akan tertunda (2 Petrus 2:3).

Seperti Air Bah yang terjadi di masa Nuh, dan kehancuran Sodom dan Gomora di masa Abraham, ketika kejahatan manusia telah mencapai batasnya, penghakiman Allah turun. Agar bangsa Israel dibebaskan dari Mesir, Allah menurunkan 10 tulah atas Mesir. Ini adalah penghakiman untuk Firaun atas kesombongannya.

Dan sekitar dua ribu tahun yang lalu, ketika Pompeii menjadi begitu rusak karena penyimpangan dan kemerosotan yang ekstrim, Allah menghancurkannya dengan bencana alam dari letusan gunung berapi. Jika Anda mengunjungi Pompeii hari ini, kota yang tertutup abu vulkanik yang diawetkan terlihat persis seperti pada saat kota itu dihancurkan, hanya dalam sekejap, kita bahkan bisa meihat kejahatan yang terjadi pada masa itu.

Juga dalam Perjanjian Baru, Yesus menegur para Ahli Taurat dan Orang Farisi dengan tujuh kali mengulang kata 'celakalah engkau'. Untuk menahan dunia agar tidak jatuh ke dalam penghakiman dan Neraka, dunia harus diinsafkan dan ditegur.

Dalam Matius Pasal 24, para murid menanyakan Tuhan tentang tanda-tanda kedatangan-Nya saat akhir zaman. Yesus menjelaskan kepada mereka dengan rinci berkata bahwa kesusahan yang besar yang belum pernah terjadi akan datang. Allah tidak akan membuka pintu langit dan mencurahkan hujan atau api seperti yang Dia lakukan di masa lalu, tapi Dia akan membawa penghakiman yang selaras dengan waktunya.

Kitab Wahyu menubuatkan bahwa akan muncul senjata-senjata canggih, dan akan ada kehancuran besar dari perang skala besar yang tak terbayangkan. Kini ketika rancangan Allah atas pengusahaan manusia akan berakhir, Penghakiman Besar akan tiba. Dan ketika hari itu tiba, akan ada penghakiman untuk menentukan apakah setiap orang akan hidup kekal di Neraka, atau hidup kekal di Surga. Lalu sekarang bagaimanakah kita harus hidup?

Buanglah dosa dan jalanilah hidup dalam kebenaran.

Supaya menghindari penghakiman, kita harus membuang dosa kita dan hidup dalam kebenaran. Dan yang lebih penting adalah bahwa tiap-tiap orang harus membajak hatinya dengan Firman Allah seperti seorang petani yang membajak tanah. Kita harus membajak jalan pinggiran, tanah yang berbatu, dan tanah yang bersemak duri, dan mengubahnya menjadi tanah yang baik dan subur.

Tapi terkadang kita bertanya-tanya, "Mengapa Allah meninggalkan orang-orang yang bukan percaya saja, namun Ia mengizinkan kesulitan tersebut terjadi padaku, seorang yang percaya?" Hal ini karena, seperti karangan bunga tanpa akar tampak indah di luar tetapi sebenarnya tidak memiliki kehidupan, orang bukan percaya sudah diadili dan akan masuk ke neraka, sehingga mereka tidak perlu didisiplinkan.

Alasan Allah mendisiplinkan kita, karena kita adalah anak-anak-Nya yang sejati, bukan anak tidak sah. Oleh karena itu, sebaliknya kita akan bersyukur atas pendisiplinan-Nya.(Ibrani 12:7-13). Orangtua mendisiplinkan anak-anak mereka karena mereka mengasihi anak-anaknya dan mereka ingin menuntun mereka ke jalan yang benar, bahkan jika itu berarti harus memakai tongkat, karena kita adalah anak-anak Allah, bila perlu, Allah akan mengizinkan kesulitan tertentu terjadi pada kita untuk menuntun kita pada keselamatan.

Pengkhotbah 12:13-14 berkata, "Akhir kata dari segala yang didengar ialah: takutlah akan Allah dan berpeganglah pada perintah-perintah-Nya, karena ini adalah kewajiban setiap orang. Karena Allah akan membawa setiap perbuatan ke pengadilan yang berlaku atas segala sesuatu yang tersembunyi, entah itu baik, entah itu jahat."(KJV). Untuk hidup dengan benar berarti melaksanakan seluruh kewajiban kita sebagai manusia dalam hidup kita. Karena Firman Allah menyuruh kita untuk berdoa, kita harus berdoa. Karena Dia menyuruh kita untuk menguduskan harinya Tuhan, kita harus menguduskannya. Dan ketika Dia menyuruh kita jangan menghakimi, kita tidak boleh menghakimi. Dengan demikian, saat kita berpegang pada Firman-Nya dan bertindak sesuai dengannya, kita menerima hidup dan kita berjalan menuju ke kehidupan yang kekal.

Oleh karena itu, saya harap Anda akan menuliskan semua perintah-perintah suci ini dalam hati Anda agar menjadi gandum yang menghasilkan kasih rohani yang diuraikan dalam 1 Korintus Pasal 13, sembilan buah Roh Kudus (Galatia 5:22-23), dan berkat Ucapan Bahagia (Matius 5:3-12). Saya berdoa dalam nama Tuhan bahwa dengan demikian Anda tidak akan hanya menerima keselamatan, tetapi juga menjadi anak-anak Allah yang bercahaya seperti matahari dalam Kerajaan surga.

Penulis
Dr. Jaerock Lee

Dr. Jaerock Lee lahir di Muan, Provinsi Jeonnam, Republik Korea, pada tahun 1943. Saat di usia 20-an, Dr Lee menderita beberapa jenis penyakit yang tidak dapat disembuhkan selama tujuh tahun dan menunggu ajal tanpa berharap akan kesembuhan. Namun suatu hari di musim semi tahun 1974 dia dibawa ke gereja oleh saudarinya dan ketika dia berlutut untuk berdoa, Allah yang hidup seketika itu menyembuhkan segala penyakitnya.

Sejak dia berjumpa dengan Allah yang hidup melalui kejadian yang luar biasa itu, Dr. Lee telah mengasihi Allah dengan segenap hati dan ketulusannya, dan di tahun 1978 dia dipanggil untuk menjadi hamba Allah. Dia berdoa khusyuk dengan doa puasa yang tak terhitung jumlahnya supaya dia dapat dengan jelas memahami kehendak Allah, mengerjakannya sepenuhnya dan menaati Firman Allah. Di tahun 1982, dia mendirikan Gereja Pusat Manmin di Seoul, Korea, dan pekerjaan Allah yang tak terhitung jumlahnya, termasuk mukjizat kesembuhan, tanda-tanda, dan mukjizat, telah terjadi di gerejanya sejak saat itu.

Di tahun 1986, Dr. Lee ditahbiskan sebagai pastor di Majelis Tahunan Jesus' Sungkyul Church Korea, dan empat tahun kemudian yaitu tahun 1990, kotbah-kotbahnya mulai disiarkan di Australia, Rusia, dan Filipina. Dalam waktu singkat banyak negara yang dijangkau melalui Far East Broadcasting Company, Asia Broadcast Station, dan Washington Christian Radio System.

Tiga tahun kemudian, pada tahun 1993, Gereja Pusat Manmin terpilih sebagai salah satu dari "50 Gereja Terkemuka Dunia" oleh majalah Christian World (AS) dan dia menerima Doktor Kehormatan Teologi dari Christian Faith College, Florida, AS, and tahun 1996 dia menerima gelar Doktor Pelayanannya dari Kingsway Theological Seminary, Iowa, AS.

Sejak tahun 1993, Dr. Lee telah memelopori penginjilan dunia melalui banyak perang salib luar negeri di Tanzania, Argentina, LA, Baltimore, Hawaii, dan New York, Uganda, Jepang, Pakistan, Kenya, Filipina, Honduras, India, Rusia, Jerman, Peru, Republik Demokratik Kongo, Israel dan Estonia.

Pada tahun 2002 ia diakui sebagai "revivalis di seluruh dunia" untuk pelayanannya yang kuat dalam berbagai perang salib luar negeri oleh surat kabar Kristen utama di Korea. Secara khusus 'Kebaktian Penginjilan New York 2006'-nya diadakan di Madison Square Garden, arena paling terkenal di dunia. Acara ini disiarkan ke 220 negara, dan dalam bukunya 'Israel United Crusade 2009', yang diadakan di International Convention Center (ICC) di Yerusalem ia dengan berani menyatakan bahwa Yesus Kristus adalah Mesias dan Juruselamat.

Khotbah-khotbahnya disiarkan ke 176 negara melalui satelit termasuk GCN TV dan ia tercatat sebagai salah satu '10 Teratas Pemimpin Kristen Paling Berpengaruh' tahun 2009 dan 2010 oleh majalah Kristen populer Rusia In Victory dan agensi berita Christian Telegraph untuk pelayanan siaran TV-nya yang penuh kuasa dan pelayanan penggembalaan gereja luar negerinya.

Sejak Desember 2016, Gereja Pusat Manmin memiliki jemaat lebih dari 120.000 anggota. Ada 11.000 gereja cabang di seluruh dunia termasuk 56 gereja cabang domestik, dan lebih dari 102 misionaris telah ditugaskan ke 23 negara, termasuk Amerika Serikat, Rusia, Jerman, Kanada, Jepang, Tiongkok, Prancis, India, Kenya, dan masih banyak lagi.

Sampai dengan tanggal penerbitan ini, Dr. Lee telah menulis 105 buku, termasuk buku terlaris Tasting Eternal Life before Death, My Life My Faith I & II, The Message of the Cross, The Measure of Faith, Heaven I & II, Hell, Awaken Israel!, and The Power of God. Karya-karyanya telah diterjemahkan ke dalam lebih dari 76 bahasa.

Kolom Kristennya muncul di The Hankook Ilbo, The JoongAng Daily, The Chosun Ilbo, The Dong-A Ilbo, The Hankyoreh Shinmun, The Seoul Shinmun, The Kyunghyang Shinmun, The Korea Economic Daily, The Korea Herald, The Shisa News, dan The Christian Press.

Dr. Lee Lee saat ini pemimpin banyak organisasi dan asosiasi misionaris. Posisinya meliputi: Ketua, , The United Holiness Church of Jesus Christ; Presiden Permanen, The World Christianity Revival Mission Association; Pendiri & Ketua Dewan , Global Christian Network (GCN); Pendiri & Ketua Dewan, World Christian Doctors Network (WCDN); serta Pendiri & Ketua Dewan, Manmin International Seminary (MIS).

Buku-buku penuh kuasa lainnya dari penulis yang sama

Sorga I & II

Sketsa mendetil tentang indahnya lingkungan hidup yang dinikmati oleh warga sorga pada tingkat kelima kerajaan sorga.

Pesan Salib

Pesan kebangunan penuh kuasa bagi semua orang yang tertidur secara rohani Di dalam buku ini Anda akan menemukan kasih sejati Allah dan mengapa Yesus menjadi satu-satunya Juru Selamat.

Neraka

Sebuah pesan yang sungguh-sungguh kepada seluruh umat manusia dari Allah yang tidak ingin satu jiwa pun jatuh ke kedalaman neraka! Anda akan menemukan penjelasan yang belum pernah terungkap sebelumnya mengenai kenyataan kejam tentang Hades dan neraka.

Roh, Jiwa, dan Tubuh I & II

Sebuah buku panduan yang memberi kita pengertian rohani tentang roh, jiwa, dan tubuh dan membantu kita mencaritahu 'diri' seperti apa yang telah kita buat supaya kita dapat memperoleh kuasa untuk mengalahkan kegelapan dan menjadi manusia rohani.

Ukuran Iman

Tempat tinggal seperti apakah, serta mahkota dan upah yang bagaimana yang disediakan bagi Anda di surga? Buku ini memberikan dengan hikmat dan bimbingan bagi Anda untuk mengukur iman Anda dan menanam iman yang terbaik dan paling dewasa.

Bangunlah, Israel!

Mengapa Allah menujukan mata-Nya kepada Israel mulai sejak permulaan dunia sampai hari ini? Apa saja jenis pemeliharaan-Nya yang telah disiapkan untuk Israel di hari-hari terakhir tersebut, yang menantikan akan Mesias?

Hidupku, Imanku I & II

Sebuah aroma spriritual yang menarik dari kehidupan yang mekar dengan kasih tak ada bandingannya kepada Allah, di tengah-tengah gelombang kegelapan, kuk yang dingin dan keputusasaan yang terdalam.

Kuasa Allah

Sebuah bacaan wajib yang menjadi panduan penting tentang bagaimana seseorang dapat memiliki iman sejati dan mengalami kuasa Allah yang ajaib.

www.urimbooks.com

www.ingramcontent.com/pod-product-compliance
Lightning Source LLC
LaVergne TN
LVHW012012060526
838201LV00061B/4277